世論をつくる

象徴闘争と民主主義

faire l'opinion

パトリック・シャンパーニュ
宮島喬 訳

藤原書店

Patrick CHAMPAGNE

FAIRE L'OPINION
Le nouveau jeu politique

日本の読者へ

政治の中における世論調査。このことについてフランス人の一社会学研究者の書いた本が、日本人読者に果たして関心の対象となりうるのだろうか。少なくとも表面的には世論調査といえば本質的にフランス的慣行であるかのように思われるだけに、もっともな疑問といえよう。そして事実、本書は、もっぱらフランスのデータにもとづいた研究から生まれた。そこで、本書の中に含まれる分析がどんな意味で日本人読者にも語られうるのか。これを以下で示したいと思う。

まず最初に指摘しなければならないのは、政治における世論調査形式による調査の実施は、フランス特有の現象ではないことである。世論調査は一九三〇年代のアメリカ合衆国に産声を上げ、周知のように、しだいに民主主義諸国全体に広がっていった。特にヨーロッパがそうであるが、コミュニスト体制の崩壊以降のロシアにも導入されている。経済の分野でマーケッティング目的で世論調査方式の調査が行なわれ、次いで、政治世界で選挙予測調査が行なわれ、さらに「世論」と呼ばれるものの状態を日々たどろうとするさまざまな調査が行なわれるようになり、どの分野でも世論調査はたいてい当たり前の行為となっている。しかし、この社会的技術の輸入は、その科学的妥当性に問題があり、とりわけ、政治の機能、影響の探求に有利に働いたとはほとんどいえない。世論調査の実施は、民主主義型体制の輸入と相伴って進むように思われる。じっさい、民衆が何を望んでいるかを彼らに尋ねるのは正当なことではなかろうか。これは政治に対して誠実であろうとするならあまりにも自明のことと映じるが、この問いにこそ、筆者はフランス的状況から出発して答えようとしたのだ。

である以上、科学的装いをこらしながらも政治的であるといわなければならない世論調査に対し本書中で行なわれる、厳密に科学的視点からのもろもろの批判は、きわめて一般的な射程をもっているはずである。あれこれの国にだけ妥当するというものではなく、民主主義型の政治体制が存在している所なら、すなわち政治家たちが絶えず選挙の論理に従わねばならず、多少とも合理的にこの論理を操作しなければならない所ならば、どこでもそれは妥当性をもつはずである。そして、日本もこの型の政治体制に属している。

世論調査という行為だけでなく、「世論」という観念の理解にも本書は資するものである。世論の観念は、今ではほとんどすべての現代の政治体制において中心的なものとなっていて、しばしば、自分たちの体制も「世論」にもとづいている、と思わせることが必要になっている。このため、この本はたしかに「フランスのケース」のこと細かな研究にすぎないが、外国人読者にも、特に日本人読者にも省察のための素材を提供し、実際に民主主義型の政治界《シャン》の論理そのものを対象とした分析を提供することができる。

政治における世論調査の実施においてもしフランスが日本よりも「進んでいる」とすれば、本書中にみられるフランスのケースの分析は、外国人読者、とりわけ日本の読者にとって、特に興味深いものといえよう。事実、世論調査は、一九六〇年代半ばの普通選挙による大統領選挙〔ドゴールとミッテランが争った一九六五年の選挙〕の際に発展をとげ、増加する調査機関相互間の競争と、調査機関に加わり調査の数を増やしていった選挙社会学の専門家（彼らは「政治学者」politologue と名づけられる）間の競争の相乗効果によって、急速に勢いを増した。政治家たちは、「人民意志」を把握させてくれるかにみえる、とりわけメディアのキャンペーンのそれへの効果をみるのを可能にしてくれる正確な測定手段を備えることで、政治活動を合理化できると考えた。政治の中では、操作の意図というものは決して縁遠いものではない。当初は結果が公表されず、政治世界だけに限られていた世論調査はたちまち、メディアに利益をもたらすもの、メディアを支えるものになった。そこではジャーナリストが重要な役割を演じるのであるが、それは世論調査が読者たちによく売れる一「製品」であるように思われたからこそである。

こうしたプロセスはきわめて一般的なものであり、特殊フランス的なものではない。日本の有力全国紙の発行部数の巨大さは、フランスの日刊紙のそれの比ではなく、これら有力新聞の各々が世論調査部門をもっていると聞く。しかし、それらもまた月々、「現政権支持率」などの政治的バロメーターや、投票意図をつかむための選挙予測調査や、かくかくしかじかの政治決定への日本人の意見についての世論調査などを発表していないだろうか。ただし、フランスのプレスのように、部数を増やすため擬似スクープをつくりあげようと行なう、多少とも気まぐれな、たとえば日常生活行動を対象とした世論調査（フランス人は朝食に「紅茶」を飲むか「コーヒー」を飲むか、など）や、性行動に関する世論調査（「あなたは自分の配偶者を裏切ることがありますか」など）の結果を発表することはないか、あるとしても稀であろう。日本のプレスは、厳密に政治的な世論調査に自らを限定しているようである。けれども、そのように発表される世論調査の外見上の真面目さは、かえって批判を困難にする。

まさにそれゆえに、この本の中で分析されるフランスの状況は、世論調査なる行為を支配する論理を理解しなければならないとき、おそらくより示唆的であろう。フランスのケースは、その過剰さにおいてさえ、世論調査の内在的な哲学をより可視的なかたちで引き渡してくれ、それら皮相な調査の、現実の客観的測定どころか、現実の政治的な構築をもっぱらとする方法論的な不条理さを明らかにしてくれる。

本書の翻訳は、フランス語とフランスの状況に通じている翻訳者の手によって行なわれた。それでも、翻訳用に筆者がいくらか手を入れたテクストでは、外国人の読者に不必要なまでに負担を強いると思われるあまりにも特殊フランス的な記述はある程度取り除いてある。こうして、日本の読者にもアクセスが可能となった以上、本書が、世論調査というこの行為への批判的議論を援けることができるようにと願うものである。そして、この種のテクノロジーが呼び起こす意識的・無意識的操作への単なる糾弾にとどまることなく、本当に民主的な政治的諸装置をつくり働かせるための真の省察をみちびくのに本書が力を貸すことができるように、と希望するものである。

二〇〇三年一〇月　パリにて

パトリック・シャンパーニュ

世論をつくる　目次

第四章　「底辺」の示威行動　203

結　論　273

世論をつくる

象徴闘争と民主主義

凡例

一、原著におけるイタリック体は、原則として本文では傍点を付した。
一、原著における改行箇所は本文中でも改行しているが、さらに本文では原著者の了解を得て改行箇所を増やしている。
一、原著の各ページに付された脚注は巻末に章別にまとめた。
一、訳語に対する原語を示す場合は（　）で括った。ただし当該訳語がすでに（　）の中にある場合は（　）で括ることを省略して当該訳語の直後に添えた。なお、文脈上原語を片仮名で表記した方が望ましいケースではルビを付した。
一、短い訳注は〔　〕で括り本文中に挿入し、長い訳注は段落末に＊印にて挿入した。

「人民――定義しがたい集合名詞である。なぜなら、人は人民について、様々な場所により、様々な時代により、政府の性質により、異なった観念を形成するから。」

『百科全書』(一七六五年)の項目。ジョクール執筆

「私は廷臣でも、調停者でも、護民官でも、人民の擁護者でもない。私は、私自身、人民なのだ。」

ロベスピエール(一七九一年)

「昨日のこと、買ったサラダ菜を包んであった新聞紙に目を落とすと、こんなことが書かれてあった。……アメリカのある小さな町で、一記者が選挙での市民たちの投票傾向を急いで知ろうと思ったが、電話で意見をさぐる時間さえない。そこで、ラジオを通して市民たちに、各家庭のトイレットの水洗のコックを決められた瞬間に、そしてその都度その都度引いてほしい、と要望した。記者は、貯水池の給水塔の中に陣どり、かくかくの候補者について水面の水準がどれだけ低下したかを確かめることができたのである。」

ジャン=リュック・ベノジグリオ『キャビネット・ポートレート』
パリ、スイユ、一九八〇年、一五一ページ

新版への序文

政治における世論調査の行為は、市場に関する新自由主義イデオロギーの含む暗黙の哲学と無縁ではあるまい。また、「消費者は王様」というあの建前とも無縁ではないだろう。おそらくそのため、以前にも増して今日では、世論調査に批判的な視線を向けることが必要になっている。複雑・精巧でありながら手段的でもある民主主義イデオロギーによる操作のあの形式は、政治世界のいたる所に生きている。もっとも、ここしばらく前から政治世界では、政党資金法のため、お金のかかる世論調査の注文をやや抑えなければならなくなっていたが。

だが、政治アクターたちは、民主主義型の政治ゲームをあのように巧みに結合しているとみえる社会技術と絶縁しているどころではない。メディアもメディアで、後から後から世論調査を注文し続けては、これを発表している。殊に選挙の時期や大きな危機の時期には、公的ディベートではリーダーたちに「世論」が考えていると思われることを突きつけ、また市場調査的論説が読者の「考えていること」を知ると同時に、売り上げが落ちないようかれらにいわなければならないことを知るという政治目的のため、これが行なわれる。

政治家もジャーナリストも、この「世論」の存在には疑いを挟まない。しかしそれでいて、「世論」は、科学的に確かめるものであるよりも、政治的に構成されたものになっている。同様に、イラクまたはコソヴォへのフランスの軍事介入にしろ、退職年金の問題にしろ、さまざまな選挙への投票意図にしろ、それへの「フランス人の意見」を知るのに、測定する世論調査機関の能力への信頼がいっそう高まっているというわけでもない。ということは、一九九〇年の本書の初版刊行以来、実際に行なわれていることはほとんど変っていないということである[(1)]。あいかわらずジャーナリストたちは、メディアで大きく取り上げられた政治討論の後で、「どちらが勝ったか」を知るために調査業者に尋ねている。あるいは、政治討論においてメディアのいたるところに世論調査が顔を出すことに、形ばかりの批判を加えたりする。じつは世論調査の遍在には、ジャーナリストの責任が大きいのであるが。そして、政治家の多くは依然として、ある選挙に立候補すべきか否か、国民議会を解散するのは時宜に適っているかどうか、ある条約の批准を国民投票で行なうべきか議会内で行なうべきか、を「調査」に照らして知ろうとする。たびたびの予測はずれの落胆にもかかわらず、である。

したがって、すべてに関する、または些事に関するこの世論調査の要求にブレーキをかけるものは何もないようにみえる。それは一部、次の理由による。ジャーナリストと政治家は、ほとんど日常的に、人気評点とかオーディマット〔二八二ページの訳注参照〕のスコアのような数字または測定のデータを必要としている。というのも、政治活動もジャーナリズム活動も高いリスクの下にあるからである。すなわち、その活動は絶えず、競争者のまなざしだけではなく、一部把捉不可能な観衆の位置にある一般民衆のまなざしの下に行なわれ、後者は、「メディアの働きかけを受け」、評判の上げ下げを行ないうる存在だからである。〔政治家の〕一言多過ぎる発言、不手際な行動、判断ミスなどもメディアで流されるから、あまり繰り返されると、努力の末に積み上げた公的な信用をしばしば傷つけてしまう。これら危険をはらんだ、一部不確かなゲームを演じるアクターたちに再保険への強い要求と、これら現代テクノロジーへの多少とも素朴な帰依がみられるのは、理解できるところである。特にそのテクノロジーが、現代社会のすべてについて最終的な裁定を行なうこの「世論」を語らせることができるようにみえるだけに、なおさらそうである。

他方、この熱狂は次のようにも説明される。政治的世論調査産業は、数字の技術者によってよりも、政治ゲームの主体でも客体でもある社会的なアクター、すなわち「メディアに顔を向けた政治学者」によって支配されている。かれらは日々、政治関係者やジャーナリストたちを――かれらが再注文しない時には――執拗に追い回し、政治関係者やジャーナリストのためにより限られた合理的な調査を利用できるよう調査の数字の技術的解読を助けるのではなく、それどころか、絶えず「新製品」そして新「バロメーター」を売り込み、それらの結果を、メディアの中やその他の場で、「得点」とか「受賞者名簿」のかたちで場当たり的に示し、コメントしている（「フランス人のより多数は……のように考えているのが分かります」、「……の信頼が大きく低下したことが確認されます」、「フランス人は私たちに……のようにいいます」）。そしてこうほのめかすのだ。メディアによる上手なキャンペーンをすれば、皆さんがどうしても注文しないわけにはいかない次回の世論調査では、もっと「勇気づけられる」結果が得られるはずですよ、と。

見ての通り、市民たちが適切な場で意見を戦わせることが少なくとも前提となる真の民主的な討論からは、ほど遠いものがある。政治関係者のシニスムに狙いをつけた調査業者の無意識の操作がたいてい行なわれるこの果てしない過程を、どのように打ち破ることができるのか。世論調査方式による意見調査に対する技術的な批判は、本書でも細かく行なわれるが、ほとんど反論を受けることはなく、調査業者自身も（過去に遡る）証明の仕方については批判を受け入れている。それでいてかれらは、論理的には免れられないはずの科学的・政治的帰結を引き出すことをしない。ということは、本当の決裂点は別のところにあること、それが科学と政治の境界に位置づけられていることを意味する。これは、およそ希望におかまいなく分析を提示した本書が最初に刊行されたときの受け取られ方が、すでに示しているところである。「メディアに顔を向けた政治学者たち」は、政治的世論調査は選挙やレフェレンダムと同じ原則にもとづいていると主張し、まさにこの理由から、世論調査はあらゆる批判から免れるのだ、と結論した。

重要なことに、その読み方、その政治ヴィジョンにおいて、かれらは一著作に勝利したのだ。その本は、かれらにいわせれば、世論調査を無視し、民主主義と普通選挙を攻撃したものである。その著者は「世論調査の敵」とされ、人民民主主義〔ここでは「共産主義」と同義であろう〕の友でないはずはない、とされた。それ以下ではないはずだ、と。

ところが、よくあるように、こうした激した批判は、その憤慨の対象によりも、自分自身に差し向けられてしまうものである。特にこの場合、これら「全体主義者」の糾弾は、そうとは気づかずに仮面を投げ捨てていた。じっさい、本書は付録の一つに「ソ連における世論の観念」〔本訳書では割愛〕を収めているので、もし私の批判者がこれを読み、理解していたならば、それは、この「世論」の自称擁護者たちによって主張されるいつもながらの議論に対する前もっての回答となっていただろう。私はそこで、こう指摘した。「世論」の観念は、科学とはなんら関係はなく、すべて政治と関わるものであり、必然的に歴史のなかで変るものである。なぜなら、この観念は形而上学に属するものであり、歴史的に規定された政治界《シャン》の機能からの副産物にほかならないからである。だから例えば、ソ連共産党の正統派にとっては、「世論」とは「党の意見」以外ではありえず、もっと具体的にいえば、党の「進んだ指導者たち」の意見なのである。

このため、一九七〇年代に民主的なロシア人社会学者によって、当時政治から遠ざけられていたマスの民衆のより非現実的ではない意見を、あらゆるバイアスはあれ、アンケート調査で理解するためなされた企ては、科学的かつ政治的な進歩を意味した。かれらは、社会科学に拠りながら、正統的・全体主義的ヴィジョンを批判的に対象化したのだ。ソ連の指導者たちはこれを見逃さず、政治的権威者の議論を用いてこれら円滑な統治を妨げる者たちを退けたが、後者は後者で、共産主義の崩壊とともに報復を果たした。ただし、科学的なというよりは政治的な報復である。なぜなら、かれらは、わが国の調査業者の援助を得て世論調査のオフィスを開設し、民主的イデオロギーによって再吟味され修正されたバージョンにおける「世論」のあらたな守護者となったからである。[2]これは、わが国の「メディア向き政治学者」が尊大さと自己満足をもって振りかざすものと同じ政治当局の議論である。政治学者たちは、万人が自分たちの「世論」の定義——自分たちが理解し、コメントする選挙診断の見かけの言葉のなかで押し付ける——を信じてくれると考え、欲していて、そこからさまざまな方法で利益を引き出している。

いうまでもないだろうが、政治における意見調査を頭から否定すべきだということではない。それは社会諸科学の専門家からすれば、ばかげたことである。重要なのは、まさに調査の政治的・イデオロギー的な利用を批判することである。社会学の任務は、政治的物神の科学で身を飾ることではなく、批判をつねに徹底して進め、民主的理想の達成をより現実のものにすることにある。

二〇〇一年三月

序章　世論、政治、象徴闘争

この本は元をたどると、だいぶ前のことになるが、単なる一街頭示威行動についてのモノグラフィー的考察に端を発している。

一九八二年三月、おびただしい数の農民が、公式的には、誕生したばかりの社会党政権〔一九八一年五月大統領となったミッテランの下に成立した社会党を中心とする政権〕の農業政策に「ある種の不満」を表明するため、組合の訴えに応えて「パリに結集した」という出来事がそれである。デモは、よくある通例のもので、首都ではフランスのあらゆる地域からのデモ隊員のきわめて多様な社会グループが、ほとんど毎週行進を繰りひろげるのが見られ、隊列を組み、抗議し、その不満と要求の理由を示す集団の存在を明示した横断幕とプラカードを掲げ、「数の力を示す」ため集まってくる。しかし、かなりの例外性も帯びていた。というのは、人口では減り続けているこの社会層がこれほどまでおびただしく首都の舗道に姿を現したことはかつてないからであり、通常、デモをする農民たちはより集中した形で、限られた地点で、より激しい示威を行なうものだからである。

なお、筆者の当時の関心の対象は、いわゆるデモ参加者の行動そのものよりも、当時、とりわけ一九五〇年代の初めから深い形態上の変化を示していた農業世界の研究だった〔たとえば、P・シャンパーニュ「文化資本と経済遺産」*ARSS*、

六九、一九八七などが当時の仕事としてある〕。そしてこの変化は、事実確認的であり、また遂行的でもある一連の著作を生んだのであるが、それは『農民の終焉』、『農業の終焉』さらには『沈黙の革命』[1]といったものだった。

ある模範的な示威行動

農業世界にとって当時までおなじみだった数々の示威行動のうち、一九六〇年代の初め、農業のいわゆる「構造」政策[2]の実施を加速するためにブルターニュで行なわれた示威行動が、特に専門家と「一般公衆」の注目を集めていた。それは全国紙の一面を飾ったのであるが、というのも、デモの引き起こした衝突[3]と、政治世界自体に呼び起こした反響の重大さのためである。議員の多数は火急を要する問題だから取り上げるべきだと要求したが、国家元首〔シャルル・ドゴール〕は国民議会の臨時会の召集を拒み、これは法律家の間に活発な論争を引き起こした。ドゴール将軍はこの拒否を、いやしくも選挙民の付託を受けた議員たるものは「街頭の人間の圧力の下に」審議をすべきではない、という理由で押し通している。

その一年後、『フランス政治学雑誌』に、パリ政治学院で教えている複数の著者による一論文が掲載される。著者たちは、農業組合運動のこの派を支持し、助言をあたえる「農村社会学」[4]の専門家だったが、論文はおそらくこれらの運動の分析よりも、その成功を援けるために書かれたものと思われる。デモは、当時農民たちの世界を襲っていた根本的な変化を物語るものだった。まさにこの論理から、筆者は一九八二年の示威行動に関心をそそられたのだ。

これが「分析役割をもつ出来事」の位置を占めると筆者には感じられたのは、その集合的な公然の行動を通じて、農業というこの経済セクター内で二〇年来生じている重要ないくつかの変化をつかむことができたからである。規模からいって例外的なこの示威行動にエスノグラフィー的観察を行なったわけだが、これは当時筆者が行なっていた中小農民の再生産の危機の研究の枠組みの中に位置していた。そこでは筆者としては特に、離農を生じさせる種々の規定要因のうち、とりわけ三〇年来中小農民の大部分が経験している社会的アイデンティティ危機の演じる役割が重要であることに光をあてた。そうした視野のなかで、このグループの「自己呈示」戦略を研究したいと思っていたのだが、かれらは、「都市」と「国家」の象徴であるパリの人々を前にすると、社会的にまちまちに分れていった。被支配者が自分自身について抱く表象は、何かしら支配者が被支配者についてつくる表象に負っている以上、ジャーナリストたちが農業世界をどう知覚しているかも研究しなければならなかった。そして、かれらが都市読者をお目当てに「農民」についてつくる、ないし活性化するイメージ、決まり文句、ステレオタイプを通して、これを行なったのだった。

デモの展開のなかに、この社会集団への公的なもっともらしい表象の押し付けに抗する、まぎれもない闘いの存在をみることはさしてむずかしくはない。ただし、その表象は、少数の「近代主義的」「生産主義的」農民（「農業起業家」）と、めまぐるしく変わるこのセクターの中でエコロジー的・有機農法的農民またはバカンス時の都市市民のための単なる「自然の番人」になることで生き残りを図ろうとするより幅広い伝統層、とに割れていた。

けれども、この抗議運動は、農業世界の変容よりも、むしろ政治空間とその機能の仕方の変化に関わる別の問題を、明瞭なかたちで提起していた。デモが暗黙にではあれ提起していた問題は、ここに結集したグループが、社会的・地理的には多様であるにも拘わらず、唯一の同じグループを確かに形成していたのか、また、デモを組織し、これを要求した農業組合（ＦＮＳＥＡ〔農業経営者組合全国連合〕）がそれ独自でほぼ独占的に、歴史的に継承されたこの社会的カテゴリーを代表する力をもっていたのか、ということである。要するに、この特異なデモは、政治的空間の機能の仕方そのものに関わる次のようなきわめて一般的な射程をめぐる諸問題を提起していた。だれの許可の下にスポークスマンになれるのか、その権威はだれがどのような基準で付与するのか、かれらの権限を「代行して」

語るスポークスマンは、それらをどの程度表明するのか、どの程度利用するのか。集団が代表者を生み出すのか、それとも逆に、すでにホッブズが考えたように、[5] 代表者が、これを代表すると称し、存在させることで集団を生み出すのか、等々。農民（または「百姓」、言葉もここでは重要だ）たちの一見なんの変哲もない行進も実は、集団の区分の仕方、かれらの社会的生存の様式、正統な政治的代表の方式に関係していた。

突発事故が起こるのを避け「デモを成功にみちびく」ため、デモ参加者たちは、好ましい外観を与えることに不必要なほどに気を遣い、政治のゲームに参加してくる他のアクターたちにも注意を向ける。なかでも特権的な観察者である新聞・雑誌、テレビ・ラジオの記者たちに対して、である。事実、行進隊列の見えない所に、または端っこにデモ参加者と劣らないくらいの社会的行為者がひそかに、それと分からぬかたちで直接に参加して、デモの成功に力を貸していた。こうした示威行動の形式、および組合の幹部によって押し出されたテーマは、世論調査機関の役割を考慮することなしには完全には理解されえないものである。事実、このデモは、世論調査諸機関による意見調査で捉えられた、世論のなかの農民の「イメージ」にもとづいて考案されている。その調査とは、特に組合の求めによって、かれらの要求がもっともなものであると「世論」を納得させることを狙って、行なわれたものである。

「農民のイメージ」やかれらの「選挙時の行動」についての世論調査は少なくない。政治学国民財団（Fondation nationale des sciences politiques）の一研究者は、この主題を扱った論文を数点書くことができたほどである（イザベル・ブサール「一九四五年以降のフランス世論調査における農民の社会・政治的イメージ」『農村経済』一四五号、一九八一年九月・十月号、二五〜三一ページ、および同じ著者による「一九七三〜一九八一年におけるフランス農民の選挙時の行動」『農村経済』一四九号、五月・六月号、一九八二年、二一〜二二ページ）。二つの同タイプの研究集会（一九五八年の「現代フランスにおける農業と政治」、一九七二年の「現代フランスにおける農民の政治世界」）

を引き継いで行なわれた集会「農業と政治」における最近の報告の中で、同じ著者は、近い時期に行なわれた世論調査にもとづき、農民への援助に同意する人々に「農民たちは好ましい折り紙つきのイメージを提示している」と述べる。さらにこう認める。かれらの生活は困難で、示威行動にでる正当な理由をもち、政治的・経済的・社会的生活においてFNSEAはプラスの役割を演じており、子弟たちはほとんど農業を好かないとしても、教師たちは逆に好んでこの階級に工場労働者の姿よりは田園に立つ農民の像を貼り付けている、と（『農民と政治』政治学国民財団出版会、一九九〇年、五〇五〜五〇八ページを参照されたい）。

パリのプレスのすべての編集者にデモを予告し、コメントを送るというFNSEAの「プレス担当」の役割は重要である。そしてそのことは、今日、メディアおよびジャーナリストたちのとっている基本的な立場を端なくも表現していた。後者は、その「イベント」を政治的に存在させること、要するに存在させることに大きく貢献する。なお、組合の系統の人物のなかに「政界とつながる助言者」の存在を見いだすのはそうむずかしいことではなかった。そのかれらが、「世論」に最大限の「インパクト」を与えるべく、この抗議運動を組織し、一場のスペクタクルのごとく演出するのを援けたのだった。そして、いうまでもなくこのデモがいくつかの世論調査を生んだのだが、それは、デモの世論に対する効果がどの程度だったかを推し量るためであり、（極秘に）政府が、（記事として発表するため）プレスが、調査機関を通じて、「投票年齢にあるフランス人を代表する諸個人のサンプル」に、「農民たち」の表明するこのような要求に賛成するか否か、を尋ねさせたためであろう。なおまた、政治学者のコメントを経たこれらの調査が、「フランスにおける世論の状態」についての学問的研究や、各地の政治学院における「政治的コミュニケーション」の講義を可能にしたことは疑いを容れない。

世論調査の政治的利用

というわけで、この示威行動の分析は、農民という事例をはるかに越えることになった。分析の示すところでは、政治のゲームは、現代的形態の「世論」をめぐって組織され、構造化されるのであり、政治闘争はしだいに、見たところ科学的で明白なかたちで調査機関が測定する世論を勝ちうるための戦いへと集約される傾向にある。政治における世論調査、および調査を読みコメントする政治学者のこのいよいよ高まる重要性、それは何かしら逆説的なものを含んでいた。事実、一九七〇年代の初めからプレスによる世論調査結果の発表が普及しはじめるのだが、『レ・タン・モデルヌ』誌に、意図して挑発的な題名でピエール・ブルデューが寄せた論文「世論なんてない」が発表される。これは広く読まれ、とりわけ政治学者によってたびたびコメントされ、引用された(6)。

少なくともその結論でブルデューは、「世論調査を行なう者とその結果を利用する者によって暗に認められているような意味合いにおいては」、と限定した上で「世論は存在しない」とした。かれによれば、その意見調査とは、社会的に非常に異質な諸個人からなるサンプルに、政治的必要から世論調査機関が判で押したように同一の質問を発し、得られた回答を足し合わせるということからして、すべての個人は一個の意見をもち、尋ねられた設問をすべてその通りに受け止めるもので（あるいは少なくとも受け止める能力をもち）、さらにあらゆる意見は社会的見地からみて価値がある、と想定してしまっている。だが、そうしたことは経験的に検証されることからほど遠い。

この論文は、世論調査の一般化された手法が広く用いられ始めた時期にあって、特に、プレスと政治世界に生まれつつあった世論調査手法の科学性への右のような信仰に働きかけることをねらったものだった。ブルデューは、調査諸機関は「世論」を真に測定しているのではなく、人工物をこしらえあげ、一種の科学の「不法行使」に身をゆだねているとした。そして、皮肉にも、調査機関が、それらがコンピューターのリスティング用紙の上につくってきたものよりもはるかに真実である「世論」を考慮に入れるのを忘れていることに注意を喚起している。真の世論とはすなわち、実際に動いている利益集団のそれであり、この集団は政治学が伝統的に「圧力集団」ないしは「ロビー」という表現で呼んできたものである、と。

　学校制度改革を挙げながら、ピエール・ブルデューは、学校制度の機能の仕方に直接利害関心をもち、ある程度成功裏に「世論」を代表していると主張する圧力集団と、教育制度の組織化にほとんど関心がない被調査者を含んだフランス人全体を代表するサンプルを対置している。後者はほとんどが具体的問題にも、政治学者がつくりあげたもろもろの質問が暗に指している政治的争点にも無知である。ブルデューが明らかにするには、力をもつ「世論」、すなわち指導的政治審級に実際に影響力をもっている勢力は、主として、たとえばプレスを通じて調査に自発的に答えようと動き回るのが観察された圧力集団の勢力だった。ということは、この種の調査への回答者の構造は、フランス人全体をほとんど代表していず、他方、学校制度の擁護ないし改革のために動員されるような人々を特に代表しているということである。

　ピエール・ブルデューの批判は以上にとどまらず、世論の生産に関する真の社会学理論を提示している。一九七六年と一九七七年に発表された別の二つの論文[7]では、特に調査機関自身によって行なわれた種々の意見調査の二次的分析にもとづき、いわゆる「個人の」意見をもつ確率は社会集団に応じて（特にその学校修了免状《ディプローム》のレベルによって測られた個人の文化資本に応じて）異なること、とりわけ政治に関わる一個の設問に回答する能力は、技術的であることと不可分に社会的であること、を明らかにしていた。政治に関して「無回答」率の差によくうかがわれるように、ある質問に答える用意があるということは、当の領域について意見をもつ権利があると自認すること、または同じことだが、意見をもたなければならないと感じることを意味している。こうした関心のあり方は、固有の知識や最低限の情報の獲得の基本をなすものであり、いい換えると、専門用語でいう意味での資格とか能力のような何ものかの獲得の基本をなすものである。

それでも、意見をつくりあげる能力は平等に配分されていない。特に個人の有する文化資本によってこれは左右される。まさにそのために、意見を即座に形成するよう促されると、個人は政治的意見の形成の実にさまざまな方式を作動させるのであるが、調査をする側はこれらを、あらかじめコード化された質問の均質化テクニックによって一つのものにしてしまう。すなわち、形式的には同じであっても、非常に異なった論理によって産み出されているため実質的には異なっているもろもろの回答を、足し合わせてしまうのだ。ピエール・ブルデューは、およそ厳密に科学的な調査の論理を政治の論理から分かつものは、レフェレンダム〔一般には国民投票をいうが、集団全成員への意見調査の意もある〕の実施とこれへの政治学者的コメントに単純に還元されることのない、構成の作業を含んだ真の意見調査であることを強調していた(8)。

以上と並行して、かれは、世論調査生産者の社会学をスケッチしている。これはより一般的にいえば、政治学者《ポリトローグ》のことであって、政治のゲームの中でのかれらの役割は第五共和制の成立以来、重みを増す傾向にある(9)。ブルデューは、リュック・ボルタンスキーと共同で、特に、「政治学」が「支配的政治イデオロギーの生産」にもたらした貢献を分析し、政治支配の本質は基本的には象徴的なたぐいのメカニズムにあり、もっとも重要な政治の作用はとりわけ、社会的世界の分類の諸システムを隠された形で押し付ける点にあることを明らかにした。この分類システムの固有の特徴は、力をもっていること、またはより増しな場合には、象徴的な効力をもっていること、すなわち真実でないものでも、真実とすることができることにある。それは、このシステムを利用する者が、望ましいもの、ないし必然的に生じるべきものとして予告する事柄を実際に生じさせる手段をもつ限りで達せられる。

世論調査への科学的な種類の批判が非常に早くからブルデューによって定式化されていたわけだが、にもかかわらずその後、別の者たちによって世論調査は政治の決定的一要素とされるようになり、絶えずより広く実施されているのが認められる。このため、この技術と政治的ゲームの間にあると思われる深いつながりを理解するため、単なる認識論的な批判を超えなければならなかった。

それゆえおのずと、科学性というあらゆる外的特徴を示す基本的性格をもった一実践〔世論調査〕の政治的利用法の社会学へと向かわなければならず、そのためには、考察をさらに進めて、世論調査がジャーナリストや「政治学」の専門家の間に博した成功とは何なのかを理解するよう努めなければならなかった。いい換えると、この社会的テクノロジーが政治という領野の論理に従って呼び込まれることとなったいくつかの固有の理由を説明することである。世論調査の技術は一九三〇年代末からあったが、その本格的な発展は、「政治のメディア化」とテレビの普及によってはじめて可能となった。写真という技術の場合、成功の大きな部分を、実在を表象するという以前から社会的に存在したある種の要求を満たすものだったという事実に負っていたわけだが、[10] これと同じで、当時、世論調査の技術の成功はおおよそ、「直接民主主義」の現代的一形式をもっともらしい科学的保証の下に実地に打ち立てるのを可能にすること、そのことから説明された。

この直接民主主義は、民主主義の論理の完成そのものであり、民主主義イデオロギーの理想と範例――ただし、接近しがたいが、どこにでもあるもの――をなすものでもあった。であればこそ、分析は再度、世論調査そのものよりは、およそ世論調査に力を付与する政治界[11]の機能の仕方に焦点を当てなければならなかった。この独特の社会的空間は相対的な自律性をもっており、議会制民主主義体制においては、社会的世界の同一の表象をめぐって、市民の多数者を選挙時に動員し、「公権力」（国家の管理）に関わる権力ポストを勝ち取るという固有の目標をもっている。

象徴闘争としての政治

マックス・ウェーバーのように国家を「正統的な物理的暴力の独占」をなしうる機関と定義できるとするなら、おそらく、ノルベルト・エリアス〔一八九七〜一九九〇年。ドイツの社会学者。著書に『文明化の過程』など〕の歴史社会学的労作に従って、特にこの定義の系を想起するのがいっそう適切だろう。すなわち、形態的にも地理的にもいよいよ巨大化していくナショナルな政治界の内部の闘争は、本質的に象徴的なものになる傾向にある、というのがそれである。なぜなら、この闘争は、信じこませたり、分からせるのに言葉をもってするからであり、政治空間の歴史の大部分は、きわめて独特な象徴権力のとるさまざまな形態の分析と、その漸増する自律化の分析からなっているからである。[12]

この象徴闘争は、テレビの政治座談会とか、さらには「選挙の夕べ」〔開票速報と解説、座談会などを含む番組〕に見ることができ、これは議会制民主主義の中での政治ゲームの基礎をもなす社会的世界について、一つの見方を押し付けるものである。例をあげると、最後に発言すること、「より高い見地から」話している（たとえば「論争の質を高める」ことで）と思わせること、党派的でない見方に立っているとみせること、等々は、締めくくりの言葉を支配するための絶えざる闘争のそれなりの側面をなす。職業政治家たちはあらゆる可能な、このゲーム空間で許される手段を用い、最大多数の人々に自分の見地を押し付けようとする。そうでなくとも、最大多数の市民の見方であると信じる社会的世界の見方を、我が物にしようとする。

現代メディア（ラジオとテレビ）の中での対論では、その舌戦において単純な不公平な裁断のようなものが生じないか、そのように見えないか、をジャーナリストたちが気遣っていることを示す指標がいやというほど目に付く。

たとえば政治座談会では、選挙運動期間中の全国的リーダーたちの登場順序に従い、だれが最後の発言者となるかを決めるための籤引きが行なわれる。一般視聴者の場合政治への関心があまり広がっていないから、単なる見物人にすぎないかれらにとっては、庶民的譬えのいうように、「最後に語る者につねに条理あり」ということにならないか、とプロの人間はつねにいぶかるのだ。全国的大メディア〔「大メディア」とは主としてラジオ、テレビを指す〕の視聴者は政治的、社会的に多様であるため、ジャーナリストはあらゆる傾向の代表者を出演させなければならない。または、次第に行なわれるようになっているが、「政治学」の専門家が登場し、数字、グラフ、想起すべき歴史的出来事を提示し、客観性への配慮と、そこに参加している政治的アクターたち〔主に政治家〕から自分を区別したいという意志を表す。要するに、かれらが政治的係わり合いの「外に」というよりは「上に」位置を占めているという事実を示すのである。

政治とはまず何よりも象徴闘争である。あるいは少なくとも、自らの世界像を勝利させ、それを正当で真正なヴィジョンとして、経済的に、また殊に文化的に剥奪状態にある最大多数者に示し、信じさせようとする象徴闘争である。代表と委任の手続の基本にある文化の剥奪のプロセスのごく一般的性格を知るには、ミシェル・ピアルーによる労働者世界の調査が収集している「下部」の活動家たちの証言を引用するのがよい。この聞き取りは、政治活動の普通のありふれた形式である、単なる組合ビラの執筆に関して行なわれたものである。

「ビラはどんな風につくるか。仲間の一人が音を上げながら一晩かけて書いたもんだが、うまく書けてなくて、その形を直しようもない。かれが自分で分かっていれば、他人にも分かってもらえるだろうに。今、あなた方が『ラルース辞典』ではこうこうだからなんて考えることは、われわれとは関係ない。しかし、これもまた文化的闘争だ、結局のところはね。言葉の使い方とか、表現とかいうやつだ。かれにはこういう、『君の書いたことの中身はよい、しかしフランス語としてはよくないんじゃないか？』でも、どうすればいいんだ。なぜって、もしおれたちが読めれば、かれは、そんなことにコンプレックスはもたないからね。……でも、おれたちが原稿を読んで、全部を変えちゃったら、こういうだろう。『じゃあおれは、ばかだってことだ。こうなったら、もう書かないよ。』多くの活動家はこうだったんだ。何年も何年もそうだった。……うまく書くのはいつも同じやつだった。弁が立ったし、この種のビラを書いていた。かれは、色んなビラを書いたし、おれたちもそいつを空で覚えているくらいだ。Xというんだが、何でも知っていたね。……そう、やつの仕事は中の仕事〔組合の専従〕だったから、立て板に水だったし、何でも書いた。まったく何でも書いたね。そして、かれにこういえるかどうかはいい加減な戦いじゃなかった。『もうたくさんだ。おれたちだって書きたいんだよ。それがいやなら、あんたは出て行ってほしい(13)』。

象徴体系、とりわけ分類体系の習得による現実の社会的構成については、デュルケムやカッシラーの分析があるが、これらは特に政治によくあてはまる(14)。じっさい、政治的秩序というものは何よりも精神的秩序であり、政治のもろもろの構造は、そのほとんどが各社会的行為者によって取り込まれた社会的表象の形式で存在している。ちょうどそれは急激な政治変動の状況にみられるとおりで、たとえば、権威的国家での「民主的」投票の創始というとき、それは、投票を組織する物的・制度的措置（投票箱、複数欄の投票用紙、暗幕付記入台、など）には帰せられず、関連しての人々の真の政治的文化変容が起こることを意味している。

信仰の崩壊

民主主義型の体制を特徴づける政治的自由競争は、それらの体制の中にもある、主体間に不一致がある際に合意をつくりだすのを目的とする強要の働きかけを、覆い隠すきらいがある。権威的体制では、唯一の世界の見方を押し付けようとするこの努力は、より明白なかたちで現れる。後者は一般に、あらゆる注意と精力を、早期から新世代の政治的社会化に注ぎ、とりわけ、強く政治化された青年運動のなかにかれらを包摂することでこれを行なう。なぜなら権威的体制は、まさしく同一社会内で同一の社会的・政治的認識の構造の存在から、すなわち普遍的に共有されたヴィジョンと分割《ディヴィジオン》の原理の存在からみちびかれる真の政治的信念または少なくとも自明と受容の感情、という条件をつくり出そうとするからだ。

　最近、ソ連に生じた変動、もっと一般的にいうと東の諸国でのそれは、とりわけ、大多数の市民によるこれらの国の政治的現実への見方の変化にほかならない。最近のソ連の政治的変化について尋ねられた大部分のソ連の知識人や責任者が、現在の変化は「想像だにできなかった」と述べ、文化領域のさる責任者は、今から一五年前ならKGB〔国家保安委員会〕と協力して若い芸術家とその作品を選んで現代芸術展を行なうのはまだ「可能」で、かつ「当然」と思えた、と語っているのは驚きである。ゴルバチョフに始まった改革は当初は懐疑的に受け止められた。なぜなら、改革は、過去につくられた精神構造にもとづいて認知されたからである。

　当初ソ連ではほとんどだれ一人、また西欧諸国でもほとんどの観察者が、このソ連指導者の告げる改革を信じなかった。保守派は例のごとく書記長を信任したが（その後しばらくして、改革の多くがかれらの利益に反することが分かるのだが）、ほとんどの知識人はそこに政治権力の一つのあらたな悪知恵をみるにとどまった。というわけで、たとえばソ連の演出家のパーヴェル・ルージンは、『リベラシオン』紙との対談（一九九〇年五月十四日）で、「ペレストロイカはまったく予想もしなかったのか」という記者の質問に、こう答える。「いや、そういうわけではない。何が起こるかよく分からないままに、一つの新しい策略ではないかと思っていた。しばらくして、ほっとした。検閲はやんで、フランスにも行けるし……。三年前、あのただの一撃で私は昏睡から目覚めたのだ。」権力は、単に「一ヴィジョン」だけでなく、一つの生き方全体を押し付けるが、その生き方は当の変動によって根本から攪乱されている。これに異議申し立てした者の場合も含めて、である。「突如、もちろん一大空白が生じ、自由という恐怖をもたらした。検閲との戦いに消耗していた連中はみなただちに、自分の意に反して動員解除された旧戦士のような心もちで、抗うこともなく武装解除された。イデオロギー的晦渋をよしとするにせよ否とするにせよ、いったん経験すれば、かつて経験したありふれた生活を再度受け入れるのは別のことである。でも、あたかも獄から解かれたばかりの囚人のように、世界があまりにも広大なので、翌日にはもう元の獄に戻りたくなる。」

東ヨーロッパの国々の共産主義体制の急激な崩壊、それは、外見上ちがっていても、フランスにおける農民世界の崩壊とつながりがなくはない。特に零細農民における伝統的生活の崩壊にせよ、あるいは特に久しく人工的に支えられてきた共産主義体制の崩壊、ないし力によるそれを含めての自己維持の能力の崩壊にせよ、いずれの場合も、そこに信仰の崩壊がみられるのだ。この崩壊と、かつては敬虔な信仰の勤めを行なっていた農村地帯における宗教的実践の崩壊、または百姓の息子たちの農業外への脱出の加速化との間には、深い意味での類似性がないわけではない。このプロセスは、象徴的支配のもろもろのメカニズムを理解するのに欠かせない媒介ないし環をなしているのであり、一社会集団の「モラル」と呼ばれるものは、客観的社会構造の内面化の主観的表現にほかならない。

いうまでもなく信仰の崩壊は、客観的原因なしに起こる自動的産物などではなく、説明されなければならないものであり、政治以外の場に観察される、より一般的なもろもろの構造的変容に関わるものである。そしてとりわけ、筆者が驚いたのは、これらの政治体制における信頼の危機の根本をなす要因が、伝統的農民世界の精神的危機を説明するため筆者が明らかにしえた要因とどれほど近いものか、が分かったことである。たとえば、どちらの場合も、社会的行為者がその中に置かれる社会的座標の軸を変化させる準拠社会空間の拡大という同じ効果がみられる。家族集団の内部においても別の色々なライフスタイルとの比較をもたらす、人の外部への移動の役割、属する社会集団を異にする若者たちの社会的混交を進める就学の増加などがそれであり、この就学の増加は、粗野な形式のプロパガンダへの批判的態度を生じさせ強める、固有の最小限の文化資本を人々に備えさせるのである。

農民たちは伝統的な百姓世界とそれに結びついたライフスタイルの価値への集合的信仰をもはや再生産できず、そのため社会的再生産も、生物的再生産もかなわなくなっているが（独身のため）、これは少なくともいくつかの東ヨーロッパの政治体制の状況に通じる。後者は、現行の政治体制の価値への信仰をもはやうまく再生産できず、そのため体制としての持続もかなわなくなっているからである。両ケースにおいては、ともに、精神的なものの危機が観察される。この危機ゆえに、総崩れが起こり、結果としてちりぢりの形での逃走が生じるのだ。また、集団によって規制された集合行動にとりあえず取って代わって、「各々は自分のために」という内向きの態度が生まれる。なお、「脱出（exode）」という言葉が、農村から都市への脱出とともに、真の政治的破産によって引き起こされた脱出をも指すのは偶然ではない。後者の場合、人々は、メディアの行なってくれた選別によって、よりよく迎えてくれると認識される国々へと脱出を図る[15]。信頼してきた体制が一夜にして瓦解してしまうとは、まったく驚愕させるものである。というのも、かれらはそれまで、少数ではあれ、正統性の装いの下、あらゆる形態の政治的資本を有利に独占するのに成功していたからである。

その政治的資本の形態とは、一党制、党の推す単独候補者の選挙（かれらは議会を構成し機械的に拍手で指導者を選出する）、官僚制権力と経済的力の独占、プレスおよび教育制度の厳密な政治的統制、時・場所を選ばぬプロパガンダ、権力の座にある密かな反対派を追放する抑圧力と政治警察、等々である。けれども、この物理的・制度的権力も市民の側からミニマムの同意を取り付けなければ無意味であるから、関連して、この体制に諸個人が希望がもてるように権力が相当の努力を繰りひろげたことは理解できる。他の政治体制との実際の比較を一切させないために、人為的にそれ自身に閉じこもらせることによってにせよ。要するに、再度小農村社会にたとえれば、これらの体制はまったくの「政治的孤立集団」をなし、あたかも地理的に孤立した山深い地域であるかのように維持されてきた。当然、自己維持的ではあるが、しかし、次第に大きくなり、可視的になり、それゆえ人々には次第に受けがよくなくなる固有の政治的努力を、費やさなければならなくなる。

ルーマニアのような国の最近の歴史に、若干の例をとろう。ここでは、しばしば存在するが権力の存続にとってはあまりに不安定なので少なくとも一時的なものにとどまる、体制がそれ自体で人工的に課する公式ヴィジョンと、プロパガンダや政治警察のあらゆる圧力にもかかわらず多数の民衆がもつにいたるヴィジョンとの間に、一種ほとんど奇形的な乖離が生じている。すなわち、一政治体制を讃えるための「人民議会」とその「至高の指導者」〔一九八九年の死まで国家評議会議長、大統領兼任だったチャウシェスク〕への議員たちの満場一致の示し合わせた喝采、厳しく選別され枠をはめられた人々が加わるべきものとされた——なぜならこの上なく不人気な体制には民衆の支持の外観だけでも与えることがつねに必要だから——街頭デモが仕組まれ、これらに対してルーマニア人たちは、他にどうしようもないので久しく皮肉をもって対する以外なかった。権力からは絶えず拍手喝采を求められるので、かれらはとうとう仲間内で自分たちのことを「ペンギン〔お人好しの意〕」と呼ぶまでになった。

街頭デモの参加者によって行使される大規模であるが新味のない象徴的行動は、これらの体制の権力構造の平和的な変容を可能にはしたが、その基本においては一九八二年に筆者が農民デモの際に観察したそれとほとんど変わらない。権威的政治体制と民主主義タイプの体制との一つの大きな違いは、もっぱら権力をめざすこの象徴闘争のとる形式の違いにあるといえよう。ヨゼフ・シュンペーターは意識的に政治を経済の諸概念に置き換えたわけであるが[16]、かれがつとに指摘したように、西欧民主主義では、闘争は、市場および開かれた公知の競争のロジックのなかに位置づけられている。政治家が個人的に、また集合的に蓄積しなければならない固有の政治的資本とは、信用と信頼からなる象徴資本である。すなわち、能力への信頼と倫理性への信頼のさまざまな組み合わせからなるものである。この資本の価値は、プレスの「スキャンダル」暴露によって突然下落することもないわけではなく、絶えず、数多くの選挙によって、また人々の抗議によっても測られ、試練に立たされる。最近では、世論調査によってもそうである。

権威的体制は、政治的信用に関してはより進んで国家機関によって強制され支持された講義の制度を用いる。(17) 自らを「人民に基礎を置く」と称するこれらの体制への一般民衆の支持は、実はほとんど完全に、強力な政治的働きかけの産物である。この働きかけは、万人に対し、おそらくまず第一には指導者たち自身に対し、否認の形で、真に民衆の支持があるのだと信じさせることをねらいとする。

政治界の分化

政治的「民主化」のプロセスは、政治界《シャン》の自律化と、いよいよ進むその内部分化に強く結びついているように思われる。分化とは、すなわち、政治ジャーナリスト、政治学者、世論調査実施者、広報専門家などの社会的行為者たちの、それ自体比較的自律的な副次的な場が出現し、広がっていることをいう。かれらは各人各様、その固有の利害関心と狙いをもって、多少とも直接的に政治のゲームに参加する。この面では、本書の対象でもあるフランスにおける政治界の最近の変化の一つの側面は、「政治学者」という新しい行為者、およびそれと並んで政治の解釈と操作を行なう一連のプロたちが、堂々と政治のゲームに入り込んできた点にある。

これらの行為者の優越感は、科学的であるという自負にあり、それゆえ、政治ゲームに対し中立的・客観的観点に立っているといいつつ、ゲームに直接に関与してくるのであるが、おそらくこの点が本来の科学的な分析を妨げる最大の障害の一つとなっていよう。じっさい、政治的ゲームの客観化に努める社会学ならば、単に、人文科学、政治学のおびただしい専門家によって絶えず行なわれている部分的な客観化のみを考慮に入れるのでは足りない。これらの分析が、社会的ゲームそのものに肩入れしがちであること、そこに「理論効果」と呼んだところのもの――

久しくマルクス主義理論によって生み出されてきた効果とはまったく関係ない――をもたらしていること、をも見るべきである。社会的世界を分析する際に社会学者の占める外部観察者の位置は、政治ゲームの当事者によって絶えず異を唱えられるし、また絶えず克服すべきものである。なぜなら、社会科学がその成果を公にするや、その成果は、通俗化された実用的な形で社会的現実のなかに移し入れられがちだからである。

社会諸科学の副産物のこうした流布を看過したなら、また、政治的アクターたち（少なくとも国家的責任をもつ者たち）は今や広報技術を教育された政治的コミュニケーションの顧問たちに囲まれているのであるが、そうして事実を無視したなら、今日、政治ゲームは大いに理解しがたいものとなっていただろう。また特に、公表されると否とを問わず多数の意見調査を考慮にいれなかったならば、同様だっただろう。これらの調査は、たとえば「テレビ演説の効果」とか「ポスターによる宣伝の効果」を測定するために、「投票意図」や主な政治リーダーの「人気度」の調査をもとに選挙の結果を予測するために、さらには、選挙綱領やキャンペーン・テーマなどの「公表」に先立って選挙の「成果」をテストするために、と絶えず行なわれているのだ。

ここ数年来、政治とその内幕について著された政治学、社会科学、あるいはジャーナリスティックな通俗ものの仕事は枚挙に暇がないほどで、政界、ジャーナリズム界で愛読され、間接的に綱領を練るのに役立ったり、「テレビに乗せる」技術を改善するのに役立っている。精神分析学者が日刊紙に政治家たちの事実、身振り、言い間違いについてちょっとした解説を書く、心理社会学者がビデオを用いて政治家のテレビ「演技」をこと細かく分析し、その無意識の動作や自分でコントロールできない声の調子の背後に隠されているものを読む、社会言語学者がその言説を仔細に分析する、等々。要するに、政治は多くの専門家たちの注意とエネルギーを引き付けるものとなり、かれらは社会科学を利用し、またしばしばこれを濫用し、この世界において、社会的行為者が社会的世界との間に通常保っている前反省的な関係を後退させている。

したがって社会学者は、あたかも人間諸科学のまったく未踏の処女地であるかのように、また、もろもろの研究結果の発表が当の研究対象に何の効果もおよぼしていないかのように、政治界の研究にアプローチするわけにはいかない。政治ゲームには、多少ともうまく隠された形で社会科学が関わっている。これを無視すると、社会学者は、政治家のために働いている他の専門家たちが政治評論家の目にとまりやすいように明示的に、しばしばこれみよがしに捏造したものを、「発見」し、記録してしまう恐れがある。社会的世界の科学のこれらプロたちが政治界の只中にもいるということは、つねに容易には認知されないにせよ、かれらの設けた副次的な場の作用の仕方に根本的な変化をもたらした。もっとも重要な社会的効果はおそらく社会学者によって直接にはもたらされず、むしろ、絶えず数を増すこの一連の社会的行為者によってもたらされるのであって、かれらは、世論調査者や広報の助言者として、社会的世界に働きかけたいと思っている者に、とりわけ政治家たちに、かれらのできることとその処方を提案する。

社会的世界にくわしいこれらプロたちのもっている社会的権力を過小評価してならない。かれらの多くは、社会学者がもつことのある理論のための理論による知識よりもしばしば優れた、実践から生まれて実践に差し向けられる文字通り実用的な知識をもっているからだ。いずれにせよ社会学的分析は、これらのプロたちを、まともな意味で科学者とはいえないような者を、少なくとも対象としては正面から考察しなければならない。じっさい、かれらは、いかにも現実的で、眼に見える、測定可能であるような社会的世界の表象と信仰の根源にいる。

本書で広く分析の対象とする世論調査の事例は、専門家の出現によって生じるであろうある重要な効果を示す好例である。この専門家たちは、「世論」を科学的に測定するのだとし、それにもとづいて行動すると称する人々に助言をあたえ、「世論」なるものの存在を信じさせるまでになっている。

しかしわれわれは、次のことの論証に努めたい。実際に存在するのは、「世論」でも、「世論調査によって測定された世論」でもなく、むしろ実は、調査業者、政治学者、広報・政治マーケッティング助言者、ジャーナリスト、等々の社会的行為者によって支配された新しい社会空間である。この人々は、標本調査、ミニテル〔家庭や、郵便局など公的施設に端末機が設置された生活情報検索システム。フランス＝テレコムが開発〕、コンピューター、ラジオ、テレビなどの現代テクノロジーを駆使し、それによって「世論」に自律的な政治的存在を付与する。そして、この「世論」とは、単にその分析と操作を業とすることで、またテレビに映ったり、政治家自身に体験されるがままの政治活動を根本から変容させることで、かれら自身がつくりだしたものである。

特に政治マーケッティングの専門家たちは、自分自身の製品への需要を政界の中に喚起しようと固有のマーケッティングを行ない、ここ三〇年来政治というものがいかに変わったかを得々として示す。自分たちのため討論の場やテレビ番組の中では、たとえば一九六五年の大統領選の選挙運動の質の悪いモノクロ録画を引っ張りだしてきたりする。そして、現在からみると政治家たちは書かれた原稿を単調に読み上げるだけで芸がない、やりすぎで過剰に笑いを振りまいている、シンパだけの会合におけるように朗誦調になっていて野暮ったい、退屈である、などと述べる。これに対し、専門家チームがつくりあげたカラーのクリップや、「聴衆受けのする」、政治的にもより効果的とみなされるスローガンを示すのである。このようにしてかれらは、宣伝広告という自らの職業的利益にもかなう開かれた表象として政治の表象を提示するために依拠する現代的手段から、一つの効果を容易に引き出す。

政治の正統的定義

社会的世界ではたいていそうなのだが、社会のもろもろのメカニズムはそのものとしては個人に「逆倒的」に映りがちである。広告関係者が好んでいう、「時代遅れ」と今日われわれにみえるものは、当時の多くの人々にはそうではなく、人々は逆に、フランスにおける「政治のアメリカナイゼーション」の当初の試みを破廉恥と見ていたのだ。たとえば政治家がテレビで発言するやり方で今日のわれわれに「自然」と見えるものは、実際には、コミュニケーションの現代的手段において表現されるような政治的ゲームによって、またこのゲームのためにつくられた一個の「自然」にほかならない。周知のように、政治家たちはテレビの「即興出演」を、実は念を入れて注意ぶかく準備する。今日かれらがカメラやテレビの前で行なわなければならない真のパーフォーマンスは、しばらく前から、もっぱら「政治家という仕事」の一部となっている。

一九六〇年代初め、当時販路を求めたり、その才能を政治的アイデアに役立てたいとする広告業関係者のぶつかっていた主な障壁は、本質的に象徴的なたぐいのものである。そこで、自分たちの政治への貢献をうまく売り込むために、政治の定義を変えてしまわなければならなかった。すなわち、選挙で当選するように一政治家を正統的につくりあげることを可能にするものの定義を、である。そして、この政治の定義の変更は、政治資本の既存の形態（政党の中で積み上げられる権威、議場や支持者の会合で揮われる雄弁術など）をくつがえすものであったため、多くの社会的場がそうであるように、これらの変更は社会的アクターたちが若いという事実によるものと理解されている。あるいは同じことだが、若い者は政治資本をもたないし、「自分以外に縛るものもない」から、暗黙裡に受け入れられ内面化されてきた政治的競争の規制のルールをくつがえそうとすることができたのだ、と。

一九六五年、フランスで最初に、極秘裡に、同じく若い一政治家の選挙運動〔若い一政治家とは、この年の大統領選に立候補した当時人民共和派のジャン・ルカニュエ〕を担当したのが、若い広告業者で青年ゴーリスト〔ドゴール主義者〕運動の一活動家だった。その政治家の知名度は低く、政党機関と関わりなく立候補したのだった。青年は、最初ゴーリストのところに話をもちこんだのだが、ゴーリストたちは憤慨し、断ってしまった、と語っている。かれらの考えるドゴール将軍の政策および歴史的次元に照らすと、青年の提供するものは気品に欠けるというわけである。ドゴールの支援者たちは、ドゴールがあたかも「化粧石鹸でも売るように」「頭を下げて」自らを売り込むなど、いったい想像できるかという。[18]

政治コミュニケーションの専門家によってつくられた合理的かつ合理化推進的なテクニックについては、おせっかいで自らの力を過大評価する気味があるにせよ、おそらくその実際的な効果を全否定する必要はないだろう。しかし、それらのテクニックが効果的だったのは、かれらがそのなかで自分の位置を占める政治を行なう新たな様式を提示し、それを受け入れさせるのに成功したからだ、ということを特に指摘しなければならない。いい換えると、こういうことである。広告業者や政治マーケッティングの専門家が政治のなかで重きをなすようになり、また調査業者とかれらの行なう「世論」調査も同じく重要性を増したわけで、それはかれらの行なうサービスやかれらの特殊能力が不可欠であるような[19]新しい政治ゲームをつくりあげるのに貢献したからにほかならない。

およそ政治とは、政治に（客観的）利害を有する者にしか（主観的に）関わってこない。一見トートロジカルにみえるだろうが、このことは象徴的支配の論理を理解するうえで実は本質的に重要な意味をもつ。一九五〇年代初めにＩＦＯＰ〔フランス世論調査所〕、次いで他の調査機関によっても発せられた、細部に色々違いはあるが、「あなたは政治に関心をもっていますか」とたずねる質問は、おそらく、これらの機関が——そうとは自覚せずに——政治について発したこのうえなく適切な設問の一つであろうが、問としては、政治に関する技術的・社会的能力の普及を知る大雑把な指標にすぎない。なぜなら、ここでなされるのは自己評価である上、「関心」という語に各人がどのような意味を付与したかは確かではないからである。この質問は、にもかかわらず調査業者が自分の調査にこめている暗黙の哲学を事実上否定するデータを提供し、かれらの行なう他の意見の質問の多くを、見たところ科学的に不条理としている。じじつ、一九五〇年から今日にかけて、政治に「大いに」関心ありとする者の比率は変わらず、今日なお積極派は少数である（一〇〜一四％にすぎない[20]）。それに引き換え、政治に「まったく関心なし」という者はほとんど被排除者または完全な無産者であるが、その数は一貫して大きく減少しており、一九五〇年代の四〇%から一九八四年の二〇%へと低下している。

特に高学歴化の効果の下に増加したのは、ホガート〔リチャード、イギリスの社会学者。労働者文化の研究に携わる〕の表現によれば、政治に、より正確には、メディアが見せてくれる政治に「一瞥を投げる」ことのできる者の割合である。そして政治のなかによくみられる循環過程に従えば、かれらがこうした政治に関心をもつことになるのは、大メディアの責任者たちが、最大限の視聴者を、という自身の経済的論理のなかで、明らかにかれらに関心をもたせようと努めているからである。また、伝統的定義における政治には惹かれなかったような者のためにつくった番組に興味をもたせ、これを視るようにさせているからだ。しかし、このように視聴者という位置にある広範な人々が獲得した「政治的能力」は、固有の意味で政治を「実践している」積極的少数者のそれと同じ種類のものだ、などと思い込んではならない。そのほとんどが特に政治的でないような認知枠組を単に最小限に動員できるにすぎない能力では、プロの政治的能力を特徴づける問題の政治的構成をまともに行なうのは無理である。

政治の社会学とはおおよそ、われわれの政治的無意識の社会学である。そのことが、この企てのむずかしさと、それが引き起こす抵抗をともに説明してくれる。「政治学」を専攻し、大学の講義で政治のアカデミックな諸カテゴリーを学んだ者は、あるいはなおさら、職業として政治学者や政治分析専門家になった者は、社会学的にいうと、高等教育を経なかった者の政治世界のありふれたヴィジョンをつくりだしている政治認識の諸カテゴリーそれ自体をよく理解できる条件にはいない。事実、政治の世界は、政治に固有の認識のカテゴリーに従ってだれしも理解できるといったものでは必ずしもない。逆にむしろ、政治を業とする者の間に通用している言葉とは別様に表現される政治がありうるのだ。政治学はとかく、その思考枠組みをすべての者に押し付けがちである。これは、政治学者が被調査者に対し、言葉または行動について政治界が認めている意味を付与するたびごとに、みられることである。

社会的行為者の行動と言説は、政治というものの認識の際に働く心的構造と関連させて位置づけられなければならないが、この心的構造は政治学者のそれと同じとはとてもいえない。ある政党に投票するからといって、その党が政治空間の中で自己定義しているがままのそれを必ずしも支持しているわけではない。むしろ、政治へのある見方から、およびさまざまな行為者の立場から、あの党よりはむしろこの党という形で投票用紙を取ることになるのだ。同じく政治学者が古典的に行なうように、被調査者に自身を左翼‐右翼のものさし上に位置づけることを求めても、このようにして生まれる人々の下位集団が「左翼」である、「右翼」である、ということはできない。そんないい方をすれば、これら「左翼」「右翼」のカテゴリーがだれにでもすぐに理解可能で、のみならず、その中身に一点の曖昧さもなく、普遍的に知り認識できるものであるかのように扱うことになろう。科学の真の目的はまさに、政治において、それをめぐって展開される象徴闘争で、さらに種々の社会集団によってなされる多様な意味づけ作業で用いられるこの「左翼」‐「右翼」のカテゴリーを分析することにこそある。

世論調査を支えとする「政治学」は、多少とも無意識的にではあれ、たいてい集合的政治的無意識にすべてをゆだねているが、これこそが対象とされ、それ自体として分析されなければならない。科学的分析と単なる政治学者のコメントを分かつものを実際に明らかにするため、いま一度、ピエール・ブルデューの一論文を参照することができる。(21) 同論文は、一九七六年に実施された一世論調査を論じたものであるが、この調査は「気散じ」をねらったもので、被検者に政治の「中国遊び」をさせるというものだった。すなわち、かれらはモノまたは動物を連想により、テレビを通じてお馴染みになっている六人の政治家に結びつけなければならなかった。

では、かれら政治家たちを「せみ」に、「あり」に、「ふくろう」に、あるいは「きつね」に、また「かしわの樹」や「葦」へ、「白」または「黒」へ、と結びつけるように求められて、被検者たちはどうしたか。かれらは単に、まったく無意識に、一連の初等的教養、つまりフランス人だれしもの中にまどろんでいて、やむなく社会・政治界の分類の実際の担い手となりうる小学校的教養を活用するだけに止まらない。この調査でもっとも興味ぶかいのは、統計的分布の結果ではなく、この遊びの考え方そのもの、そしてモノおよび動物の選び方である。調査が被検者にある程度好評だったこと（たとえば「無回答」がほとんどなかったこと）は、この種の直接かつ即興的な、普段は表に出されない関係づけから説明された。設問を「案出した」政治学者の拠っている無意識の枠組みと、政治世界を理解するために社会的行為者の用いる実践的な諸カテゴリーの間に打ち立てられている下意識的なもの、すなわち形式的には万人に属するが、実際には、政治のプロのそれから文化的・経済的被剥奪者のそれにいたるまでのきわめて多様な占有様式の対象となっているこの特有の宇宙、がそれである。[22] この調査はしばしば、被検者についてよりも、質問を発した者の政治的無意識についてよりよく語っており、科学的眼差し、つまり「世論」についての幻想から自由な、また幻想をあばくような眼差しを向けているとはとてもいえない。調査は、十中八九、もろもろの信仰を強めるのに力を貸している。

事例分析

新しいメディアの発達、世論調査の実施の一般化、コミュニケーションの新しい専門家の出現によって政治の場が変わっているわけだが、これを科学的に分析するには様々な障害のあることがわかる。これまで取られてきた方法上の偏見もここから説明がつく。筆者は、いくつかの厳密で限られた事例の掘り下げた分析を選んだのであるが、それが、一挙に大規模に行なう調査や、あまりにも理論的抱負の強すぎる調査よりも、少なくとも当初はより実り多い方法戦略と思われたからである。人は、フランス人全体を母集団とするようなサンプルについて行なわれる大規模調査に執着しすぎ、モノグラフィー型の調査を十分に認めない。「あまりに限定され」、「代表性を欠き」、対象となった事例についてしか「妥当しない」から、というわけである。モノグラフィー調査の結果は対象とした事例を越えて一般化することができないといわれるが、それは、結果の経験的一般化と、経験的で具体的な一事例について構成された分析図式ないし説明モデルの理論的一般化を混同するものである。(23)

すべての街頭デモが一九八二年三月の農民デモや、あるいは一九八六年の高校生デモと現象として同じではないのは当然である。また、すべてのテレビ討論が、ジャック・シラクとロラン・ファビウスが対決した一九八五年の討論に見られたような一連の特徴を呈していないことも、これまた当たり前である。にもかかわらず、あらゆる街頭デモ、あらゆる政治家間のテレビ討論を研究しなくともよしとされる。個々の政治的出来事からみちびかれる分析方針の一般化は、それらの出来事が、新しい場の構造によって今日呼び起こされているデモや討論の真の現実の理念型を代表していたため明示的に選ばれているかぎり、科学的に正当だからである。

逆説的だが、もっとも一般的なメカニズムというものは、大規模な研究にもとづいてよりも、むしろ限られた、細部にまで入り込んだ個別ケースに関する研究のなかにより容易に見出される。統計的分析はある意味で無難である。まともな理解が欠けているような場合にも、情報をもたらしてくれるからだ。モノグラフィー的分析は、特に政治においてはよりリスクが大きい。なぜなら、それは一方で、すでに初心者でもすでに知っている、しかし真には知っていない、後になっては前からずっと知っていたという印象をもつような、そうしたものをつねに呈示するからである。とはいえ、おそらくモノグラフィー的分析は、政治への別の見方を可能にし、政治という場の機能を支配する論理を理解させてくれる唯一の方法だろう。ここでいう論理とは、テレビの選挙速報から大統領選候補者の発表やジャーナリストのコメントにいたるまで、きわめて通常の、取るに足らないもろもろの政治的イベントのなかに示されるものである。

社会制度の発生についての記憶喪失、すなわち集合的無意識のなかに押し込められている起源のその種の忘却は、社会的世界の機能の仕方にも現れる。それぞれの世代は、歴史の産物であるものを自然のものとみなしがちである。たとえば、若いために政治における世論調査の慣行、テレビでの政治番組、コミュニケーション専門家の助言などに慣れている者は、より年長の世代が「政治のメディア化」に対してもつであろうあのためらいも感じない。年長世代は、学校の体育館での選挙演説会とか、支持者との会合とか、議院の廊下でのひそひそ話の交渉によりなじんでいる。

社会学者にとって社会史とは、〔認識論的〕切断のための最良の手段であるから、**第一章**では、特に歴史家の最近の労作によりながら、「世論」という観念がどのように生まれ、その制度化がどのように徐々に進められてきたかを振り返る。それは、この形而上的実体への信仰がどうして政治という場の構造と機能に無関係ではないこの観念の特定の存在様式の基礎をなすのかを明らかにするためである。また、「世論」の競争相手であるとともに補完物でもある、今日われわれの知る街頭の示威行動が、十九世紀の後半を通じて徐々に考案されたにすぎないことを知ることになる。

第二章では、「世論」の発生条件と、政治学者がそれに付するまでになったもろもろの特徴を明らかにする。また、今日無視されているが、世論調査そのものをむずかしくしている主な困難な点についても指摘する。

第三章では、テレビにおける最近の一政治論争の細かな分析を特に出発点として、政治という場の自己閉塞化の過程、すなわち政治のゲームがいよいよもって専門家たちの事柄になる傾向にあることを明らかにしようと思う。じっさい、その専門家たちは、人形を借りてしゃべる腹話術師にもやや似て、世論調査という手順を通して「民衆」に語らせるのである。

最終章、ここでは、とくに一九八二年のパリの農民デモなど、いくつかの示威行動の例を分析してから、もっとも被支配的地位に置かれた社会集団の欲求をより真実な形で表現する古くからのこの政治行動の形式が、これまたゆがめられ、もはや循環論法を逃れられなくなっていることを示すつもりである。この形式の行動が、政治的衝突につきものの暴力を一部緩和しているにしても、右の循環論法によって政治のゲームは多分に空回りしているのである。

第一章　「世論」表現の正統な形をもとめて

「世論」、これほどよく知られている観念は把握するのはごく容易だろうが、おそらくそのために分析するのはよりむずかしいだろう。世論は日常なじみの形式でも、学問的形式でも提示され、世論調査機関、政治学者、プレス、政界は、これにいわば認識の基本形式を与えるか、または政治意識の直接与件としてきた。世論というものは存在するのか否か、それを測定するもっとも適切な手段は何か、は今日ではほとんど論じられることもない。というのも、過去三〇年来、世論調査機関が、客観的で、厳密とみえるやり方でこれを把握する一見したところ非の打ち所のない技術・要領をつくり上げてきたからである。

どの国の憲法にもそのものとしては記されていないが、世論は議会制民主主義体制と密接に結びついている。世論調査機関はその経験を当然のごとく第三世界諸国（とくにアフリカ）へ、また「民主化しつつある」諸権威的体制（ソ連、ポーランドなど）へと輸出させている。フランスでは、一つの法（一九七七年七月十九日法）により、「世論調査委員会（commission des sondages）」が創設され、間接的ながら世論調査機関の科学的権威づけに力を貸した。この委員会は、国務院《コンセイユ・デタ》〔政府の行政諮問機関で、最高行政裁判所を兼ねる〕、破棄院〔最高裁判所に当たる〕、会計検査院の出身の高級官僚によって構成され、基本的な倫理義務の遵守を監視することを役目とした。この義務は、この職業が自らできわめて早期にまとめていたもので（一九四八年に草された「市場および世論の研究に関する忠誠行動の国際規約」）、政治的効果をもたざるをえないこれら世論調査の結果が、疑いをもたれないためであった（重要なのは、虚偽の調査や、「洗脳」目的をねらっての不完全なサンプリング条件の下で行なわれる調査の発表を阻止することだった）。

一九四五年以来、ジャン・ステゼル〔一九一〇〜一九八七年。社会心理学者、パリ大学教授。フランスにおける世論研究の先駆者〕を推進力とし、フランス世論調査所（ＩＦＯＰ）は商業的意図とともに科学的な仕事をするのだという抱負を明らかにし、一つの雑誌（一九三九年から一九七八年まで続く『世論調査』*Sondage*）を公刊した。同誌は、きわめて興味深いと判断される調査の結果を紹介し、コメントし、関心のある読者に提供していた。一九八四年からは、Ｓｏｆｒｅｓ（フランス世論調査協会）がこれを引き継ぎ、毎年『世論の状態』（*Etat de l'opinion*）を出版し、意義があると思われる調査を分類してまとめ、これに政治学者、ジャーナリスト、時には政治家さえもがコメントを付けている。今日プレス全体で大量の世論調査が発表されるようになり、ジャーナリストのなかには、自分自身がその発展に寄与した当の活動に時折苛だちを表すようになっている者もいる。というのも、このテクニックの専門家と使用者（政治学者と調査者）の側から発せられる科学的なたぐいの反論は、もうこうした調査の原理そのものに対してではなく、もっぱら細かい点（サンプルの講成がまずい、「修正係数」が問題、等々）に向けられるようになっているからである。調査機関は毎週毎週、経済指標さながらに、時の重要問題への意見の推移ぶりや、主だった政治リーダーの人気度の評点の上がり下がりをたどっている。一言でいえば、調査機関の測定する「世論」なるものは、一社会制度になったのだ。

こうして調査機関は、「世論」とは要するに自分たちの測定するものだということを、政治やジャーナリズムの世界に、さらにその外の世界に押し付けるのに成功したが、依然として、一定数の本来の意味での社会科学の専門家たちの間には、真剣でしかも執拗な抵抗が見られる。たとえば歴史家や社会学者は、世論という観念は今に始まったものではなく、実際には想像上の、観念的でユートピア的な指示対象であり、本質的には政治的言説や行動の正統化原理にほかならないとする。いいかえると、あらゆる点から推して世論とは、「民衆」が権力の正統性の源泉であるとみなされる体制における、「民衆」をして語らしめよとする伝統的政治幻想と、サンプリング、選択肢付き調査票、コンピューターによる瞬時の集計などの現代的な社会的テクノロジーとの出遭いの産物にほかならない。

「世論」の社会的発生

今日「オピニオン」という言葉がどれだけ多様な意味をもちうるかを知るには、また同時に調査機関が科学的に把握し測定すると称している「オピニオン」のタイプとは何かを問うには、歴史的に構成されたすべての意味を、幾重もの地層のように積み上げている現代の辞書に目を通してみればよい。じじつ、たとえば『ロベール』辞典によると、オピニオンという観念は、個人の確かな判断の結果を指すものでありうるが（その場合、これは「評価」「見解」「確信」「信念」の同義）、逆に不確かで主観的な個人の判断を指すことがあり（そこでは、「印象」「想像」「観点」「感情」「推測」「予断」「予測」を意味する）、または純然たる判断の欠如をさえ指すことがある（「思い込み」「偏見」「先入見」のケース）。この観念はまた、もはや個人的ならぬ集合的な産物を指すことがある。その場合は、熟慮された知的な非常に練られた立場、つまり、宗教的「教理」（ある社会問題についての「教会のオピニオン」といわれたりする）とか哲学的・政治的「思想体系」のようなものを指すこともあれば、一連の集合的・「自発的」態度や一社会集団によって分けもたれている表象を指すこともある。

同じ意味的多様性は、「ピュブリク（public）」という言葉にもみられる。この語は、総体としての「人々（peuple）」

に関わることを形容する（かつ「共通の」とか「一般の」を意味する）もので、また「私的（privé）」に対立し、形式的に「万人に開かれている」ものを指した（たとえば「公園」jardin public とか「代書人」écrivain public）。すなわち、万人にといっても、実際にはそれを欲する者、利用できる者すべてということであり、また国家に属し、「集合的利益」や「一般的利益」を想定されるもの（「公有財産」domaine public、「公法」droit public など）を指す。しかし、この形容詞はより直接的な政治的意味をもおびており、一般に「機密に属さないもの」、「公開の場で」行なわれるべきもの、さらにはその職務が「公的」であるもの（「公人」homme public）、そして意味が拡大されて、「万人の知る者」（「公証人《ノテール》」）をも指す。

今やわれわれの政治的無意識の一部となっている「世論（opinion publique）」は、フランスでは十八世紀の中頃に最初に登場して以来、これまたもちろん右に勝るとも劣らない意味的変遷をとげている。じっさい、その発生をたどる歴史的作業を行なってみると、十八世紀末までは、「オピニオン」とは、今日のそれのような肯定的な政治的観念からほど遠かった。

観念およびそれの内包する暗黙の哲学についての当時の慣用をつかむため、初期のフランス語辞典の一つをひもといてみる。すなわち、一六二一年以来、『古フランス語および近世フランス語宝典』の中では、オピニオンという観念は、社会的なたぐいの反対を明らかに反映して大いに抑えられているものの、現在もそうであるが、二重の意味をおびている。一つには、オピニオンとは、「およそ完全でない者の行なう宣告」であって、無知な民衆階級に特有の無思慮な判断ということである（「狂者のオピニオンは民衆のそれと推定される」）。しかし他方、それは「どんな知識においてにせよ博識な者の間に留まる」ものである。十七世紀末、フュルチエール〔十七世紀の作家、『普遍的辞典』一六九〇年の編纂者〕は自分の辞書の中でオピニオンとは、「熟慮」ないし「人が物事について思考しながら自分でつくりあげる特定の感情」であると規定し、しかし同じく、「良心の確かさが疑わしい場合に付き従う」ことのできる「真面目な著者のオピニオン」と民衆の「誤ったオピニオン」とを対置している。フュルチエールはこうもいう。オピニオンとは「一般的感情、または複数の人間の感情」でありうるが、単なる個人的・私的な感情ではなく、言葉の近代的意味で「パブリック」ではないにせよ、多少とも広範に共有された感情でもありうる、と。

　というわけで、十八世紀初め、「オピニオン」と呼ばれたものは、教養あるエリートにとっては、暫定的知識の同義語であって、疑わしさと確かさの間に位置し、したがって少なくとも個人的判断の努力を含意していた。プラトン的伝統の線上では、オピニオンは、普遍的である「科学」と対立する（カントは、数学において意見を述べるのはばかげているという。分っている、ならば一切の判断を控えるのだ）。ただし、この学者的オピニオンはまた、民衆のオピニオンの特徴である個々人に根ざした単なる偏見には対立するものである。したがって、オピニオン自体にも上下序列があるわけで、無教養な群集が専門家や学者と対置されるように、「一般大衆」のオピニオンは、理性の援けを受け、熟慮を経て、真の知へと近づいていくそれとは区別される。十八世紀の他のあまたの文筆家のうちでも、ラ・ロシュフーコーは、その箴言の一つで、「人は自分の意見を、理性にかなっているかぎり保持できる」と述べ、このことを認めている。

　「ピュブリク」という形容詞が十九世紀の末頃にはしだいに「オピニオン」という観念に貼り付けられるようになり、この〔オピニオン・ピュブリクという〕独特の不分明な実体を形成するようになるが、なぜ不分明かというと、これは当初から多分に論争的目的で用いられていたからである[1]。そして、これは当時、「私的」とか「親密」よりも、「秘匿」「偽り」「偽装」[2]などに対立し、絶対主義や国王の恣意への異議申し立て運動の中に位置づけられる観念だった。「オピニオン・ピュブリク」という語は、実は当初は高等法院〔アンシャン・レジーム下のフランスの最高司法機関で、国王への建白の権限ももった〕筋で使われる言葉だった。高等法院は、王国のもろもろの事項について自らの見解を「公(publique)」にしたからである（王への「建言《ルモントランス》」）。高等法院筋は、謎に包まれ不透明と判断される国王の政策に抗して、自らを、透明さの下での、公衆（実際には「教養ある」公衆）の目の届くなかで行なわれる政策の擁護者の位置においたのだ。「オピニオン・ピュブリク」はまた、これよりいくらか広い意味で「文識者」のそれをなし、この人々は、自らが体現していると考える大文字の「理性」の名において、不正や専制の犠牲者とされている一切の者に開かれた一種の控訴審法廷としてふるまった。そこでは、できるかぎり多数の公衆を、「公刊された意見書」（「封印状」の反対物）による証人とみなし、そうすることで裁判の聴衆への公開を押し広げることが目指された（ヴォルテールがいくつかの裁判事件〔たとえば一七六〇年代の一新教徒商人の冤罪事件に関わったいわゆるカラス事件〕で演じた役割は、周知の通りである）。

＊訳者注　右にみるように、また以下述べられるように、十九世紀のある時期まで、“opinionn publique”は「公論」と訳すほうが意味内容に添っているかもしれない（J・ハバーマス『公共性の構造転換』の邦訳（細谷貞雄、山田正行訳）では、“öffentliche Meinung”に「公論」の語が充てられている）。このような意味の変遷の事実を十分踏まえながらも、しかし本書では訳語の二重化が引き起こす別の困難を避けるため、以下では一貫して「世論」の訳語を用いる。

こうした「世論」とは、最大多数者の意見の統計的な合算の結果でない。民衆の意見、群集の意見はなお、「予想のできない気まぐれな感情」の同義語であり、狭義の政治の周縁にずっと置かれていた。といって完全に無視されうるわけでもなかった。ただ「啓蒙エリート」の意見のみが、無謬でないまでも、少なくとも理性に基礎づけられているから普遍的で非人格的であるとされ、表明されたのである。だから、およそ十八世紀前半を通じ「世論」とは、（今日のような広い意味での）公衆の世論であるよりは、アカデミーや文学サロンに足を運ぶ社会エリートたちの「公表された」意見であった。それは民衆（当時、その大部分は読み書き不能な農民たちで構成され、ほとんど政治への意見をもたない）の意見にではなく、「開明的」ブルジョアの目からみて、権力の座に在った「政治的徒党」のもろもろの特殊利益に対抗するものだった。

したがって、「世論」なるものは、十八世紀を通じて、知的エリートと法服ブルジョアジー〔革命前、官職（典型は高等法院評定官）を金で購った平民層の者たち〕が政治の分野でのかれら固有の要求を正当化し、国王の絶対主義を弱めるためにしつらえた「にわかづくり《ブリコレ》の」イデオロギー戦争マシーンの一種だった。ここであえて「ブリコラージュ」〔在りあわせの材料、手段等を使いながら当座の問題を解決していく応急仕事の意〕という語を使うのは、「世論」という観念の漸次的な構築およびそれに付与された意味のなかに、著者ごとに、また同一著者のなかでさえ、論理的一貫性がなく、矛盾や後戻りがあるからであり、これを論証するのはたやすい。これらの知的エリートにとっての実際の問題はもっぱら、かれらがまだ大幅に排除されているゲームに加わることを正当化し、可能なあらゆる手段を使って現存政治体制の正統性を弱めることにあった。そこで、作家や政治哲学者は多少とも連係し、多様な、しかし比較的置き換え可能な表現を使いながら、政治の分野で新しい正統性原理を生み出そうと努める。それは特徴としては、かれらの固有の資本（理性を働かせる能力）に高い位置を与えるもので、これをとりわけ政治資本に仕上げようとする。いいかえると、「世論」とは、職業イデオロギーにほかならない。意見の生産を業とし、その文識エリート的意見を修正し、政治的価値をもつ普遍的な、時間を超えた匿名の意見に変貌させることで政治ゲームに加わろうとする限られた社会集団の戦略がねらいを定めるのが、オピニオンなのだ。

　文化資本に富んだ層にとっては、「世論」と呼ばれることのメリットは、政治に関するかれらの固有の意見が、数的にはごく少数であっても普遍的な学者たちのコミュニティの意見として紹介され、いわば「脱個別化」されることにある。学者たちは、宗教問題や政治問題に自由に公然と検討をくわえ、かれらの間の意見交換は基本的には書き物によって行なわれていた。当時、書かれたものの公刊、または少なくとも討議が、「個人的・特殊的意見」を越える真の「世論」を形成する必要な手段とみなされていた。科学についてもそうで、根拠づけられた意見の形成は専門的な省察の作業を前提とするが、この作業は集合的でなければならないとされた。いい換えると、世論が正義にかない賢明であるためには、もっとも「有能」で「賢明」であるもろもろの意見の開かれた対決がなければならない。大革命の初期以来現れたおびただしい印刷物のなかに、たとえば次のような言葉がみえる。〔三部会の召集により〕国王は、公事を明らかにするため玉座の周りにすべての賢人たちが集うようにと懇請した。」この会議の構成員は、「偏見を完全にまぬがれ、理性と公正のみに従い、（しかし）往時の慣習の尊重（との調和）も伴った歩みをたどらなければならな」かった。こうした「啓かれた」世論は、それゆえに国民全体を啓蒙するものとみなされ、今日のように、調査機関によってつくられる世論が並存しているなかでも、なお消滅しているわけではない。少なくとも一般人の道徳の所与の状態においては困難で解決しがたい社会問題があるとき、それをめぐって「有能な人物たち」を集めた「考察委員会」がつくられるが、右のような世論は、基本的にはこうした委員会による書面の報告という形をとって表現される。(4)

フランス革命によってみちびかれた政治の大変動は、「世論」の観念（またはそれと等価の観念）に付与される政治的価値を高めていく。事実、王政の転覆とともに、それはそれとして正統性をもつ国王権力の執り行なう決定をただ批判し、修正するといった一機関はもはや問題にならず、新たな権力の源泉が必要となる。世論の観念が、政治的正統性の新たな一原理となり、社会的世界において何の正統性もないものを脅かす致命的空白を、たとえ微小なものであれ、埋めることを可能にする。これはルソーが『人間不平等起源論』の末尾で、社会化された人間たちが「世の中の人々が自分をどう見ているか」と尋ねる傾向があることを観察しつつ、言及していることである。ルソーはいう。人は、自分の現に在るところのものを、見た目には外部の、公平とみえる、聖別・認証を行なう何らかの機関（それはアカデミー、学校制度、批評家、審査員、オーディマット〔二八二ページの訳注をみよ〕、同輩集団、等々だろう）によって称賛され、正当化されることをつねに求めるが、それは、存在に値するものとは要するに正統なものだ、ということを意味している。

政治においては、権力は自ら以外のものに基礎をもたねばならず、あるいは、同じことだが、単なる力以外の別の原理にもとづかなければならない。この点で、「世論」は政治的正統化の強大な一原理として一挙に提示されたわけであるが、それは、この新しい審級が、異論の余地なく明白につかまれるわけではなく、しかも政治のゲームの中での一定の「働き」をさせるのに適切であるため、きわめて操作されやすく、ハーバマスの表現を借りれば、「支配を理性に変換する」ことを可能にしたからである。おそらくより正確には、支配を（精神分析的意味で）合理化するということであろう。じっさい、「世論」が理性によって啓かれた市民たちのそれである場合、それはもはや、各人のなかにある普遍的なもの（すなわち理性的なもの）を語っているとみなされる個人ないし私人の意見ではない。いい換えると、議会その他を支配しているものは、かくかくの私的個人や当事者、あるいは特権に思いをはせるしかじかの党派ではなく、各人の中にある理性、各人に語りかける理性であり、すなわち非人格的で匿名の何ものかである。権威という原理に付与される正統性は、外的・可視的な拘束にもとづくため、弱いものであって、いきおい純粋で単純な権威主義に向かうが、それにひきかえ「世論」から生じる正統性は、見たところ内的な拘束にもとづくので、はるかに強力である。理性の作用と説得にのみ訴えるので、諸個人が自分自身で認めるのはこちらの正統性である。

君主制型の正統性の拒否と国民／人民主権によるその置き換えがなされるが、ここには、「啓蒙知《リュミエール》」に由来する観念の内容のさらなる拡大の芽生えがあった。けれども、この拡大は自己破壊力となって、当の観念を破砕する恐れがあった。じっさい、「世論」は、啓かれた少数者（「学者たち」）のそれのみに留まっていることはできなかった。なかでもシエイエース（『第三階級とは何か』）に代表される革命潮流の圧力の下に、この観念は拡大されざるをえず、はるかに多数の民衆部分（「シトワイアンたち」）、とりわけ「クラブ」の中で多少とも騒々しく政治に参加し、時あらば直接の訴えのために街頭に繰り出そうとする民衆部分の世論にならなければならなかった。いい換えると、

「世論」は、権力の行使を要求する自立した一行為勢力となっていたのだ。

当時布かれた政治体制の一般的効率という点で世論に演じるよう求められた中心的役割をもっともよく示す指標に、「世論の祭典」がある。これは国民公会が、世論を公式に革命のイデオロギー霊廟の中に祭りたいと欲して設けたもので、革命暦における「補助祝日」の間に祝われるべきものとされた。世論はもはや政治権力の単なる対抗力でも、啓かれた少数者によって火ぶたを切られる不正に対する訴えの手段でもなかった。[5]

以後、革命家たちにきわめて具体的に問われることになる問題、そして今日なお問われる問題は、「世論」を語りうる能力ある人物をどう決定するかである。一つのよく知られた表現をパラフレーズすれば、「世論」は、民衆に委ねられるにしてはあまりにも重大な一観念になったということである。最近一広告制作者が言ったように、この分野での本質的に重要な問題は、「表現の様式が対象を創りだす(傾向がある)」だけに、『世論』の表現の組織化」にある。[6] じっさい、制憲議会*の議員は、「世論」すなわち民衆ないし国民の意志を把握する方法と手段の決定という問題に直面し、きわめて具体的に、「世論」が考え、欲することを語る権威をおびた人物を指名しなければならなかった。この人々は、パブリックな形で、すなわち公式的に、世論の考え、欲することから派生するいっさいの政治的帰結も含め、それを語るものとされた。この根本的問題にもたらされた実際的解決は歴史的にみるとさまざまであるが、それは、人口の中でいよいよ大きくなる部分に、上層階級が「完全に対等な市民」の地位を認めるという度合(制限選挙制、次いで一八四八年の男子普通選挙制、そして一九四五年の〔男女〕普通選挙制)に密接に関係していた。またそれとならんで、この問題を解決する技術的、制度的、精神的な手段とも関係していた。

＊訳者注 「制憲議会」は、一七八九年に召集された三部会が名称を改めたもので、「憲法制定国民議会」が正式名称(単に「国民議会」を呼ばれることもある)。一七九一年憲法案の可決(同年九月)まで存続した。

表現可能で、政治における法の力をもつ「世論」とは、当初から、事実上狭く限られた民衆のそれであった。制度のレベルでは周知のように、大革命によって〔一七九一年憲法によって〕制限制型の代議体制が始まり、これは政治ゲームに参加する権利をもつ人々の数を制限することを目的としていた。このためルソー的直接民主主義を念頭に置いている革命家のなかには、「単なる代表者への投票の（に限られた）国民主権」の事実は嘆かわしい、とした者もいた（今日ではそれは代議制民主主義の基礎であるから、慨嘆する者はいない）。これら革命家たちは、その他の制限、すなわち経済的独立が市民の権利行使の不可欠の条件だとする原則によって市民の少数部分だけが被選挙権をもち、単なる投票権も財産のある者に限られるという制限をも、同じく厳しく批判した。(7) これについては制憲議会議員たちは、啓蒙哲学者に都合よくならい、表現の可能な「人民意志」とは、理性的な意志でしかありえないと考えた。

このため、政治的に認められる「民衆」とは、もっぱら理性的な誓いによると見られる、一般意志に合致する、真の「世俗の聖人」なる少数者によって構成された。制憲議会の面々が(8)（後の第三共和政の初期の「左翼」の代議士も）恐れたのは、旧支配階級につよく従属していた社会最下層はその主人たちと同じように投票するのではないか、ということだった。いずれにせよ、かれらの考えは、単なる個人に、「市民」に要求される利害超越性と公共精神を求めるのはおそらく無理であり、したがって「人民の意志の総計」をつかむことを可能にする直接民主主義の創設につながるような方法はすべて避ける、ということだった。それ自体も選別されている有権者団によって選ばれた代表のみが、国民の意志について語ることを許されたのだ。したがって制度的には、当時「世論」の源泉としては、選出される代表によって構成された代表以外にはなく、この代表が十九世紀のほとんどを通じて、政治的に正統で承認された「世論」の表現を独占していくことが分かる。

制憲議会議員によってこのように捉えられた代議制システムは明らかに、「世論」に次の二重のレベルでフィルターをかけ、上澄みを掬い取るものと解されていた。一つには、政治の中でこの名に値する意見をもつ能力のある市民だけが啓かれた代表者として選出され、他方、その議員たちは議会の中で展開される相対立する審議の果てに人民の意志を通すのである。政治における意見のこうした制度的・法的見方は、十九世紀の大半を支配し、これはリトレの『フランス語辞典』によって聖化され、意見の第一の意味として、政治的なたぐいの定義が与えられた。「討議に付される何らかの事項について説を述べる者の見解、感情。議会における多数者および少数者の意見。……複数では、票、投票。」それゆえ、政治に関与するにふさわしい意見とは、先入見とは無縁のもので、「議会」での先だっての討議が前提とされ（「審議に付される事項」）、これについて議会の成員は記名投票を行なうことになる。したがって、「多数者」を明確にするために、万人の前でかれらの意見（票）の責任を引受ける。

こうした制度的解決法とならんで、少なくとも啓蒙イデオロギーでは、「世論」の形成というとき、思想や著作の自由な流布が含意されていた。つまり、自由なオピニオン・プレスの発展である。事実、革命の初期、職業化されたジャーナリズムの登場がみられる（特に、「読者の手紙」などの見出しを掲げるプレス批評の出現とともに）。けれども、当時は権力を脅かす闘争の暴力があり、いうも陳腐なことだが、「理性の明証性」（少なくとも革命派からみての）がそれ自体では万人には受入れられないことが分かり、そのためジャコバン派は急速にプレスの自由の制限へとみちびかれていく。こうして、多数のジャーナリストが「世論」を「操作した」、「歪めた」あるいは「迷わせた」として糾弾され、投獄され、なかにはギロチンにかけられた者もいる。なお、後にオーギュスタン・コシャン（一八七六～一九一六年。フランス革命史家）は、大革命とともに、「社会的意見」とかれの名づけるものがいかに構成されえたのかを示すことになるが、それは実際には能動的少数者によって人為的につくられた意見にほかならなかったという。

じっさい、それは一党派の凝集性と指導を欠くことのない、規模および統一性をもった意見の一大運動であった。(9)

「世論」の観念は、当の革命派自身によって政治的にあまりにも不確かなものとみなされ、一七九三年〔この年、山岳派の独裁が始まり、ロベスピエールが公安委員会の実権を掌握〕以降、かれらの概念用具一式から実際には姿を消していく。もっと正確にいえばこういうことである。「世論」は暫定的に、一隣接観念、すなわち「公共精神（esprit public）」に席をゆずるが、これは、制度レベルで「能動」市民と「受動」市民の間にみられる区別に伴う制限に類するものを、イデオロギーのレベルでほどこしたものである。「公共精神」が実際に指すのは、新種の「世論」、反革命派連中によって操作されているとみられる公共精神に対立する「真の」公共精神、「革命精神」に合致するがゆえに「正しい」とされる公共精神、一言でいうと権力が民衆に共有させようと努めているそれであった。

革命派にとってはすべての意見に価値があるわけではないから、時の権力に味方するものであれ否であれ、自由な討論から生まれた「世論」であれば、それを確認し、記録し、従う、といった問題ではもはやない。それ以来革命派は、かくあるべきものとしての世論を決定していくことになる。その内容と観念は、政権に就いている権力によって布告され、権力は市民たちにかれらが公式に思考すべきことがらを押し付ける。「公共精神」はこうして一種の理想的「世論」に成り変わり、あらゆる市民がもし有徳であるならば思いをはせなければならないものとなる。いずれにせよ、市民になろうとするなら、表明しなければならないのはこの意見である。もっと味もそっけもなくいえば、敵をもたないためには、その意見を身体に貼り付けなければならないのだ。

「パブリック」という形容詞の意味の一つについていえば、ほぼ「公共精神」は「公認（officiel）」の意見、すなわち公衆に提示されうる意見であるといえよう。なぜなら、権力が市民についてつくりあげる高い理想、政治においてかれらがかく考えるべしとするものに合致しているからである。政治の中には二つのタイプの世論が生じるのがみられるとしても、革命期は、かつては単純に人民の意見と学者の意見を対立させていた区別を、完全に消滅させないまでも、攪乱するという効果をもった。そうなると、一方には、政治的に誤っているか、または反革命的であるおそれがあるため親密圏を出ることが許されないような私的なもろもろの意見があり、他方には、もろもろの公的意見、すなわち一般市民を指導するのを任とするために模範的でなければならない、(「公人」である)政治的責任者のそれをはじめとする、公に唱えられる意見があることになる。この区別は、理論的なものではなく、きわめて具体的に、奸計ないし政治的分裂症を押し付けられている市民一人一人を捉える。

この点では共産主義諸体制が、いま述べた革命的状況ときわめて近く、当時存在したと思われる乖離の大きさを想像させてくれる。その証言として、再びパーヴェル・ルージンを引くことができる。

「小学生だった頃のこと、『自分が大きくなったら……』というテーマで自由に発表をしなさい、といわれた。私はもう大いに擦れていて、宇宙飛行士と答えたものだが、ある女子は、私は王女様になって一生好きなだけキャンディーを食べていたいです、と語った。クラスが法廷になって、彼女に裁きが下された。ソ連の人間はすべてこうした難しさ、つまり家の中で考えられていることと学校でいわれることとの分裂に向き合わなければならないのだ。国には昔からこんな冗談話がある。あるユダヤ人がもう一人のユダヤ人に電話をした。『今日の〈プラウダ〉(一九九一年までソ連共産党中央委員会の機関紙)が書いていることを、君は読んだか？　いや、なんて書いてあるんだ？　さあ、そいつは電話じゃいえないんだ。』こうした分裂症を追い払って、生活に関する単一文化を取り戻さなければならない。つまり、よいことは公式的にもよく、悪いことは公式的にも悪いとされたあの聖なる時代への猛烈なノスタルジアがある[10]」。

革命派は最終的には大きな矛盾を見出すのだが、これは「啓蒙エリート」たちが久しく指摘してきたことである。「世論」は、より普及し、最終的には人々全体の世論となるにつれ、それだけ大きな社会的・政治的力をもつが、依然、「よく考える」、すなわち理性に則って考える少数者によって喚起された世論であればあるほど、それが正しく賢明であることも確かである。すでにパスカルは、だれに指摘されるともなく気づいていた。「厳格でない意見、それが人々の気に入るのだ」(『パンセ』、XXIV、五六)。「正しい意見」、または後に革命派がいうようになる「有徳の意見」は一個の努力または緊張を前提とするものであるから、啓蒙エリートまたは意識の高い政治的少数者のものでしかない。それでも、「啓蒙哲学者」やフィジオクラットの特有の楽観的見方では、かれらはなお、最大多数者の意見を動かしながら行動する。一七六六年、アルジャンタルは、たとえば「意見が世界を支配する」と書いたが、「結局は哲学者たちが人々の意見を支配する」と付け加えたのだった。そしてダランベールがいう。「いずれにしても、ものを考え、ものを書く人間が意見を支配する。そして周知のように意見が世界を支配するのだ。」さらにヴォルテールもいう。「意見が世界を支配するが、とどのつまりはこの意見を支配するのは賢者たちである。」

であればこそ、啓蒙哲学者たちは、現実主義に立って、この「世論」を力として認めることを唱えた。ただし、それに若干の距離を保って、である。なぜなら、「世論」は人々のつくったものだから誤ることがあり、その内容は、啓かれた人間にとって受入れられるかぎりではじめて妥当するからだ。これはシャンフォール〔一七四九〜一七九四年。著述家。恐怖政治の下で追及を受け、自殺〕の次の言葉に要約された。「世論とは、教養人士がゆめ全面的に承認してはならない、それでいて決して否認してはならない裁判権である。」ヘーゲルは、『法の哲学』(一八二一年)の中で、「世論は、尊重にも、軽蔑にも値する」(11)とその両義性を確認し、理論化を試みるにとどまっている。このように果てしもなく引用を増やすこともできるが、最後にブランキ〔一八〇五〜一八八一年。革命家。武装蜂起による権力奪取と平等社会の建設を主張〕をみることにしよう。十九世紀にあって、かれもまた、人が「世論」と称するものは実際には少数者のものであると観察している。そして、それは嘆かわしいものであった。民主主義イデオロギーと平等の要求は実際には「啓蒙エリート」たちを、そのイデオロギーを民衆に押し付ける「特権階級」に変えてしまった、と。「あらゆる意見、政治の領域に反響をよぶそれ、サロンの中のそれ、商店やカフェのそれ……要するに、『世論』なるものが形成されるあらゆる場の意見」にかれは注意を喚起する。そして、「世論とは、特権者たちの意見であり」、民衆の意見ではなく、いいかえると——あたかも今日の世論調査機関がいうように——「投票年齢にある人々全体を真に代表する標本」の声ではない、としている。

世論の新しい表現の様式としての示威行動

というわけで、その発端から、「世論」という観念にいわば内在するものとして、幾つかの大きな矛盾が現れているのが分かる。今日でも、強く抑えられているとはいえ、これらの矛盾は認められる。社会的・政治的エリートからすると、大衆は自然に放っておかれればよくものを考えないから、あるいは全く考えないから、大衆の名において語る者（議員たち）がかれらを完璧に代弁するかのように仕組まなければならない。その場合、まるで手品さながらだが、考えることはできても、その考えに社会的力を与えるための数の力をもたない者の考えを大衆に語らせるようにしなければならない。一言でいえば、「啓かれた」思想が、強力で多数の集団に支持されて、いわば観念力になるということである。集合的に喚起されるこの見せかけ芝居は、民主主義イデオロギーを可能にするわけだが、それは、政治エリートたちが民衆に語らせたいと欲することを民衆が語る時、民衆は「よく考える」「民衆はつねに正しい」とするものである。

ただし民衆が誤る時、その場合政治エリートは「世論に敢然と立ち向かう」ことができ、考えを変えるよう説得の努力を展開できなければならない。この集合的な虚偽の存在は、この世論に厳密にどういう対応をとるかという問題を当初から特徴づけていた曖昧さを説明してくれる。この観念の曖昧さはむしろ機能的には必要でさえある。もし市民たちが単に選挙を通してのみ意思表示をするのであれば、その対応措置は比較的単純なものであろう。問題は議場の意見に尽きるからだ。ところが、ごく早い時期から、議員たちの権力は今ひとつ別のより直接的な民衆の意見表明の形式によって異議申立てを受けるようになった。または、いずれにせよ政治上厳しい競争にさらされることになったのである。それは、ほかならぬ街頭で表示される意見である。

あの革命期以来、自分たちこそ人民自身であると称するクラブの活動家と、自分たちが人民の唯一合法的な代表者であるとする議員の対立がみられた。世論がどう考えているかをどうすれば真に知ることができるか。まず、人はいったい知りたいと真に欲しているのだろうか。どんな指標によれば、それをつかむことができるのか。何を測定すべきなのか。所与の期間（一般に四年から五年）にわたり選出され、反対の表示がないかぎり「世論」と自称すると思われる、議会代表の制度的で「適切な」「世論」があって、それと並んで他の場所で表現される可能性のある「意見のもろもろの運動」があるとき、後者をどう評価するか。また、それらが議員たちの公式的意見とのズレを指し示していると思われるとき、その重大さ、意義をどのように判断するのか。請願をしたり、街路を行進する者、また議員たちに向かってわれわれが「人民」だと叫ぶ者、こうした人々は何を代表しているのだろうか。さらに、自分たちを「世論」そのものとみなさせたがる能動的少数者に対し、何事も語らない者（「サイレント・マジョリティ」）がいるわけだが、かれらをいったいどう考えるべきか。

一七八九年の革命家たちは一挙にこれらの問題に出会うことになった。しばしば異なる語彙法で表現されていたとしても、それらは今日的な問題でもある。制憲議会議員および国民公会議員の代表権力は、きわめて早い時期に「街頭の権力」と呼んだもの、すなわち街頭に繰り出す、その意志がほとんど代表されていない者たちの代表者と自認しうると考える政治的クラブの暴動扇動者によって、絶えず脅かされていた。

しばしば暴動に近いこれら群集の運動は、突然に発生し、往々にして短絡的な意志を直接に押し付けようとするもので、観察者には容易にとらえられない広がりをもっている。自分たちが「世論」全体であるとか、世論を代表しているとかいい、少なくとも「世論」を証言しようとしているが、それがだれに向けられているかはつねに明瞭ではない。議員に直接圧力をかけようというのか、オピニオン・プレスを使って市民全体にかれらの怒りを伝えようとするのか、運動を路上で眺めている市民たちをかれらの列に引き込むつもりなのか、等々。これら異議申し立てのパブリックな運動の行動様式はもともとは不確かで混乱したものだったが、十九世紀を通じて、「世論」の観念が十八世紀にたどったそれと似た一変化をたどることになる。そして次第に、「世論」とみなされるものを定義する闘争において、政治界のアクターたちの無視できない重要な一要素になっていく。

ただしそれは、これらの運動を、単純な力の行使を排した規制された意見の表現へと限定する形式付与と引き換えに、である。合理的市民の「洗練された」意見の前に民衆階級の「粗野」な意見が否定されたのと軌を一にし、街頭の示威行動も徐々に「飼い慣らされ」ていく。または、枠づけられ統制されるために穏当な、意見の直接表現の一形式が考案されていくことになる。そしてそれは、この表現様式に頼る公衆の範囲が拡大され、それがもはや単なる民衆の行動の一手段ではなくなることと時期を同じくしてなのだ。大革命では示威行動という新しい行動様式が噴出するが、やがてこれは都市民衆階級の間歇的な暴動、暴力的で無秩序な表現形式をとって現われ、十九世紀の改革者にとってはもはやモデルになりえなかった。革命的諸運動は久しく引き立て役をなし、抗議の運動いっさいを抑える特有の役割を演じた。じっさい、これらの異議申し立て運動はあまりに例外的なもので、同じく例外的な政治的文脈と結びついており、かえって「世論」を通常のほとんど制度的レベルで定義するのに寄与することになる。

十九世紀半ばまで公道は、これを正当に集団的に使用できるのは追悼や祝賀の場合に限られ、抗議の運動は原則として禁じられていた。最初の公道での示威行動——こう呼ぶのはアナクロニズムかもしれないが——は、もともとは祝祭型（カーニヴァル、バラ冠祭〔村の品行方正な少女に褒美のバラの冠を与える往時の祭〕、運動競技の祭典「改革宴会」〔七月王政末期の反政府派の集会で、会費制の宴会の形をとる〕、等々）または追悼・記念型（ヴィクトル・ノワールの葬列

〔ジャーナリストのノワールは一八七〇年、皇帝ナポレオン三世の従弟ピエール・ボナパルトによって殺され、その葬儀は第二帝政への抗議の狼煙となる〕や、大革命記念日）の公衆の集いの政治的逸脱に伴って出現した。これらは久しく、政治的表現の埒外にある一様式にとどまっている。なぜなら、多くは、弱体な、または弱体化したとみなされる政治体制を力によって覆そうとする、統制を欠いた自然発生的な運動だったからだ。それら集合行動の目的と展開は、十九世紀の大半を通じほとんど必然的に暴力的なものとなり、しばしば路上バリケードの構築につながり、時の権力と衝突した。後者が用いたのは、今日のような治安維持専門の勢力ではなく、軍隊であり、しばしば、無経験なままにいきなり荒々しい鎮圧へと移ったものである。このことから、真の反乱の企てとみなされざるをえなかった。

十九世紀半ばになってはじめて、一八四八年二月から五月にかけて〔いわゆる二月革命とそれに続く臨時政府の時期〕、フランスで初めて今日のデモのいくつかの特徴を示すと見られる集合行動が出現する、と歴史家たちはいう。すなわち、パリの街頭に平和的な、多数の、統制のとれた（たとえば各同業組合はその団旗の後を行進するというように）隊列が行進するのが見られ、かれらはその行為によって、「ブルジョアの反動」によって脅かされた「共和派」臨時政府への支持を表明しようとする。まさにパリの空間の計画的な使用でもある。「示威行動参加者《マニフェスタン》」（この語はこの当時に登場する）は大きな広場に集合し、次いで、かれらもその一部をなす大衆にできるだけ目に触れるように、都市の幹線道路を行進するのである。なお、デモ参加者は、解散する前に、市庁舎とか下院議事堂のような政治的に重要ないくつかの場所に向かう。とはいえ当時、この新タイプの大示威行動をどう扱ったらよいかはだれにも分からず、その点では権力も隊列の組織者も同様だった。一八四八年六月、「右翼」が政権に就くと、不安をよぶ民衆多数の示威行動に終止符を打つために「公共の安全にとって危険な集会の解散」に関する一法律が成立する。これ以降、公道で隊列をなすことは、禁止されうるものとされ、それゆえ「暴動に類するもの」となっていく。

支配階級は民衆階級の示威行動の権利の必要を認めない。なぜなら、設けられたばかりの（男子）普通選挙制〔一八四八年の臨時政府の下で成立）が、それまで政治から排除されていた「多数者」の政治的意思表現の手段として不足のないものとみなされたからである。すなわち、示威行動がその内に暴動への芽を含んでいて、相変わらず選挙という手続や意見の平和的な表明よりも蜂起と混乱に近いものにとどまるかぎり、時の権力の側から強い抵抗をよび起こす。権力は、民主主義体制にふさわしい多数による法を受入れるわけで、それはこの体制が選挙型の意見反映によって抽象的・代数学的に自らを表現すればこそ、である。普通選挙制が徐々に、当初これに反対した人々によっても認められていったのは、選挙の論理が、若干の人々の懸念に反し、議会の政治的構成を根本からくつがえさなかったからである。それだけではない。民衆階級も自らの意思を表明できるなら、直接に街頭でよりも、選挙という手続を通じて行なうほうがましであった。なぜなら、街頭における「民衆」は、サルトル式にいえば、「集列体化《セリアリゼ》」されるからである。すなわち細分化、原子化の状態にあり、一言でいえば、つねに恐れられたマスの効果がいわば相殺される状態にあったからである。(12)

普通選挙制が実現すると、最大多数による法はつねに、数的にもっとも多い社会階級、つまり民衆階級による法となる恐れがある。このため、普通選挙制は初めは特権階級の側から強い抵抗を呼び起こした。それからなお久しく、政治家のうちのかなり大きな部分は民衆階級への投票権の付与、まして被選挙権の付与は正当ではないと考える。なかには、十九世紀後半を通じ、数少ない労働者出身議員に対し無教養で無能だと断じ、軽蔑をさえ示す者もいた。(13)それでも、投票箱に投じられた票を集計し、公選による代表者——その多数者はブルジョアジー出身なのだが——によって代表されうる形式で「民衆」を捉えること、このほうが結局、市民たちの物理的な集合よりは望ましいと映ったのだ。この集合は街頭で運動のリーダーたちの下に進められるのだが、その者たちの出身はつねに明らかではなく、かれらは軽蔑的な名称「首謀者《ムヌール》」をもって呼ばれた。民衆の意志の直接的表出に対するこの警戒ぶりは以前に比べ弱まったとはいえ、つねに残り、今日でも権力は、調査機関や選挙によって測定される「世論」を、

「騒々しいマイノリティたち」の組織する街頭のデモ行動に対置する傾向がある。

「示威行動」というこのタイプの政治行動の認知は遅かったわけだが、その最たる指標は、今日的意味でのこの語の辞書への登場が一八六六年にすぎなかった点にある。リトレ『フランス語辞典』は、これを「民衆の運動、なんらかの政治的意図を表現するための集合」と定義し、当時は自明というにはほど遠かっただけに、示威行動は「平和的なものでありうる」と述べるのが有益だと判断している。示威行動《マニフェスタシオン》のくだけたいい方、「マニフ（manif）」は、その一世紀近く後、一九五二年のパリの学生たちによって始まったにすぎない。(14) というわけで、十九世紀の後半にいたるまで、なお例外的だったこのタイプの平和的な政治的行進を指す肯定的な言葉はなかったことが分かる。権力の公式の語彙には、「多数集合（attroupement）」しかなかったが、これは政治的定義ではほとんど「不法者」にほかならない。無秩序と物理的暴力によって現存政権を顛覆すること以外の目的をまずもたないとされるからだ。

しかし、いったい、力による激しい抑圧をしばしば受けても立ち現れるこの種の示威への意志は、何に対応しているのだろうか。しばしば労多く、つねに警察力との危険な衝突のリスクを冒して行動する行進者たち、その組織者、参加者は、そこにいったいどんな利益をみることができたのか。それを認めるのに権力の強い抵抗があったにもかかわらず、街頭のデモ行進は、徐々に正当な政治行動の様式として現れるようになった。

その理由は、デモ行進がまさしく、単なる一票を投じることや、一つの請願に署名することでは語れない別のことを表現させてくれたからである。蜂起のような様式での不満や怒りのほとんど即興的な表出、これはとりわけ、一つの意見の身体的な主張をなす。すなわち、一個の要求に実体性を与え、単なる個人的意見を一個の観念力に変容するのに力を貸すのである。というのも、デモ行進は、一片の請願、一票の投票に比べ、より強い決意を表わし、より強力な身体的自己投入を示すからだ。請願は、しばしば骨を折って集めるにもかかわらず氏名の一リストにほかならず、リストがいかに長大であろうと、抗議の声を上げる多数者に比べると、「世論」の弱々しい反響、その生気の失せたイメージにすぎない。選挙はどうだろうか。次に述べる世論調査と同じく、これも積極的で声を上げるマイノリティを「サイレント・マジョリティ」のなかに希釈させ、その実際の重みを極小化する傾向があり、その手法で、実際のというよりは外見的な一個のコンセンサスをつくりだす。世論調査も政治階級の大きな部分から抵抗なく受入れられるのであるが、それは、世論調査が伝統的な選挙のもろもろの手続に近く、統計的外挿法によって働く技術手段の使用にもとづき、抽象的で外目には合意されているとみられる「一般意志」の産出を可能にするからである。

言葉の近代的意味での「示威行動」が盛んにみられるようになるのは、ほんの第三共和政の初期にすぎない。まぎれもない「屋外集会」、公道での集合、職のない労働者の街頭「遊歩」などが組織されるようになり、多くの公然のデモがみられるようになるが、後者は、明らかにイギリスから輸入されたものである。これによって労働組合組織は、労働者の要求の熱意を試し、同時に、労働者群集への不安を催させるが、統制のとれた光景を呈示することで支配者たちに働きかけようとする。

示威行動の効果をめぐってジョレースとクレマンソーを対立させた論争は、それを認める者にしかほとんど影響を与えないこの新形態の政治行動の権力に及ぼしたインパクトが、いまだ不確かなものだったことをのぞかせている。「最期の輝かしい蜂起」のイメージにいわばとりつかれた革命的極左は、そこに集合行動の伝統的ヴィジョンを見ていたわけだが、かれらにとっては、統制のとれた整然たる、合法性を尊重した行進は「茶番」であり、権力に対するまともな圧力手段ではありえなかった。効果をもつには、デモは恐怖を与えるものでなければならず、本物の力の試練に関わらせるものでなければならない、と。逆に、改良主義社会主義者にとっては、示威行動は世論表現の新しい一様式であり、議会的諸機関と張り合うようにさせ、それらによる代表の独占を脅かすべきものであった。もっとも剥奪的状態にある者にとっては、デモは、その声を権力の耳に届かせる有用な一手段であることができ、世論を動員して権力に圧力をかける一手段となることができる。要するに、デモは選挙権の一補完要素であることができ、少なくとも「民衆」に、かれらの選んだ代表たちに警告を与えることを可能にする。社会主義者は、真の「示威行動の権利」を認めさせるためのキャンペーンを展開した。獲得されたのは単なる寛容であって、当のデモ隊列は、規律に富み、組織されているという条件の下で許されたのであるが、しかしそれ以降、このタイプの集合行動につきものの不安定さは大幅に縮減される。

示威行動の現代的形態が最終的に定められたのはおそらく一九〇九年の、歴史家が「フェレル・デモ」とよぶものと共にであろう。スペイン人アナーキスト、フェレル〔フランシスコ。一八五九〜一九〇九年。一時パリに亡命し活動したこともある。モロッコ戦争の際、叛乱教唆を理由にバルセローナで逮捕、処刑される〕のための自然発生的な政治的デモ行進が「暴走した」。第二のデモの呼びかけが行なわれ、今度は、社会党と労働総同盟（ＣＧＴ）のアピールによるもので、これら労働者組織は、労働者階級を整然と行進させることができることを証明しようと欲した。いいかえると、かれらが「イギリス式」に、つまり平和的に、混乱も暴力もなくデモ行進できることを示すことだった。この点で第二のデモは「成功」したのだが、当時の新聞は、政治認識の既存カテゴリーに照らして当惑をのぞかせ、この出来事の斬新さを強調する語法でこれを記述している。すなわち記者は、「腕を組み合って歩く」という人々の奇妙な「行進」、「信じがたい不思議な遊歩」について書いている。

群集から「さまざまな公衆」へ

このように、十九世紀後半の（男子）普通選挙制の樹立とそれに相関した政党や労働組合のような「大衆」組織によって枠づけられた集合行動の新しい形式の発達により、「世論」の観念も徐々に変容していくのが見られる。この当時まで、世論とは、原則として、より情報に通じ、知性と道徳性においてすぐれたエリート市民のそれだった。そして、合理的な討議の後、「通念」または「俗見」を前にして、権威づけられ、本質的に正しいとみなされる「共通善」（普遍的なもの）に志向する意見を、公に告知しなければならなかった。こうした意見は「パブリック」であった。というのは、それ自体の価値からして公にされるべき資格を備えていたからである。ハバーマスの表現では、それは「公式的な制度的に認知された意見」であって[15]、事実上、議会諸機関の多数意見に還元される傾向にあった。

「人民意志」、これは直接には表現されることができないから、政治的に有能な代表者の仲介に任されるべきものであり、この代表者たちは、民衆の意志を動員すると同時に、これを枠付けもする組織の中に再編成された。十九世紀末、大衆運動と街頭デモの増加（これは特に都市化と工業化に関連している）に伴い、またわけても大衆的・全国的新聞の普及に伴い、先のそれに競合するもう一つの「世論」が登場し、これは、二十世紀半ばにその地位を奪うまで、前者と共存することになる。この新しい意見は同じく「パブリック」と形容されるが、意味は異なり、いわば民主主義の論理にしたがった呼び方であって、少なくとも表面上、公衆自身の意見ということである。この直接の自然発生的な意見は、原則として固有の政治的活動の結果である政治エリートの意見と同じ性格をもたない。ここでの意見とは、反省の後に人々がつくりあげる理性的意見ではなく、深く根ざした偏見、さもなければ、拘束力もあるかないか、ほとんど内面化されていず、たちまち放棄される、日常のおしゃべりで飛び出すものに近い借り物の意見である。この形式の「世論」は、プレスや人々の抗議運動を介して現れるわけだが、「群集《フール》」が久しく政治エリートの多くにとって非合理性の同義語だったため、徐々にしか認められなかった。

十九世紀末、おそらく初めてガブリエル・タルドが、特に『世論と群集』[16]の中で、「公衆」の形成と、大衆ジャーナリズムの発達と、新しい「世論」（かれは大文字で"Opinion"と記す）の政治舞台への登場との新しい関係を積極的に「理論化」したといえよう。タルドは、「世論」への規範的アプローチから袂を分ち、「世論」の真の社会学的分析の礎石を据える。かれは、この世論の台頭の社会的基礎を、現代社会を特徴づける新しい集合の様式の所産である「公衆」の出現とその成長にみている。「群集」の伝統的な運動については否定的に記述していて、それはかれにとってはすでに過去に属するものである。否、むしろ新しい公衆の特徴を際だたせるものである。

タルドによれば、群集の行動は反復的で、暴力的であり（バリケード、宮殿の略奪、破壊、放火、虐殺）、それ自体がしばしば極端である出来事（飢餓による暴動）の際に突如として始まる（暴動が起きるためには、一個の偶事で足りる）。局地的であり、一時的情熱という決まった傾向に従う（突然生じ、瞬時に消えてしまう）。このタイプの行動は、感情を表現するのに「シンボルをつくりだす想像力が貧困で、いつも同じで、うんざりするほど繰返しを示す」（旗、彫像、聖遺物、またしばしば——大革命の悲劇的出来事が生きていて——生首を掲げての行列）。そして、「歓声」かまたは「怒号」しか知らない。群集は「おどろくべき不寛容」、「グロテスクな傲慢」、「みずからの全能という錯覚から生まれる狂的なほどの無責任ぶり」そのものである。[17]

それと対照させ、タルドは「より反省された、暴力のなかにも計算を伴う」、「公衆」の自己表現である示威行動の出現について記述している。より変化に富み、しばしば真の「機略の才」をも発揮する、と。この新タイプのデモ参加者の集団は、状況のはずみで生まれる群集にくらべ、場所に制約されず、一貫性をもち、一徹で、持続性を示す。そして、一時的な自己表示を超えて展開される、より長続きする行動を生むことができる。特にタルドが同書の中で力説したのは、この新しい行動形式と全国的な新聞の発達が切っても切れない関係にあることだった。全国紙の出現が大革命期であったことはかれも認めるが、その実際の発達は十九世紀の後半になってはじめて進んだとする。

『世論と群集』の示唆に富むこれらのページで、タルドは、摸倣の理論にはほとんど触れず〔タルドを有名にしたのは、「社会は模倣である」という言葉で知られる『模倣の法則』（一八九〇年）だった〕事実上今日われわれが政治市場の全国的一体化の過程とよぶものに分析を加えている。これは、眼前にする大規模に拡大するプレス（これはテレビによっていっそう拍車がかけられる）、またそれと関係する新しい社会的集合の様式の出現とともに進むのであるが、この新しい社会的集合は、「離れ離れの集団」または「公衆」とよぶものの基本をなすものである。[18] 一個の全国的プレスが成長してくるまでは、「一つの」意見というものが存在せず、局地的・断片的・拡散的な意見があるにすぎず、相互に知ることもなく、個人の職業的関心や地域生活に関するゴシップを主題としている。外の社会から入ってくるニュースは希であり、あっても遅れて伝えられ、その上多少とも歪曲されていた。新聞の全国的な配布、それはいってみれば会話のもろもろの主題を「全国化」するものである。[19] 主要日刊紙とその輸送手段の進歩のおかげで、「いっさいの距離を越えての思想の即時の伝達」が生じ、それによって「すべての読者に感得可能な無限の拡大をもたらし、かれらと群集の間に非常に顕著なコントラストの溝を穿ったのだ[20]」。

タルドの比喩では、プレスとは「情報を吸いこんでは吐き出すポンプ」そのものであり、地球のあらゆる地点から同日の内にこれを受信して、またそれらの地点に伝播するものである（かれがいうには、ジャーナリストからすれば「自分の追っている目的および自分の支持する党派にてらして」興味のある情報を、である）。プレスは、即時に談話や会話に日常的話題のほとんどを提供することで、地理的には拡散していても「知的」タイプであるとかれのいう一貫性をもった成員からなる集団を創出する。

タルドは、「政治的天気予報が（拡大し）、天空の天気予報にとって代わる」と書き、プレスによって報じられる政治が、とりわけ都市地域で雨天、好天についての議論にとって代わっていくとした。この時かれはおそらく、今日世論調査機関がつくっている、その季節的変動が読者の、といわないまでも政界・ジャーナリズム界の話題となる「政治の晴雨計《バロメートル》」を思いもしなかっただろう。かれが、生まれつつあるパリのジャーナリストの権力に、すなわち「拡散した群集」という「読者」をつくりだすその権力に魅了されていることには変わりない。これらジャーナリストはまさしく、公的論議の主題をつくりあげ、「一般大衆」に流すため、「ピュブリシスト」〔広告・宣伝家の意味も含む語〕と呼ばれたのであるが、かれらは「読者の日々の会話に奉仕し」、「だれをも同時に夢中にさせる」とみられるもろもろの主題を決定する。タルドはいう。「数百万の舌の運動を起こさせるのに、一本のペンで足りる」と。(21)

タルドの分析は、粗っぽいものにとどまってはいるが、この新しい形態の「世論」のもつ威力の根源をなす大きな変動を、明瞭に、しばしば適切に指し示している。巨大な変動に立ち会っていると思い込む者に特有の誇張をまじえながらではあるが、細かい点にあまり頓着せずにこの全国紙の登場が政治にもたらす効果を記述している。(22) かれによれば、全国紙の流すニュースは、ちりぢりに拡散している人々に瞬時に到達し、かれらを唯一の、抽象的ではあるが主権をもつ巨大な公衆に変える。それは、個人的で地域的なもろもろの意見を社会的で全国的な意見に溶け合わせるという作業のおかげであるが、これは広い範囲に共有され、また共有されることが分かっているだけに、それだけいっそう強い力をおびる。すべての者が同時に知り、したがって同時にその立場を決めるのだ。コミュニケーションと輸送の強化、そしてプレスによる思想や趣味の伝播のいっそうの迅速さが理由で、地方の特殊性やローカルな習慣は弱まり、それはまた、いよいよ広大となる地理的範囲で同時的に交わされる会話にいっそうの類似性をもたらし、ひるがえって、伝統と理性の代わりに、同じ意見を共有する者の数の大きさに軍配を上げる。意見は、その内容が吟味されるよりも、数として集計されるのである。

プレスは、政治における物事の価値を決めるのにいっそう貢献する。ジャーナリストたちは意見の真のリーダーになり、示威行動にもいよいよ密接に関与するわけだが、それは読者公衆というこの新しい集団をつくりあげるのに力を貸し、かれらに衝動に駆られずに行動するよう強いることによって、である。「経済的公衆」（すなわち労働者世界）ですら、「その欲望を（プレスのために）表現し、それらを理想化し」、「あらゆる社会集団の公衆への転態」は、結果として「社会的世界のよりいっそうの知識人化」をもたらした。タルドによれば、ジャーナリストは自分の新聞の読者のために、読者に味方し、自分の才能を使うのであり、実際上かれらに代わってさえ示威行動を行なっている。さらにいうには、群集とちがい、公衆は本質的にプレスによって、プレスのために存在している。「かれらは、ジャーナリストのペンの先から罵詈雑言と叙情の言葉の奔流をつくりださせる。」公衆は、ジャーナリストを媒介にして行動する。「公衆は記者たちによって自己を表現するとともに、記者たちによって行動し、みずからの執行機関である政治家たちに、自己の意見を押しつける。これこそ、いわゆる世論の力である」[23]。

しかしタルドは、絶えず情報の流れを広げていくこのジャーナリズムの威力が、読者である公衆が同時に商業上の顧客でもあるため、経済的な種類の論理に従属することに注意をうながしている。正しい指摘である。それゆえ、かれは、プレスによって喚起された意見を、経済的な種類の消費財に似たものとして捉える。理由としては、前者が成功するかどうかは、後者の場合と同様、流行およびいくつかの社会的特性（年齢、社会的地位など）によって決まるからである[24]。「風のように軽薄」で、今日から明日へと脈絡もなく移っていく、とそれらの性格の変わり易さを強調する。この世論の「真理性」は、「議論」されるよりむしろ「消費」されるのであって、その正しさ自体によりも量的な威力にある。すなわち、所与の時点においてそれを共有している個人の数に、である[25]。

人工物としての「世論」

二十世紀前半にこの新しい「世論」が「真に」意味していたものを測るため、歴史家たちの研究が二〇年来行なわれている。なかには、今日行なわれている世論調査のそれと類比される厳密さで、この「世論」を把握しようとする歴史家さえいる。[26]だが、その多くが実際上、厳密さを気にするあまり、歴史的行為者にはあてはまらないような「世論」の今日的な定義にかかずらうというアナクロニズムを、意図せずして冒しているのは皮肉である。現在の時代を研究するであろう未来の歴史家を今から羨みながら、過去四〇年来「世論」に関する情報は増大していて、われわれは過去よりも現在これをよりよく知ることができる、と語る歴史家がいる。だがそうした言葉は、この分野では知ることとは存在させることであり、知らないこととはほとんど社会的非存在と等価であることを、忘れるものである。

歴史家たちは、使えるあらゆる資料（新聞、さまざまなデモ、公文書、時々の意見調査、歌謡や落書にみる民衆文化、書簡、日記、等々）を駆使して、「世論」をこしらえあげようとする。だが、何びとにとっても「世論」はそのようなものとしては存在したためしはなく、歴史家たちは右のようにすることで、このすぐれて歴史的な対象の固有性を雲散霧消させてしまう。「心性の歴史」とか「その感情、思想、先入見を表すような資料をほとんど残さない広範な層の民衆の口ごもった意見」（J・オズフ）といった図式の中でこれを知ろうとするのはたぶん科学的には正統だろう。けれども、そうしたことは、歴史的定義のなかでのいわゆる「世論」の再構成とは何の関係もない。

なるほど歴史家は、「語らない者をして語らせる」よう試み、「人が尋ねていない者の意見を間接的に理解する」よう努めることができ、要するに、一種の「過去遡及的な世論調査」を行なうことができるかもしれない。けれども、過去に実際の力をもって存在した世論、すなわち政治的出来事に効果を及ぼした世論は、そうしたものではない。それは、著作によって表現された「啓蒙された意見」、および公然たる示威行動によって理解を求めようとする諸集団の声高に叫ぶ意見である。たとえば第二次世界大戦前にＩＦＯＰによって行なわれた初期の世論調査の分析[27]から、ミュンヘン協定〔一九三八年ヒットラーと独仏伊首相の間に結ばれた協定で、ナチス・ドイツの領土要求を一部容れることで暫定的平和を得ようとしたもの〕については、現代人が考えるほど賛成一色ではなかったことが分かる。今にして思うと、興味深いことである。すなわち、被調査者（サンプルの代表性はまだごく不完全だったが）の三七％は「反対」だったのだ。ところが、この種の調査は当時伏せられていた。特に調査への当時の政治階級の信用の度が低かったわけで、このため、今日なら考えられないことだが、この「声なき世論」は、世論調査機関の書類綴りの中にとどまっていて、同時代の人々には存在しなかったのである。

とはいえ、これら歴史家たちは無意識のうちに、今日調査技術の生み出すものに大きく還元される以前の、この世論の観念の実際の社会的内容がどのようなものだったかについて貴重な指摘をもたらしている。

第一に、これらの現象を研究している者はことごとく、まず、この頃に「世論」と呼ばれていたものについて、一個の社会的事実として記録するよりも、方法のレベルで慨嘆し、概念としての不明確さ、混乱し、把握しがたく、気まぐれで、一貫性を欠くその性格を指摘している。いわく、それは直接の観察がおよばず、若干の数の可視的な表示物を通してつかまなければならないが、それも不確かである、と。じっさい、以上からかれらは、自身は完全には気づかずに、もっぱら次のことを確認している。世論の観念は、十九世紀の初頭とほとんど同様、一義的定義を欠いており、定義そのものが当時、社会集団間の争点になっているため、社会的に不確かなものになっていた。

第二に、歴史家たちは、まさしく調査が盛んになる一九六〇年代には、同じくこれを難じるため、十九世紀末から二十世紀までの期間の「世論」の研究が過度にプレスの分析に「集中」してしまっていることに注目するが、実際にかれらが行なうのは、当時支配的になりつつあった大発行部数をもつ新聞によって、またそれを通して表現される「世論」の新しい形態の存在を記録することであって、それ以上のものではない。いいかえると、この時期の歴史家のプレスへの関心は理由がなかったわけではなく、これは時の「世論」形成においてプレスのもった重みから説明される。

ジャーナリストたちはどうだったか。職業柄、影響ある「オピニオンリーダー」になり、かれらの意見を述べるのであるが、それを自分の読者たちの意見でもあると考えてしまう。そして、あらかじめ受け手に合わせてつくられるこの意見は、読者に読まれ、読者の意見となる傾向にあり、したがって「世論」と認められるものの重要な構成要素となっていく。

政治世界から相対的に自律的なジャーナリズム世界の発達、部数の大きなプレスの発達およびそれと相関する政治結社や労働組合の権利の承認は、このように議会的代表制の外における数多くの政治的表現を可能にした。さらに、わけても、「世論」の観念の生産と操作の仕事にかかわる行為者の世界を拡大するという効果をもたらした。「世論」を定義したり、「世論」に働きかけることに取り組む行為者が増すにつれ、「世論」は、徐々に何びとかの統制からは逃れ、政治権力自体によってにせよ、とにかく一行為主体によっては統御されがたい一連の行動から生じる、測りがたい結果となっていった。「公式意見」は、「世論」を構成するその他の要素と並ぶ一要素にすぎなくなった。歴史家たちは、ほとんど抽象へと向かわず、この時期の、「世論」と呼ばれるもの――人によっては、不当にもそう呼ばれると思われるもの――を生み出す場の多様化の過程の出現に観察を加えている。そして、一個の世論の構成の人工的な性格に、対照的な、イデオロギー的に分裂している人々の内部に拡散している世論の多様性を対置している。その一人は書いている。「いわゆるフランス的意見などというものは存在しない。単数型が使われるのは、単に捏造によってである。現実には、多様な地域、職業、思想各派、精神の諸グループに応じて存在する多様な意見にわれわれは向き合っているのだ[28]」。

この客観主義的な事態確認は、にもかかわらず政治的現実においては一個の世論が存在するという信仰があることを看過する恐れがある。この表現に関してリトレ（同編の『フランス語辞典』一八六三〜一八七二年）はなお、十八世紀の著者たちとそのためらいを引用しているのに対し、ブリュノは一九六六年刊の『フランス語の歴史』のなかで、現代におけるこの観念のいわば政治的成功を記録し、こう書いている。「この語はほとんど大文字で書くべきだろう」。なぜなら「世論（Opinion）は抑えがたい一個の力になったばかりでなく、一種の人格になったからである。」

「世論」と示威行動の一般大衆化

「だれが世論を代表しているか、それこそが重要だ」、「民衆のいったいどの部分の意見が政府に影響を及ぼすのか」、『ラルース大百科事典』の「世論」の項目の執筆者は、二十世紀初頭になおこう問うている。ここから分かるように、以来、ずっと問題になっているのは、もはや世論の存在そのものではなく、むしろ世論の代表者ないし代弁者と称する者の多様性である。二十世紀の前半を通じ、世論の社会的定義における街頭示威行動とプレスの影響力はいちじるしく増大した。デモの数は一貫して増え、デモの形態も事態に適応し、ほとんど制度化された意見表明様式になっている。デモの技術も洗練されて、これまたもろもろの意見の「適切な」一表現となった。最大に予測可能であるようにとさまざまな措置が考案された。

以来、たとえばデモのたどる行程は前もって決められるようになる。デモ参加者の側に、ある型の「責任ある」行動が要求される。行進の手はずが整えられ（隊列の先頭、その構成、解散場所、等々）、軍隊の行進とも、宗教的行列とも、群集の気まぐれな動きとも違う、歩く速度、きわめて特殊な歩き方の特徴が決められる。トラブルを前もって防ぐため、「信用厚き人々」と当時は呼ばれ、後には「警備担当」と呼ばれる者も指名されて、戦略的な場（特に隊列の先頭、解散の場所）に配置された。このようにして示威行動の真の手段化が行なわれ、示威行動は、権力の制度的場に影響力をおよぼす合理的な一手段となっていく。

都市公共空間のこのような一時的占拠は、二十世紀の初頭に始まるわけだが、それは近代的示威行動を特徴づける基本的要素の二つを含んでいる。それらは、匿名で平和的な群集からも、自然発生的で明確な目的をもたない暴徒からもこれを区別する要素である。その二要素とは、動員、そして枠づけである。この双方とも、そのための一つの特別な政治的活動を必要とし、示威行動に関するノウハウの十分な習得を前提とするものである。デモに訴えると、大量動員の場合には主催者に完全な予測がむずかしく、「完全にうまく運ばれること」は決して保証されないから、政治的リスクを伴う行動にとどまる。しかしそれでも、基本的に労働組合組織や政治組織が行なう示威行動は、動員の独特のテクニックと臨機応変の対応のために設けられる警備担当を伴い、次第に一般化し、政治行動の正当的な一手段となっていく。代表として選ばれ責任をもつ組織が都市公共空間の占拠のかれらのテクニックを完璧なものにしていき、それに対し、警察力は警察力で、新しいタイプのこれらの行進に規制を加え、逸脱をコントロールする術を学ぶ。デモをしたいグループと、これを抑えるグループの間にさえ、デモが秩序に沿って行なわれるためにと、次第に密接な協働が打ち立てられていく。

第一大戦後、社会党（ＳＦＩＯ）は改めてこれを合法化させようとした。なぜなら、かれらにいわせれば、街頭デモはいま一つの投票の仕方（「足でもって投票する」）だからである。集合し、共に行進することによって、同じ考えをもつ者が多数いるということを証明するわけである。したがって、労働組合によれば、デモは一種のレフェレンダムであり、イギリスにおけるように、国家はこれを抑圧するのではなく、規則に従うようにさせるべきである、と。

ようやく両大戦間期に、パリの空間が労働者および「左翼」のデモによって最終的に征服され、実際に公道は抗議のために承認される当然の空間となっていく。したがって、「世論」の生産の正当な様式となっていく。[29] じっさい、パリは象徴的にも政治的にも高度に戦略的な場所であり、当時法的にも例外の地位をもっていた。一八七一年のパリ・コミューンの蜂起以来、この首都は示威行動の全面禁止の対象となった。パリで許されたのは祝祭と追悼・記念の行動だけで、いわゆる示威行動は郊外でしか許可されなかったのだ。この全面的禁止は、共産党の宣明する戦略を理由に挙げて、さらに強化されていた。その戦略とは一九二〇年代には、同党には公道を占拠するだけの能力があることを証明したい、公道を「右翼」の政治諸勢力には明け渡したくない、という点にあった。一方「右翼」は、許可された国民的祝日や記念日(革命記念日、第一次世界大戦休戦記念日、さらにはジャンヌ・ダルク祭)に、明らかな合法性の下に「示威」の行動を行なっていた。

だから、この時期は、首都の街路を「右翼」と「左翼」のどちらがとるかという競争によって特徴づけられる。「左翼」は、初期にはパリの郊外で示威行動の再訓練をすることになる。というのも、大量の労働移民の受入れによって、第一次大戦以前の街頭デモの伝統が一部失われていたからである。労働者世界における組合と政治諸組織はまず、集団の暴力を解消するために水路付けし、さらにまた警察力とファシストの私兵の暴力から身を守ることを助けることで、このタイプの行動を制御するためのいくつかのテクニックを実験していく。次いで、禁止を押して、パリという空間の再征服を試みるのであるが、ここは当時、労働者世界にはおよそ馴染みのない空間だった。右翼にとっては、パリという空間は我が家のようなもので、かれらはこの政治空間で、少数ではあるが大いに目に付きやすい騒々しいデモを展開していた。その理由は、参加者たちが、政治および特にパリの政治‐ジャーナリズム界ときわめて近しい関係を維持していたことにもよる。「カムロ・デュ・ロワ」〔両大戦間期、王党派新聞『アクシオン・フランセーズ』の売り子でもあった同派の行動隊〕は、我が家の主人然と、横柄な態度で行進し、自らの役割を果たすにもある種の無頓着さと距離を示していた（労働者デモの「真面目さ」と対照的である）。かれらにとっては単に、自分たちの街路を占拠し、敵手にはこれを禁じることが眼目だった。他方、国粋主義者《ナシオナリスト》の行進隊列は密で、参加者はしばしばユニフォームをまとい、きわめて軍隊式に歩調をそろえ、車道の部分のみを進んだ。一小部隊をなしていたから、単なる野次馬とは容易に区別された。

左翼はその反対で、パリはかれらにとって居心地のよい場所ではない。大部分の労働者参加者は郊外に住んでいて、ここは馴染みのない場所である。したがって、パリでデモをすることは、労働者にとっては首都を象徴的に包囲することを意味した。(30)「左翼」のデモが繰り広げられる際、そこには長らく、民衆世界では起こりがちな物理的な衝突のリスクにかかわる不安定さという特徴が残る。デモをする行為者たちの行動傾向と、代表組織が思い描く示威行動の型の間には、依然として相対的な不適合がある。まさにそこから、後者が行なわなければならない強い統制も説明される。この統制は、労働者のデモ参加者の行動を、政治ゲームによって呼び入れられた新しい示威行動の形式に、最小限適合させるためである。

したがって、世紀初頭以来、この時期を通して、とりわけ一九〇九年のデモ行進〔フェレルのデモ。七五ページ参照〕以降、考案された種々の技術の発達を目にすることができる。たとえば「信用厚き人々」が参加する、議員や市長が隊列の先頭に立って三色綬〔フランス国旗に倣った三色からなる襷。共和制的正統性を象徴させる〕を身に帯び、行進を平穏なものにする上で重要な役割を演じる、デモのたどる道順が前もって決められる、等々。しかしとりわけ、「警備担当」のいっそうの合理的組織化がみてとれる。数的にもはるかに増加が図られ、ハイアラーキー化され、しばしば隊列の始めから終わりまで参加者たちを統制し、若干の参加者に規律を守るように注意を与えて隊列内部の秩序を維持するのに貢献するとともに、外部の挑発からも隊列を守る役割をする。「左翼」のデモは、「民衆」を代表するのだと称し、ほとんど必ず舗道を含め道路いっぱいに広がる大規模デモとなるので、警備担当と行進の組織化がそれだけ重要となる。参加者たちは広がれるように、そして可視性を増すように、幹線道路を行進する。警備担当たちのつくる警備ラインは、通路を分け、デモ参加者と単なる見物人の間を隔てるようにする。

こうした調整が徐々に行なわれ、左翼の示威行動は今日知られるような当然とされる形式をとることになる。人を圧倒する堂々たる隊列、しかし「良い子」として秩序正しく行動し、なにごともなく無事に解散するのだ。警備担当は一般に、頑丈な体格の活動家で、すぐ分かるように目だつ色の腕章を付けていて、この種の示威行動におけるきわめて重要な一構成要素となった。この存在により、群集は公道を平和裏に移動できるわけであるし、必要により行進の速度を速めたり緩めたりし、デモの隊列の形式を保つことができる。また、デモ行進と単なる見物人の間に、または列にもぐりこもうとする「挑発者」グループの間に境界をつくり、隊列内および隊列自体の秩序を保つ。

一九三五年の政令は、示威行動の権利を定めたものであるが、実際にはその行使を限ったもので、示威行動を「基本的自由」としたというにはほど遠い。それでも政令は、パリという空間の征服は抗いがたいことを法的に認めざるをえず、権力が実際には禁止できなくなっているこの公道の新しい使用について、規制を加えるにとどめた。当時、公道での示威行進は増加しているが、この政治行動の利用の仕方はまだ社会的に実にさまざまであった。ほとんど数しか前面に押し出すことのできない被支配社会集団が、デモでその力を表示する。これは、「左翼政党」や被雇用者（特に生産労働者）の組合にとっての当然の利用法であり、かれらは、デモ行進をむしろ反復的、ルーティン的に用いるようになっていく。ところが、「右翼」「カトリック」「退役軍人」「一般人」「農民」「学生」についてはどうか。かれらは、時折この手段を使うが、その場合そこに組織されるデモ行進は、一般に風変りで人目を引くことや、大規模であることをねらっている。それにひきかえ、「職人・商人」「経営者」「カードル」「自由業」たちの示威行動は、ごく例外的である。(31)

デモはフランスの至る所で行なわれるが、首都の「政治過敏性」、そしてほとんどつねにこの地がプレスに与えるインパクトとを理由として、特にパリでデモ行進が行なわれる。少なくとも政治階級の目には、パリのプレスの多くは、全国的な「世論」を表現するものである。それだけにあらゆる社会集団は、最大限の政治的反響を得たいと考え、パリでデモをしようとする。パリにおける示威行動は、ほとんどつねにナショナルな政治生活のハイライトだからだ。

一九四五年から一九五八年まで示威行動は本質的に労働組合的なものだったが、これに対し、一九五八年から一九六二年の時期は、アルジェリア戦争との関連でもっぱらより政治的タイプのデモが多発するのがわかる。一九六二年以降になり、とりわけ一九六八年五月〔いわゆる五月革命〕以降になると、伝統的要求を掲げるデモと並んで、新しいタイプのデモが登場してくるが、それらは、デモが許可されるために加えられねばならなかった検閲を力をこめて暴露している。伝統的な組合機関や政治機関の外に位置し、これらにしばしば明らさまに批判を向け、あまりにも協調が進んでいてこれらの組織する闘争の効果が乏しくなっているという面を糾弾する。そして、この新タイプのデモが組織する闘争は、よりグローバルな社会の諸問題（女性解放運動、同性愛者のデモ、エコロジー運動、等々）にねらいを定める。

調査以前の「世論」

一九五六年、よく読まれたシリーズ本の一冊として、アルフレド・ソーヴィー〔一八九八〜一九九〇年。人口学者、経済学者。現代の人口現象への多くの考察、提言がある〕の著作、『世論』が公刊され(32)、一九七〇年代末までコンスタントに版を重ねた。この本は興味深いものである。なぜなら、幾世代もの学生、とくに政治学の学生に重要な影響を与えただけではなく、同書で展開されている「世論」の見方は、この観念、および政治のゲームの中で世論の占める位置についてのかなり一貫性をもった一つの表現をなしているからである。ただし、実施される世論調査がそれを深く変化させ、別の内容をこれに与えるにいたるまでの、その直前の世論について、である。この本を書くのに著者が選択したのは、世論調査の専門家の立場ではなく（その活動はあまり発達していず、知られてもいなかった）、ジャーナリストの立場でもなく、「啓蒙的合理主義」のそれであることは示唆的である。理工科学校の出身で、人口学者であると同時に経済学者、国立人口学研究所長でかつ政治学院教授であった著者は、「世論」は存在し、「匿名の力」をなし、一個の「政治的力」になりうることを、事実上の与件として承認する。かれは注意ぶかく、いわゆる「世論」と、たとえばレフェレンダムでつかまれるような単なる「所与の一主題についての個人的意見の多数派」とを区別している。

ソーヴィーにとって「世論」とは、メディア（新聞、ラジオ）に表現される多少とも限られた集団（政治学が当時「圧力集団」と呼んだもの）のスポークスマンたちの意見の全体によって構成されるものである。しかし一つの追加的基準をあげている。すなわちいう。このような態度の取り方は、ある程度の一貫性を示すものでなければならないが、単なる伝統的な社会政治的な分裂線に従属するものではない。仮にそうだったなら、その場合、人は単に、古典的でほとんど議会的で、一部自律的である公衆の意見よりも政治階級のイデオロギーを動員するような、そんな論争を前にしていることになろう、と。これらの少数者の声によって表明された意見が一から人為的な一個の「世論」を創っていくのではないとすれば、それは、これらのスポークスマンたちが何でも勝手に語れるわけではないからである。かれらは、意見、および集団内にある個人的感情を公に表現し、しかも（会話や、「下」からのさまざまな反発の観察を通して）直感的に察知することができる、ということから力を得ている。

しかしソーヴィーは、観念の曖昧さを示すある種の混乱を交えながらであるが、「開放的で公然たる世論」と、他方の「深所にあって人に応じて異なり、ほとんど秘められており、辛うじて人びとに伝達されるような世論」という、「二つの世論」〔寿里茂訳『世論』白水社、一九五七年、一六ページ〕とを区別している。限られた層の市民から発せられる「公然の、声高に語られる意見」は普通選挙制からは隔たっており、特別な探索方法なしには捉えられない「深部の意見」とも違うだろう。この著者は、宣明された世論をつくる意見リーダーたちが市民に率直に情報を提供し、教育することからほど遠く、とりわけ人々の情緒の琴線に訴え、理性によりは無意識や感情に働きかけることを、遺憾としている。たぶん自身の経験を語っているのだろうが、かれは苦い思いで、「合理主義者や理性的な人物、神話の破壊者は常に憎まれるものである」〔前掲、二六ページ〕と述べる。さらにソーヴィーはこう指摘する。それだけではなく、世論は、完璧にできあがったものではないから、誤った評価に、つまり意図せる歪曲に従属することもあり、そこから政治責任者が世論について勘違いをする理由も説明される（たとえば、政治家が、手紙を受け取り、それが人々全体を代表するものでないのに、強い印象を受けるということもある）。したがって世論はしばしば操作さえされうる（たとえば政治家は、一般人と必ずしも同じ意見をもたない圧力団体の代表者に取り巻かれていることもある）。これらの欠陥はあれ、ソーヴィーは、この政治的力に、ある有効性は認めている。世論はとりわけ準科学的な、個人の意志から独立した一法則に従うので、性急で冒険主義的な政治家に対しては、受動的抵抗を保証するであろうからである（「好意的な最大多数の法則の協力」を得て、世論は一個の均衡をもたらしてくれる）。

同書の全一二七ページのうち、わずか六ページが狭義の世論調査にあてられているにすぎない。この六ページも、著者によれば、「必ずしも一般的に理解されているような『世論』についての知識を提供するものではない。」なぜなら、個人のなかには、公にされる世論の形成に参加する者もしない者もいて、その差は非常に大きいのに、調査機関は、「控えめな者、態度の曖昧な者にも意見をたずね」「問題をはっきり判断していないような老齢の病弱者を訪問し」、その者に、「全体のうちで専門家や特に自分の判断に確信があり強力な意見を思いのままに動かす人物と同じ比重・同じ重要性を持つようにする」ことになる〔四四ページ〕。「諸意見の総体の認識というものは、合理的な調査と数理的計算に同意する」ことになる〔四八ページ〕。けれども、この知識は、政治的にはほとんど役立たない。右にあげたような意見は、まさしく私的で表明されることのない意見にとどまるからである。これは公然の、表明される質的な意見と同じではない。なぜなら、後者は公にされ、政治のゲームに加わるからである。しかしその評価はもっぱら直感的なものにとどまる。反対者の声も、味方の声も過大評価することがあってはならない。

約五〇ページほど（本の半分近く）はむしろ、「集合的神話」（「黄金時代」の、「豊潤」の、等々）と二十世紀初頭以来の主な世論の潮流（週「四〇時間労働」について、国家について、テクノクラートについて、等々）の概観的紹介にあてられているが、それは、ほとんどが重大な政治的・経済的錯誤にもとづいていることを示すためである（「自然にか、誘導されてか、世論は現代史においてたびたび重大な間違いを冒した」）。というのも、「世論」とは自然発生的には、先入見と情念の側にあるからである、と。とはいえ、少なくともある程度はこの世論に従わなければならない。民主主義体制の下では治者は、被治者の側の最小限の同意なしには治めることができないからだ（「世論は、その力自体によって、従われることを要求する」）。

ただし、問題は世論というものを正確に知ることにある。著者は、問題に真に関わり、利害関心を抱いていていて、派手に騒々しく自分を表現できるような諸個人の意見だけを知ることでよしとしないように薦めている。なぜなら、こうした「宣明される意見」を知ることで政府は、これらの個人が行なうかもしれない抵抗に出会わずに前進することができるだろうが、経験によれば、しばしば特殊利益を擁護する手段をもっている者たちのつくるこうした意見は、公共善にも一般利益にもめったに適合しないからである、と。

この本を長々と紹介したのは、これが世論調査の導入に先立つ政治的現実についての良質の理論的提示をなしているからである。また次の理由にもよる。同書は、世論調査がその巧みな体裁の下に隠してしまう直前のこの観念のもろもろの矛盾を、明瞭に浮かびあがらせているからである。世論調査のつくる体裁とは、政治的タイプの命題を、反論しがたい科学的な真理に変質させるものだからである。実はソーヴィーには、十八世紀末以来据えられてきた伝統的なテーマ体系がある。それは何かといえば、世論とは、これに向き合わないわけにはいかないが、自然発生的状態においては錯誤のなかにある一政治力である、という見方である。学者および責任ある統治者は、このことを正しく知らせ、明らかにし、世論を情念や先入見から引き離さなければならない。最近の歴史は、「啓蒙哲学者」をなお住まわせることのできるようなオプティミズムに著者の心を向かわせるものではほとんどない。国家のプロパガンダと情報の技術の発達は、とりわけ全体主義体制を利するところとなり、民主主義体制にあっても、公表される世論は、多少とも深部にあってそれを強化している世論に支えられているものの、不分明で、しばしば圧力集団によって独占されている、と著者はみる。この圧力集団は大きな物的手段をもち、「共通善」ではなく、かれらの個別の特権を守るために大声で訴えている、と。

このように著者は本の全編を通して、世論の観念に対する政治的、概念的なある種の当惑をあらわしている。容易に欺かれるか、または自ら誤りやすいこの政治力に著者は真底からは同意できない。といって、学者たちの統治に大っぴらに支持を表明するわけにもいかない。後者は、仮に実現すれば、あまりにエリート主義的で、それゆえ民主的な価値からあまりにも遠ざかるであろうからである。著者が欲するのは、「宣明された意見」が「深部の世論」を代表するものとなることであるが、ただし——以下に選ばれる例が示唆的であるが——高齢の女性、病弱者、無学者の意見が知識豊富な専門家のそれと等価とされることを遺憾としながら、である。

世論へのこうした現実主義的、諦観的、悲観的、かつ幻滅を宿した見方は、その同じ時期、むしろ法律家や法哲学者（とりわけ公法の教授たち）に見られる、伝統的でありながらより楽観主義的で「形而上学的」でもある、ある規範的見方と好一対をなす。そして後者は「公共サーヴィス」と国家のイデオロギーに結びついていた。公法学者のジョルジュ・ビュルドーが、『アンシクロペディア・ウニヴェルサリス』（一九六八年、一二巻）のなかで「世論」の項目について書いているように、「世論」、少なくとも「真実の」世論は、民主主義の政治理論の中に適切に受入れられ、法学部では未来の「公僕」たちに教授されうるもので、直接的・個人的利益を期待するような要求ではなく（であってはならず）、むしろ「精神ないし良心の求めるところのもの」である。世論は「個人的判断」と「反省の努力」を含む（含むべきである）。すなわち、全体を考えるものであって、それに従う諸主体には一定の距離をとるものである。ここに関与すべきものは知性であって、一個別集団の意見ではない。要するに、「社会的条件づけから解放された自由な一精神による意見」なのだ。「世論」は、集合的な次元で、異なってはいるが同じ態度の枠内では一致している個人の間で形成されるものであり、生じた問題に直接には関っていない諸個人の知的、合理的な見地なのである。

世論――「根拠ある幻想」

ごく駆け足で、歴史という迂路をたどってみたが、それによって、正統な定義を課する闘争の背後に必ず隠されている固有の政治的争点をよりよくつかめるようになった。とりわけ、この分野では「科学的」な定義というものは存在しえず、単に社会的定義があるにすぎないことが分かった。実在するもの、それは、自らの「世論」の（一般の関心を呼ぶ）定義を受け入れさせようとして戦う、一連の多少とも分化した行為者たちにすぎない。この観念は、民主主義型の政治の場の機能において、（正統性原理としての）中心的・戦略的な地位を占めるのであるが、ただしそれは社会科学ではなく、政治的形而上学の領域に属している。

政治学の諸研究機関はつねに、「世論」という実体の規定、生産あるいは操作に参加する行為者たちのこのシステムの不可欠のパートをなしている。その参加は長い間、今日ほど目につくものではなかったが。じっさい、一九六〇年代初頭まで、政治学の専門家によって行なわれた意見の研究は、いわば当時社会的に支配的であった世論の定義からみちびかれたものだった。研究はその多くが、「圧力集団」を対象とし、特に新聞のキャンペーンによっていくぶんとも人工的な「意見」の運動をでっち上げ、政治諸機関に圧力をかけようとする能動的で組織されたマイノリティ（ロビー）の戦略についての研究であった。これは、固有の伝統をもち、政治的投票構造の研究に厳しく自らを限定している選挙社会学的*な研究からははっきり区別される。

＊訳者注　「選挙社会学」（sociologie éléctorale）のタームが二様に用いられていることに注意。ここではフランスの伝統的な選挙社会学（選挙地理学とも呼ばれる）が言及されており、これは、一定の領土的枠内での票の分布、変動を詳細に明らかにし、それと社会的、政治的、地理的、歴史的諸特徴との相関を明らかにしようとするものである。A・シーグフリード（一〇四ページも参照）、F・ゴゲル、G・デュプーらの研究が代表的。

一九六〇年代の初め、今日知られているような「世論」の疑似科学的な定義を推進することに利害関心をもつ行為者たち全体による、大きな象徴的強権行使がみられた。それまで世論の観念は、内容も曖昧で、測定も不確実にとどまり、一義的で普遍的に承認されるような定義がなく、競合する一連の定義があるだけだった。一九七〇年代からは、世論は、政治的には異論の余地のない内容をもつ観念となった。フランス世論研究所（ＩＦＯＰ）の創立者、ジャン・ステゼルは、一見すると知的謙虚さと映るような仕方で、「世論」とは、要するに、世論調査が測定するところのものである、と述べた(33)。この時、ほかでもない、かれはこの観念に実際には科学的基礎が存在していないことを暗に認めたわけである。また同時に、世論調査機関のみが「世論」はこれこれだといえるのだ、とみなす新たな集合的信仰の登場に対し、自分の大学人としての権威に裏付けをもたらしたのである。

事実、見たところ、一九六〇年代末にさまざまな周辺物（とりわけ政治的マーケッティングとコミュニケーションのアドヴァイザー）と共に決定的な形で課されてくる世論調査テクノロジーによって、世論のそれ以前の観念はことごとく一掃されてしまったかのようである。他方、右と相関して、政治家たちは世論に働きかけるとみなされる新しいメディア（ラジオ、テレビ）を利用することを学んでいた。ＩＦＯＰは長い間フランスで唯一の調査機関だったが、やがて競争者が立ち現れてくる（一九六二年にＳｏｆｒｅｓ、一九七〇年にＢＶＡ、一九七五年にＩＰ－ＳＯＳ、一九七七年にルイス・ハリス、一九八三年にＣＳＡ）。なお、それら競争者の幹部はしばしばＩＦＯＰの出身者であった。今日、この闘争の場の重要な特徴の一つは、商業的調査の演じる大きな役割にあり、世論の観念が科学的で、計算可能で、特定調査手続を生み出すと称する一定義の対象となっているという点にある。以来、かつての政治の表象、つまり七〇年代の初めまで支配的であって、評価においてある種の自由さを容れた政治の表象（文学的、多義的、直感的、質的であり、比較的検証困難な）は、ほとんど完全に調査機関の表象にとって代わられた。

見かけ上の科学的厳密さ、これが以後、世論の観念の奇妙なあり様となるのであるが、だからといって、世論のもっとも伝統的でイデオロギー的なもろもろの使用が妨げられるわけでもない。プレスの言説の意味論的な分析に豊富な例があるように、ジャーナリズム的－政治的な世論の観念の用法は、曖昧で矛盾に満ちているが、それでいて、実際に政治的言説のなかで一種「多価的な行為者」の役割を演じ続けている。ケースによっては、「世論」は政治ゲームの単なる傍観者よろしく、古代ギリシア演劇の合唱歌舞隊のように、もっぱら笑いや涙によって役者の行動を際立たせることもある。また世論は正当な権利をもつ政治アクターであり、その意志はもともとつねに正しいのだから、これに耳を傾け、尊重されなければならない、とされる。さらには、二流の集合的アクターであり、欺かれていることもある（または誤ることさえある）。民衆の意志を代表しているとみなされる政治家はこれに従うだけではなく、この意志が誤っているときには、正し、教育するのが使命であるとされることもある。等々。(34)

この新しい社会的テクノロジーの成功は、なにもフランス独特のことではなく、一特殊カテゴリーの社会的行為者（政治学者、世論調査業者、あるいはジャーナリスト等）の行動にもとづくものでもない。それは実際には、政治という場のいよいよ大きくなる分化と自律化、およびそこから生じる結果によって説明される。世論調査の技術の押し付けは、押し付けのまったく集合的な活動の結果にほかならないが、ここに参加しているのは、それ固有の——異なってもいれば、収斂してもいる——関心にもとづく、政治・ジャーナリスト界に属する一連の行為者たちであり、その新しい信仰の生産に共通利害を有する者たちである。

選挙社会学の専門家たちは、そのイデオロギーの傾向にしたがって調査機関を絶えず「投票させる機械」へと変容させ、一部の者は匿名性から脱し、「メディアで脚光を浴びる人物」へ、高い報酬を得る調査機関の技術幹部へ、さらには政治家の重要なアドヴァイザーへ、となっていく。調査機関の幹部自身、この新しい活動のなかに獲得すべき経済市場をみいだし、ジャーナリストはこの新しいテクニックの内に、ジャーナリスト的生産の論理と深い親近性をもつ所産をみいだす。それは、この単純にして一見文句のつけようのない世論の流れの測定に、いわば魅了されるということであり、その他、「スクープ」として、選挙の診断の予想される結果を事前報道するといったこともある。政治世界に活動する者は、選挙民の獲得というつねに読み切れない仕事を最小限合理化していくために、このテクニックを用いる。

第二章　政治学者たちのつくる世論

ここ二〇年来の新しい現象としては、「世論」の研究がほとんど完全に政治学者《ポリトローグ》の責任の下に、調査機関によって行なわれる意見調査へと還元され、さらに世論調査という活動が政治の中に重要な位置を占めているという事実がある。その政治はいまや、ジャーナリズムの所産でもあり、「世論」に対して公平であろうとする策でもあり、さらには国政レベルの政治アクターのほぼ全員の戦略を外見上いっそう垢抜けたものに仕上げるためのテクニックでもある。フランスの（殊にパリの）プレスが委託し発表する調査のおびただしさには、多くの外国人ジャーナリストは肝をつぶす。同じく、多くの民主主義型の国のように選挙予測調査に限られるということがなく、非常に多岐にわたるテーマが世論調査で取り上げられることも、かれらを驚かせている。およそ政治およびジャーナリズム世界で対立のタネになると思われるありとあらゆる問題が、その対象とされるのだ。

これらの調査は、多くの政治論争や、メディアによって構成される社会的大論争に材料を提供し、またそれらに決着を付けるように働く。そのテクニック自体からして目に付きにくい状態で、バイアスをもって記録されている調査を、いわゆる政治的に利用することもフランスではよく行なわれる。その理由は主に、一九六〇年代を通じて構造的な形で生まれた、世論調査機関と政治学院出身の若干の専門家との間の密接な結びつきにある。事実、他の多くの国で起っていることと異なり、フランスでは、世論調査機関は、調査の技術的成果を高めることに主に関心を寄せる技術者や数学者ではなく、政治学者を、すなわち真の「社会的技術者」と自認する専門家を、技術的責任者としてきた。かれらは自らつくる設問をひっさげて、公平な審判者として政治ゲームに介入しようとする。

科学的権威の不当な流用

政治学はたとえばドイツのように「極左」や「エコロジスト」の学生たちの境界的な、これといった就職口のない専門であることと大ちがいで、フランスでは政治学院で講じられるそれは、政治および権力のキャリアを養成するものである。ここでの政治学とは、対立する利害をめぐる社会集団間の闘争としての政治よりも、「公共財」の管理と追求としての政治という考え方を伝達するものであり、万人に役だつ中立的科学であると称している。(1)

それゆえ、フランスで世論調査が社会的にどのように使われているか、政治界の機能のなかでそれの演じる戦略的役割はどうなのかを理解するには、一九三五年にアメリカでギャラップによって開発されたこの技術が、フランスの中ではどんなコンテクストで普及していったかを考慮する必要がある。学界でのあらゆる賛辞からそう信じられていながら、政治的意見調査に関してもっとも重要な役割を演じたのはたぶんフランス最初の調査機関(ＩＦＯＰ、一九三八年以来)の設立者、ジャン・ステゼルではない。かれは、一九五五年からソルボンヌ〔パリ大学文理学部〕の心理社会学教授、社会学研究所所長、一九六〇年の『フランス社会学雑誌』の創立者の一人と、まだあまりにも大学人的であり、自分の調査機関の活動を、研究の一形式によりも、あからさまにメディアにと志向するものにするわけにはいかなかっただろう。

一九七七年、かれはＩＦＯＰを去る。商業的要求にいっそう顔を向けたＩＦＯＰの新しい方針に同調できなかっためであり、H・リフォーと共に「事実と意見（Faits et Opinions）」という自分の調査機関を設立した。[2] ステゼルの行動は、政治的な場との関連でよりも、社会学的な場の内部に位置づけられるものである。特に、かれのいう「書斎の中での内省的分析」を行なうのをこととする「ヒューマニズム的」「文学的」な社会学者（たとえばジョルジュ・ギュルヴィッチ〔一八九四〜一九六五年。ソルボンヌ教授、現象学的社会学の観点を加味し社会学の体系化を試みる〕の立場）に対抗して、人間行動の定量的な測定を必要とみるアメリカ産（ラザースフェルト）の「経験的」社会科学の考え方を押し出そうとした。この社会科学内部の闘争は、新しい姿の「専門家」を、より伝統的な「知識人」タイプの人間に対置させたのであるが、それは少なくとも世論調査を、対等な科学的調査法として前面に出すという無視できない意義をもった。ところがＩＦＯＰは、一九六〇年までですでに二〇年間以上存続はしていたものの、フランスではなお唯一の世論調査機関だったのであり、政治に関する世論調査の実施はまだ周辺的で内密の活動にとどまっていた。[3]

世論調査の政治への参入は一九六〇年代を通して実現されるが、それは若干の若い政治学研究者が大統領選挙の際、「予測作戦」のためにメディアに招かれ、以後徐々に調査機関に入り込み、「世論」の地位を高める本格的活動を企ててからである。ただし、それはかれらの考える「世論」についてであって、同時にかれらはこの単なる調査テクニックを、非常に手の込んだ政治的正当化の道具に変えてきた。

第五共和制の誕生を画した投票である一九五八年の国民投票〔いわゆる第五共和制憲法草案の賛否をめぐる国民投票〕、および総選挙の際に、初めて政治学国民財団がロックフェラー財団の資金協力を得て、ＩＦＯＰに調査を委託している。当時は、その時代の選挙社会学にとっての古典的な問題設定である「有権者の態度と行動」の研究が重視されていた（各選挙に対応して財団の「報告冊子」がつくられたが、一般に選挙から数年遅れた）。しかしその時は、すでに最初の変化をなす革新により、研究は、有権者における意思決定と選択のメカニズムを明らかにすることを自らの課題とした。ここでの最初の一つの「軌道逸脱」は、政治選択の決定諸因子の追究がおのずと、有権者の意思決定に影響を及ぼす最良の手段は何かという実際的な探求へと水路づけられた点にある。二年後に公表される同調査の結果には、なお直接にジャン・ステゼルやアラン・ジラール〔一九一四年〜。パリ大学教授、人口学者、国立人口学研究所を指導。大規模な調査『フランスにおける社会成功』などを主宰〕が関っていて、結果の報告は専門家の読者に向けられ、政治のゲームからは大きく距離をとっていた。一九六〇年代初めまで、多くの社会学者はこの機関にある種の疑念を抱いていて、理由は一部、その活動が主に商業主義的で、とりわけ企業に顔を向けているという点にあった（当時きわめて「広告嫌い」だったこの国で、市場ならびに広告キャンペーンの洗練の研究を行なうというのだから）。

一九六五年の最初の普通選挙制による大統領選挙の折にフランスで最初に試みられた「投票意図調査」と「結果予測」の作業は、なおジャン・ステゼルとミシェル・ブリュレの主宰の下に、「ウーロップ1」のためにIFOPによって行なわれた。これとパラレルな作業が同じく、政治学国民財団の二人の研究者（ギ・ミシュラとジャン＝リュック・パロディ）によって、AFP〔フランス通信社〕のために行なわれた。これが成功してメディアで注目されたことで、以後の選挙の際、こうした作業があらゆるメディアで数多く行なわれていくことになる。これら「商業的」な活動に対し、社会学者たちの知的、社会的な抵抗があったが、(5)それは次のことを説明するものである。これら調査機関の責任者たちは、政治学国民財団の若い研究者たち（フレデリック・ボン、ジャン・ランジェ、エリザベート・デュポアリエ、ベアトリス・ロア、ロラン・カイロル、アラン・ランスロ、アラン・デュアメル、等々）に呼びかけなければならなかったが、かれらの大部分は、ブルジョア（法律家や自由業など）の出身であり、自らの権能に属することになるこのタイプの調査の目的にも、直接に利害関心をもっていた。そして、こうした活動への参加を、裏切りという形で経験することもなかったし、自分たちの古典的な選挙分析をもっと突き進める上で、この種の調査が提示しえたものに興味さえ感じたのだ。

じっさい、これら政治学者たちは世論調査を用い、アンドレ・シーグフリードの『西部フランスの政治一覧』〔選挙社会学、選挙地理学の代表的な研究の一つで、一九一四年に公刊）を既存の範とするような伝統的な地域モノグラフィとは違う方法で、投票の社会的決定因を理解しようとした。政治学の専門家の内には、質問紙による心理社会学的調査の技術を習得した政治学国民財団の研究者のなかの数少ない一人（ギ・ミシュラで、かれは態度尺度のテクニックを用いてナショナリズムを研究していた）によって教育され、これらの調査のおかげで、単なるいわゆる投票意図の把握（これはほとんど理論的問題を生じない）を越えてさらに進むことができた者もいる。設問のセットを増やし、主要な「世論の傾向」を確定する、「政治親族」の数を決定する、かくかくしかじかの政治問題への態度を把握する、等々を試みたのである。(6) 七〇年代の初頭まで、アラン・ジラールとジャン・ステゼルが、様々な百科事典中の「世論」や「世論調査」の項目のほとんどの執筆者となっており、(7) かれらの展開している考え方はとりわけ技術的なものである（調査の技術、データの分析など）。それが、一九七五年、『ラルース大百科事典』（八八〇〇ページ）の中の「世論」の項目は、ギ・ミシュラにゆだねられたのであり、かれはなお心理社会学的な型のアプローチを採用している（個人にとっての意見の機能、ハイアラーキー分析、タイポロジーなど）。そして一九八〇年以降になると、これらの項目を書くのは政治学者となる。その場合、技術的問題は、デモクラシーについての考察、および政治のなかで世論調査の占めるべき位置に関する考察に置きかえられている。(8)

世論調査方式の調査が、いっそう精度を高めながら、政治的投票行動と結びついたいくつかの客観的特徴、なかでもそれぞれの有権者の社会的特徴をつかむのを可能にしてくれたことについては異論の余地がない。この社会的特徴はそれ自体、政治的アクターにとっても（その戦略を練るために）、研究者にとっても（その科学的モデルを精練するために）、関心をよぶデータである。ところが、選挙結果予測のメディアにおける成功に気をよくして、政治学者たちは投票行動の周辺の調査（有権者は何を望んでいるのか、かれらはなぜ投票するのか、等々）を数多く行なうようになったが、その科学的妥当性は、逆にはるかに疑わしい。政治における質問紙のこうした新しい用法、そのほとんどがまだ経験豊かとはいえないこれら政治学者によってつくられた多くのかなり意表を衝く設問、まさにそれらが若干の社会科学の専門家の注意を引き、最初の当惑を引き起こしたものである。一九七〇年代に表立って現れたこうした反応は、それだけ強烈であった。なぜなら、これらの調査の結果がプレスに次第に頻繁に発表されるようになり、社会科学についてだいぶ見かけ倒しだという公然たるイメージを与え、これに若干の社会学者が反対の立場を表明したからである。

発表された調査の結果は、混乱の持続に力を貸す。なぜなら、政治学者たちが非常に異質なデータを比較的分離も区別もしにくい形で、非専門家に提示したからである。一方では、かれら専門家は、厳密にいうと科学的ではない（構成という作業を含んでいるだろうから）、しかし客観的でかつ検証可能なデータをを引き渡していた。それはたとえば、選挙直前の投票意図や、様々な政党への投票者の社会的属性などであり、これらの予測の正確さは、ジャーナリスト、政治家、より一般的には社会科学の門外漢たちに強く印象づけられていた。しかし他方、かれらは、後にもう一度ふれるが、選挙民に尋ねる設問を出発点として、きわめて大々的に人工的な産物をこしらえあげていた。それは、選挙民たちがあたかも自分自身で必ず知っているかのように、たとえばかれらの投票の「理由」や、政治へのかれらの「期待」を尋ねることを通して、である。

それだけではない。非選挙期間には、その時々のあらゆる問題についての「世論」への設問が増えていった。検証可能な予測と、科学的にはともかく政治的には面白い産物とのこの混交、おそらくこれが、これら専門家がこのようにまたたく間に卓越した権威の位置を占めることができた理由の大方を説明してくれよう。これらの新しい専門家連は、ジャーナリストと並んで、そして政治家には相対して、一見中立的で科学的であるように見えた。物理的にはテレビ画面に登場し、ラジオのスタジオに姿を現わし、選挙の投票日の夜には、「科学的」立場にあって「党派的」ではないと自己呈示をするやり方で、政治的論争に断を下したのである。

とすれば、世論調査の価値への信仰は、科学的権威の不当な流用とでもいいうるものに大幅に依拠していることになる。じっさい、世論調査機関によって行なわれた調査はすべて同じレベルに置かれてはならない。投票意図を対象とする調査や、投票終了後完全な開票結果を前もっていち早く知るために行なわれる「予測作業」のための調査は、技術的に正確ではあるが社会学的に面白いものではなく、事実への興味（投票の結果を数時間前に、または数日前に知ること）をねらったもので、いずれにせよ世論に関する社会学的理論をなんら含んでいない。ところが、他方は、行動あるいは慣習行動《プラティック》（性的、文化的、経済的等々の慣習行動）を対象にするものであり、科学的にはより興味ぶかいが、信頼性はより低く、この種の調査につきものの、専門家たちによく知られたいくつかの古典的問題を生じる。そして、以下の分析はもっぱらそれを対象とするもので、いわゆる「世論」の諸調査であって、その数はもっとも多く、政治的にももっとも重要である。

予測と最終結果の比較によって、および調査機関が援助を求めた選挙社会学専門家のプロフェッショナリズムに負う良質の予測によって、目ざましい効果が生み出され、これがただちに商業上の論議の的となった。つまり、これらの機関が頼りになることが証明されたのだ。一般に世論調査機関によって行なわれるすべての調査には、ある種の「科学的」信頼性（実際は単なる「技術的」信頼性）が付与された。とくに「世論」の分野で行なわれるものについてもそうであった。

ところで、科学的見地からは、選挙前調査または「出口」調査と、固有の意味での意見調査を分かつものを示すのは容易である。投票箱に投じられる実際の投票用紙を対象とする「予測」作業、または一選挙の前夜における「投票意図」を対象とする調査は、一見似ていても意見の調査とは違い、政治的な行動ないし行動の意図に関する調査であって、それは調査の理論しか含んでいない。なぜなら、選挙の事前調査は、縮小された規模で、予期される投票を組織させるにすぎないからである。これらの調査について、調査実施者は、調査の行なわれる状況から不可避的に生じる歪みを減らすために「修正係数」を計算することができるが、それはまさしくこれらの調査が、実際の選挙にわずかに先行するか、またはその先触れにほかならず、したがって比較に訴えることができるからである。いいかえると、調査機関は、選挙を創造するのではなく、単に選挙の結果を予想しようと試みるのだ。

ところが意見調査となると、違ってくる。「世論」調査とよばれるものはなおさらである。調査実施の状況に固有の歪みはそこにもあるが、正確にいえばそれは計算不可能である。なぜなら、ここでは調査機関が、政治的現実においてはそのようなものとして実在しない状況を創っているからである。したがって、当の調査の結果を、実際の全国的な政治意見調査から与えられるであろうものと比較するわけにいかない。なお、後者のような調査が仮に行なわれたなら、それは必ずや、職業的スポークスマンの側からの公然の態度表明、および本物の選挙運動を引き起こさずにはいないだろう。政治家たちは、いくぶんか自分の苦い経験から、これまで幾度となく自ら次のことを確認してきた。遠い未来に行なわれる選挙、すなわち選挙運動の対象外の選挙に関する投票意図は、真の選挙運動中に得られるスコアとは比べられないようなスコアをもたらすものだ、と(9)。

「行動のための科学」

これらの研究者と世論調査機関との協働、しかしまた調査の発注者であるメディアとの協働が行なわれることで、これら選挙専門家の活動の論理が根本から変わった。かれらはメディアによって「政治学者《ポリトローグ》」と名指されることになり、その時点でこの語が生まれた。

じっさい、「ポリトローグ」という言葉は、一九六〇年代末選挙の際にテレビやラジオが行なった調査の作業についてコメントするようになったこれら新しい政治学の専門家を指すのに、メディアによって創られたものである。この語は急速に定着し、伝統的であまりにも法的な「ピュブリシスト」や、きわめてアメリカ的な「ポリティスト」や、あまりにもひねくり回した名称「ポリティコローグ」を駆逐してしまった。この用語法の問題の背後には、かれらの一人が指摘するように、科学的活動についてのある考え方が働いている。「当初、ポリトローグという言葉自体が存在せず、各人がそれぞれに自己定義をしていて、ある者は社会学者（なお、私の場合もそうである）、ある者はポリティスト、そしてある者は社会科学研究者、等々と自己紹介していた。この命名を押し付けたのは外部、すなわちメディアであり、内側から抵抗もあり、内部、外部どちらが職業を命名すべきかというやり合いもあった……外の活動の携わっている者のほうがより容易にこの『ポリトローグ』という命名を受入れたことはもちろん偶然ではない[10]」。

これら専門家たちはいよいよ強く政治界と経済界の二重の拘束の下に置かれていく。政治学者たちはプレスによって、また政治諸機関の中でよりいっそう協力を求められるため、かれらの実践する科学はいよいよ反省的・批判的な分析をほとんど容れない「行動のための科学」となっていく。政治学のこの分野と社会学の間に定着し、今日なお持続している構造的な誤解もここから説明される。じっさい、こうした政治学は、たとえば国立人口学研究所（ＩＮＥＤ）とか国立統計経済研究所（ＩＮＳＥＥ）のような、データ生産（たとえば国勢調査の実施）の公的機関がもちうるような制度的自律性をもたない。また、それ自らの固有の研究のテンポや、常識による問題設定から切り離されたそれ自身の問題設定ももたない。そのときどきに緊急に求められることのなかで活動しているから、絶え間なくデータを生み出しては、次から次へとコメントをするだけで、それらをまっとうな科学的理論の中に統合することはない。

これら政治学者たちは、ジャーナリズムまたは政治の固有の至上要請に従わなければならなくなる。たとえば、調査はどんどん早いテンポで行なうようになる。なぜなら、特にメディアのため、政治権力のために生産をしなければならないからであり、またその生産は、時事的な出来事や当面の政局と関連しなければ意味をなさないからである。行なわれる調査は、その結果が速報・概要といった形でプレスに引き渡され、知ることのためによりも操作のために内密裏に分析が行なわれ、こうして政治ゲームに加担することになる。定期的に行なわれる「綜合」とは、主に政治ゲームのアクターたちのためであって、かれら（ジャーナリスト、政治家、メディアと繋がりの深い政治学者）によってコメントされる諸調査の編纂物である。事実はといえば、単に実際の必要のために形を整えたものにすぎない[11]。その場限りの産物にミニマムの科学的信憑性を与えようと若干の政治学者が定期的に実現しようと試み、プレスや職業的雑誌に発表している「綜合」は、見かけだけのものである。にもかかわらず、調査は、あいかわらずかれらの考え方のなかに、時の政治的問題関心によって強く特徴づけられる時局的所産の分析のなかにある。

調査実施者とこれに助言を与える政治学者は、経済的理由と、解決すべき要求という理由のため、きわめて相互依存的である。というのは、当然ながらかれらは、もっとも緊急に当面する政治的出来事に対応させて自分たちの調査を着想する傾向にあり、政治的論争を理解することよりも、一見異論の余地のない、客観的とみえるやり方でこれに断を下すことを求める。かれらの属する諸調査機関の間にはいわゆる経済的競争があり、このため、世論の把握や、プレスや政治家向きの新商品の開発において、一種のメディアを意識した売り込みを絶えず行なわなければならない（種々のバロメーター、「出口」調査、「プレジドスコープ」、ミニテルによる即時の調査、等々）。これらが、ある種の政治の表象をはぐくむのに力を貸している。

さらに調査機関の幹部たちは、経済的利害関心から調査の多角化も押し進めている。事実、これらの機関は、需要の非常に高まる選挙の時期は別として、プレスや政治諸勢力や政府に新しい調査のアイディアをもちこんだり、時間の中での意見の変化を測るとして既存の調査を取り出したりして、政治的調査の生産能力を収益化しようとする。Ｓｏｆｒｅｓによって非常によく採られた調査戦略は、一連のセット設問をつくり、同じ言葉で、規則的な間隔を置いて繰り返し尋ねさせるものであるが、これは純粋に科学的な戦略ではない。比較可能であることという科学の至上命令が、ここではむしろ同一質問を際限なく繰り返すことの口実となり、それらの設問が何を測定しているかを真に把握せず、観察された変化にコメンテーターに注釈させることの口実にもなっている。調査機関の幹部たちは、こうした調査を数多く行なうことに直接利害関心ももっている。そうすれば「一般公衆」に調査を知ってもらえるし、有力メディアが大きく引用してくれれば、無料の宣伝になるからである。こうして名を知られると、ばかにならない数の小契約が経済マーケッティングの領域で成立するようになる。これが実は依然としてこれらの機関の主な活動なのだ（有力調査機関のほとんどでその売上げの八〇〜八五％を占める）。

この「政治学」は、まったく政治的な、見かけだけの科学なのだが、その主な発展の理由は、政治現象の分析によりも、同じようなデータを生産するいよいよ速まるその速度にあるといって過言ではなかろう。データは一見より洗練されているが、つねに前もって構成されたものであり、新しいタイプの政治的ゲームと闘争を生み育てるといった類のものである。こうもいえるだろう。政治学者たちは、「世論」とみなしうるものの変化を絶えず休みなく追求し、しばしば工夫に富んだ仕組みを発明し、いよいよ迅速に政治的意見を収集するのであるが、それでいて世論の生産のメカニズムについての理解を大して進歩させなかった。

一九六五年、大統領選の折、専門家たちは二〇時には大きな誤差範囲を見込んだ「結果の予測」しかできず、当夜時間が進むにつれ徐々に誤差は小さくなっていった（「予測幅《フルシェット》」の言葉が有名になった）。それが一九八一年には大統領選の結果は、編集部筋では一八時三〇分から分かっていた。そして二〇時には、ジャーナリストたちは早や

「予測」の言葉を使わず、直接に選挙の結果を公言することはできた。ただし、一～二％の誤差を見こんで。一九六九年には、政治学者のジャン＝マリー・コトレは、政権を去ったばかりのドゴール将軍の言説の内容分析を公刊し、[12]一九七六年には、その二年前、一九七四年の大統領選の第一回投票で上位になった二人の候補者の間に行なわれたテレビ討論を対象に、同じタイプの分析を公にしている。[13]一九八五年には、ジャック・シラクとロラン・ファビウスのテレビ討論の翌日、テレビのニュースの時間に登場し、リーダーの各々によってもっとも多く言及された言葉を、その回数、双方の側からの割り込みの正確な回数を挙げながら、語っている。[14]

政治的世論調査、特に選挙直前の投票意図の調査の結果のプレスへの発表については、少なくともこの新しい慣行の始まった第一年目には、政界自体の中にもさまざまな不安を引き起こさずにはいなかった。事実、この慣行が信頼できるものだとしても、ではそれが特に有権者の最終の投票行動をどの程度変えるのか、と尋ねた政治家がいたし、これに続いて若干の政治学者も同じことを問題にした。かれらが知ろうとしたのは、この慣行が、真の意図にせよ偽りの意図にせよ、投票意図をこのように公にしてしまうと、選挙における投票の「正常」な展開をかき乱すのではないかということである。数年の間、世論調査に関する公的な議論は主として、きわめて二義的な側面に焦点をあてた。すなわち、科学的には意味がないものであるが、それでいて政治的アクター自身に及ぼされるはるかに重要な効果からは注意をそらせるといった側面に、である。また、政治家の呈した疑問はそれ自体、この新しい慣行がかれらの上に及ぼしはじめた効果をのぞかせていた。かれらは、この手段で生み出された情報への自分の戦略的関わりを、ごく陳腐な自己中心的なやり方で全選挙民に伝えるほかなかった。

事実、これらの調査から最初に「影響を受け」、その蓋然性の高い選挙結果の予測にしたがって自分の票の計算にはしるよう促されたと思われるのは、かれら政治家なのだ。それにひきかえ、普通の選挙民の場合、プレスによって広められるこの種の政治情報が文化伝播の一般法則にしたがわないとは思われない。すなわち、この情報に対し、すべての個人において同じ注意が働き、同じ受信がなされ、同じ関心が持たれるとは思えないということである。選挙への戦略的な関わりの極端なケースとしては、訳知りの上で自分の候補者に背を向ける投票をすることもあるが（たとえば、その候補者の勝利があまりの圧勝とならないように）、実際にはこれは、ほとんど政治的にアクティヴな少数者（政治スタッフ、活動家）にしかない特有の態度であり、しかも大きな政治資本をもっていることを前提とするものである。

調査機関主宰者たちは、アメリカで政治学者によって行なわれた——調査機関には都合のよいことに——選挙予測調査の公表が有権者に与える効果はとるに足らないもので、相殺し合う、ということを証明した研究を挙げる。さらには、仰々しい政治原則（「有権者こそ主人」、「知ることの権利」は調査の結果にも適用されねばならない、公表が禁止されれば密かに結果を知るであろう特権的市民とそうでない者の間に不平等が生まれる、等々）を掲げたのであるが、一九七七年、政治的な世論調査の実施と公表を規制する一つの法が成立した。それは、各回の投票が行なわれる日に先立つ一週間に限り、一切の公表と調査へのコメントを禁止するというものである。調査機関はかつてこれを批判し、今なお批判し続けているが、ではこの規制を実際に批判しているかというと、それにはほど遠い。むしろこの法に同意しなければならなくなっている。なぜなら同法は、客観性をあまり要求しない考え方を盛った、科学的というよりは単に法的な「適切な調査」の定義を承認するからであり、しかし特に、同法が「国家保証付きの世論調査」とでも呼ぶべきものを創り出し、結局は調査機関の地位を強固にしてくれたからである。以来、これらの調査機関が生産の独占を行なうようになる。(15)

世論調査委員会〔五三ページ参照〕は、虚偽の調査や、技術的に不完全な調査や、あるいは明らかに不条理なひどく政治的偏向を伴った調査の実施におそらく終止符を打ったことだろう。こうした調査は、政治家たちの誘惑をさそうもので、なおアウトサイダー的調査機関や幽霊調査機関によって行なわれたことがある。

けれども、見るからに粗雑な政治操作の形態を排除しても、調査から政治的影響をすべて除くことはできない。一部の調査にみられる操作や不真面目さを糾弾するだけでは、政治ゲームへの世論調査の導入そのものによる、より重要な計りしれない政治的影響を知ることにはならない。社会的にもっとも見えやすい現象が必ずしももっとも重要な現象というわけではないのだ。

もろもろの世論調査という行為を分析しても、現実によって張りめぐらされた、細部へと注意を引くその種の罠を逃れることはできない。その罠とは、特に政治モラルにショックを与えるものに注意を引きながら、変わるのは政治モラルそのものだということを見ようとしない、といったものである。限られた点への批判、それは、当の手段〔世論調査〕の存在自体とそれの政治界への漸次的な統合によってつくりだされる諸効果に目隠しをかけてしまう。手荒な検閲は、自己検閲を目に付かないものにし、[16] それだけでなく、内面化された、それゆえ自由に受け入れられた社会的拘束を、見えなくしてしまう。それと同じで、技術一点張りの世論調査批判は、世論調査テクノロジーの固有に政治的なもろもろの用法の分析から目をそらしてしまう恐れがある。ところで、母集団からのサンプルがうまく構成され、見たところ質問も適切につくられても、その意見調査の実施が特にむずかしく、結果もしばしば不確実という特有の困難を呈する場合がある。このことを示すのは、たぶん無意味ではなかろう。調査機関は、当該分野で信頼できるデータを収集するにはほど遠い状況にあると、予測力の乏しい、多分に現実遊離の統計をつくりだすことになる。

質問紙調査をめぐる諸困難

ほぼ二〇年来、ジャーナリスト兼政治学者、政治スタッフ、社会学者によって打ち立てられてきた「世論」については、固有に技術的な論争の特有のむずかしさと、今日なお専門家間の議論を支配している恐ろしいほどの混乱があるが、それらはまさしくこの〔世論という〕観念に原因している。それ自体は科学的に定義しがたいのに、調査機関によってほとんど測定されるまでになっている。「何を測定しているか判然としないが、とにかく何かを測定していることは確かだ」と、ある政治学者がいうように。かれらは、自分たちのつくった人気曲線や、さまざまな調査機関のつくった曲線間に認められる相対的類似性に魅惑されている。調査機関は、社会諸科学から借りた調査のさまざまな手段（中心はサンプリングと調査票作成の技術）を用い、本来は純然たる政治的なものである一観念を科学的に定義していると称している。というわけで、これは固有に技術的な諸側面を含むようになり、それらは社会科学の専門家との議論の対象となりえているが、政治的側面は、技術的な論争からははずれ、別のレベルで扱われなければならなくなっている。

したがって、混同を避けるため、この二種の側面をはっきり区別しなければならない。厳密に技術的な観点からすれば、「世論」なるこの政治的実体を調査で把握できるか否かではなく、単に、与えられた一つの問題について実際に存在する意見を、特に意見のとりうる多様な形式を区別しながら捉えることができるか否か、が問われなければならない。その多様な形式とは、すでに固まっている私的な意見、まだ潜在的状態にしかない個人の意見（個人がもしその問題に向き合わなければならないならこう考えるだろう、というような）、集合的に練り上げられ公に表明される意見、提起された問題に諸個人が関わっているか否かの度合、情報の有無のレベル、等々である。

ここでしばし、政治的哲学論議を脇に置き、政治‐ジャーナリズム界に影響をおよぼす若干の主題についての諸個人の個人的意見（それが存在するとき）の把握についてだけ考えてみる。その場合、仲間市民の多くが考えていることは分ると思っている、ないし少なくともそう思わせたがっている人々の自分本位の危なっかしい方法不在の思弁よりは、調査の諸手法を使えば、原則としてより信頼できるデータを集められることはほとんど争う余地がない。とはいえ、ある人々がこれらの調査の成果にみとめる信頼は、かつて一九六〇年代にそれらが政治に持ち込まれた時に引き起こされた警戒心のそれに劣らぬほど過剰であることも、しかと認識しなければならない。質問紙の調査に頼る時には、そのようにして材料が集められる際の社会的条件はきわめて個々特殊であることを十分考慮しなければならない。この調査テクニックは基本的に言語によるものであって、行動、実践、さらに逆説的にみえるが、意見そのものの収集よりも、行動、実践、意見についてのあらゆる歪曲を含んだ言明の収集を行なうものである。社会的行為者はいつも自分の行なっていることすべてを語るとは限らず、自分の言うことすべてを行なうとも限らず、ましてや質問をしに来る見知らぬ者に対してそうするとは限らないこと、これは言うも陳腐なことである。次に、質問紙の作成それ自体は、たとえばエスノグラフィー的観察のような他の諸調査テクニックと異なり、特定の社会的状況を構成するもので、社会的行為者の行動や意見をしばしばかれらの気づかぬうちに、すなわち社会的に「当然の」といいうるような状況の下で収集させるものである。

調査機関の幹部がいうように、世論調査はついには「風俗の一部となり」、以来「ほとんど万人に受け入れられている」（なお、この言明には大いに留保が必要である）というだけでは、そのために調査への回答が今日、より「まじめ」で、より「真実」で、より「率直」になっていると推定するわけにはいかない[17]。むしろ逆に、世論調査のルーティン化と制度化がどんな結果を生んでいるかを問わなければならない。その点では、得られた回答を分析してみて、このうえなく多様な、このうえなく個人の秘密に踏みこんだ、要するにきわめて常軌を逸した主題への意見を尋ねても、だんだんと人々は驚かなくなっていることを考慮しないわけにはいかない。

『レコー・ド・ラ・オートロアール』紙（一九八七年十月六日付）は、「Ｓｏｆｒｅｓ基礎調査によるテレマティック・パネリストとの出会い」と題して、素朴なやり方で、調査機関とインタビューされた人物の間に打ち立てられているきわめて特殊な関係に関する面白い数多くの情報（傍点を付した）を載せている。記事は次のようにいう。「被調査者はたいてい同じ人々である。……Ｓｏｆｒｅｓは、オートロアール県では、フランスで一番まじめとみられているこの機関に定期的に回答し、協力することに同意した約五〇人の人物の〝固定対象集団《パネル》〟をもっている。……一人の常勤調査担当者が、厳密な統計的基準に従って、母集団からのサンプルを代表すると推定される〝パネリストたち〟をその部門に補充する。男性であることも、女性であることもあり、カードル、職人、農民、商店主、若者、等々であることもある。したがって、これら〝パネリストたち〟は、Ｓｏｆｒｅｓのいわば専属の正式の通信員になったわけである。かれらの使命は何であり、それは実際にはどう果たされるのか。それこそが、これら〝パネリスト〟の一人と出会うことで私たちが知ろうとしたことなのだ。」

そのパネリストは、この「協力」を承諾し、Ｓｏｆｒｅｓと接触してみて、「いくつかの拘束」を受けることになるのを知った。「その任務は二つの側面を含む。」すなわち、週に二回、「ミニテルを使ってＳｏｆｒｅｓを呼び出し、『今日の世論調査』に回答しなければならない。たとえば、木曜日の設問は『あらゆる災害のうち、人類にとってもっとも脅威だとあなたが思うものを、順に挙げてください』というものである。」そして画面に、その中から選択しなければならないリストが現れる。地震、飢餓、エイズ、公害、その他、という具合に。かれに影響を与えないように、なぜなら被調査者は周囲の意見ではなくかれ自身の意見をいわなければならないから、と画面はいう。かれは注意を集中し、番号で「地震」と入力する。この最初の設問が終わると、ミニテルの画面に第二の設問が現れる。「過去一年間に起こった災害のうち、一番印象に残ったものは何ですか。」パネリストは、「その任務に真面目に取り組む」。第二の側面は、番組「真実の時」（L'heure de vérité）〔二八五ページ参照。テレビの政治討論番組〕に関するものである。抽選で指名されれば、「番組に備えて待機し、意見が求められるたびに回答しなければならない。」もし政治家がかれの考えに一致しなくても「かれはルールどおりに作業をする。」この番組の宵には、パネリストは「配偶者に、自分に影響を与えないようにと求める。家族とやりたい議論があれば、番組の後にとっておく。」

ある人々にとっては、（政治家の人気や、投票日までの数年間にわたる投票意図などについての設問のように）、調査主宰者から定期的に与えられる設問に答えるよう要請され、ジャーナリストによって質問され、コメントされるおかげでそれが「当然」と感じられるまでになり、以来これが期待される社会的状況となる。多くの回答者にとって、調査票の記入は、社会のゲームの一種である。いずれにせよこれは、回答に同意した者が即時に、しかもその直接の結果も分らず、そうしなければならないという理由のため、一つの意見を、もっといえば一つの回答を与えなければならないとされる特殊な状況である。調査主宰者はしばしばからかい気味に、一九七〇年代には責任ある地位の人々、特に政治責任者たちのなかにまだ世論調査の科学性に疑いを挟む者がいたが、それはかれらがまだ一度も意見を尋ねられたことがなかったためだ、と述べていた。この反応は実に示唆的であり、これらオピニオン・リーダーたちはあらゆる意見を区別なく同じレベルに置くことを拒否していたことを示している。オピニオン・リーダーたち、すなわち意見をもち、かつその「意見が重要である」人々に優先的に尋ねることをしない同質化の調査テクニックへのかれらの不信の表明は、調査主宰者によってなされる政治的強権発動への反応としては、じっさい、かなり下手な反応であった。

一般に「世論」という呼称でいわれるものは、周囲の事情により、分野により、対話者や状況により変化しやすいものであるが、このように形のない、動きやすいデータを収集するときには、少なくとも最小限の方法論的慎重さとして、表明されたそれらの意見を、その収集も可能にした、またはそれらを生じさせた調査状況《シチュアシオン・ダンケット》からは切り離さないほうがよい。質問紙のテクニックは、設問という強い刺激の力を借りて被調査者からの反応を引き起こし、情報を収集することをはっきりねらったものであるが、これは、好むと好まざるとに拘わらず大きな人工的構成物を生み出す。ただし、その程度は、調査者と被調査者の社会的性格や調査が狙いをつけている分野によって異なる。しかしだからといって、回答は気まぐれでばかばかしい、あるいは予想もつかない、ということにはならない。得られる回答は、つねにある種の社会的論理に従ってつくられているのであるが、しかしその論理はすぐにそのまま分析者にゆだねられるものではない。すなわち、これらの調査から得られる回答は原材料にすぎず、集計されそのままプレスに発表されるのではなく、その都度批判的な分析の対象とされるべきだろう。なぜならそれは、正確にいうと、「データ」ではなく、各ケースについて生産の諸法則が決定されるべきであるような複雑な生産物であるからである。また、質問紙による調査は、その不完全さのゆえに、たいてい、はるかに広範囲の科学的手続き（深層インタビュー、エスノグラフィー的観察など）の内の一つにすぎないからである。

調査実施者、政治学者、社会学者の間で行なわれている技術的な議論は久しく、設問の用語とか、すべての者にとって「偏りのない」「わかりやすい」設問の書き方といったかなり二義的な問題に焦点をあてていた。もちろん、回答の解釈をより容易にするために、設問がすべての被調査者に同じように理解されるように設問がつくられることは望ましい。けれども、要するに正当ではあれ、こうした方法論的固定観念の背後には、しばしば一つの社会科学の（政治的でもある）考え方が隠されている。それは、調査者の行なう質問への回答を夾雑物なしに獲得するには、被調査者に「よい」質問を行なえればよい、というものである。「よい」質問、それは一定の結果を伴う意味のスライドによって、ここでは「中立的」な設問と呼ばれるものになっている。すなわち、その書き方が回答者にほとんど影響を与えないような設問であり、その場合に得られた回答は「真面目」で、「本物」の、「真実を伝える」

ものであるとされる。調査の専門家は特に、設問の定式化の仕方いかんにより、質問紙の中で置かれる位置により、特に予想する回答のタイプにより得られる回答が変わることを、豊富な例によって証明してきた。しかし、そこからつねに結論を引き出してはいない。また特に回答が変わってしまうという事実は、質問を受ける人々のかなりの部分にとって、この種の調査の往々にして遊びに似た、一貫性のない、ほとんど現実味を欠く性格ゆえにもっぱら生じている、ということを見ていない。

一つの極端なケースを取ろう。たとえば「あなたは、今日国家は本当にエネルギー経済に関する政策の変更をめざしていると思いますか」と尋ねると、肯定的回答は、用意されている選択肢が「はい」「いいえ」「分からない」「無回答」であるか、または「はい、真剣にめざしている」「はい、しかし慎重に……」「はい、しかし限られたやり方で……」、「はい、しかしちぐはぐな形で……」「いいえ」「分からない」「無回答」であるかによって、単に二三%となったり、または六六%になったりする。この場合、果たして、後者の定式化では肯定的回答と否定的回答の「バランスがとれていない」と単に方法的に非難するだけでよいのだろうか[18]。それは、「真の」意見をつかむのを可能にする前もって回答をコーディングする唯一のやり方が存在する、と思い込むこと、あるいは思い込ませることではなかろうか。ここでは、だれが、どんな基準を引きながらそれを断言できようか。第二の定式の中で提示されたさまざまな形の「はい」は、第一の定式のような短いぶっきらぼうな単なる「はい」におとらず、現実性（または非現実性）をもっていないだろうか。

こうした多様な回答を読んで肝に銘じなければならないのは、「意見」というものの極端な不安定性である。意見は、設問の書き方や、設問を質問紙の中のどこに置くかによっても容易に変わってしまう。調査主宰者は社会科学を単なるデータ登録の活動と解しているが、かれらのもつそうした還元主義的な社会科学の表象に対して、おそらく、それ自体で「よい」質問とか「悪い」質問というものはなく、ただ回答の「よい」解釈または「悪い」解釈があるだけだ、というべきだろう。[19] かれらはよく、科学的だとして立てる問題（「フランスにはいくつ階級があるか」、「共産党の凋落の原因は何か」、「少年非行の原因は何か」等々）と、それらに答えようとして被調査者に向けて発するべき設問とをいっしょくたにしている。というのも、科学的作業というものを回答の単なる統計的な整理に還元してしまい、それ自体でもう十分だと感じてしまうからである。おそらく政治学者たちも、自分たちの設問を政治にまったく関心のない被調査者に向けることがよくある以上、その設問について、あるいは少なくとも設問がみちびく有無をいわせぬ結果については、ばかばかしいと認識することがあるのではなかろうか。

ところが、調査機関内で最初から行なわれてきた調査の分業のため、皮肉なことにほとんどの政治学者は、質問紙調査を行なう（実際には、他人に行なわせる）ことで自分を経験的であると思いこんで以来、これほど「経験的」でないと感じることは絶えてなかっただろう。かれらが四六時中設問をつくり、コンピューターから作表され打ち出されてくる数字を分析するとしても、これに対し自ら事前インタビューをしたり、手ずから調査票に記入することはより希だろう。このように分業が進んでいるので、調査への回答拒否率とか被調査者の怒り、冗談、皮肉等の反応のような調査員の出遭っている問題を、かれらはたいてい知らない。以前にも増して政治学院の問題設定の中に閉じこもり、有権者年齢以上である母集団を代表するサンプルに対し、設問に「はい」「いいえ」で答えるようにと薦めているといったありさまで、そうした設問が政治学の修士論文の正真正銘の主題になったりしている。

Ｓｏｆｒｅｓの行なった質問[20]のうち、以下に集めたものには、被調査者自身が社会学者（実際には政治学者）になるようにと求めることに尽きてしまうような調査のあるのが見てとれる。すなわち、政治学者のつくった問いに答えさせるのだが、あたかも、最多の票を集めた意見が「真実」の意見だとあからさまに言わんばかりの設問である。

――「次に挙げる理由の内のどれが、ジャン＝マリ・ルペンの国民戦線〔移民排斥等の主張で知られる右翼政党〕への投票をうながすのでしょうか。あなたにとって一番重要と思われる理由はどれですか」（理由のリストが被調査者に示される）。（一九八四年六月）。

――「あなたの意見では、人々が一九八一年以後〔この年ミッテランが大統領に初当選し、いわゆる左翼政権が始まる〕左翼に敵意をもっているのは、どういう理由によると思いますか」（理由のリストが被調査者に示される）。（一九八五年一月）。

――「ご存知のように共産党の得票率はここ数年の間に二〇％から一一％になりました。あなたの意見では、選挙でのこの後退の根本的な原因は何だと思いますか」（考えられる原因のリストが被調査者に示される）。（一九八五年十月）。

――「あなたは、今後数年間のフランスにおける四つの優先課題は何だと思いますか」（考えられる優先課題のリストが被調査者に示される）。（一九八五年十月）。

――「あなたは、共和国は、今日、左翼にとって価値をもっていると思いますか、それとも右翼にとって価値をもっていると思いますか」（一九八五年十一月）。

なかには、すべての被調査者が知っていなければならない情報であるという理由から、長い前文から始まる設問もあるが（「ご存知のように……」「政治リーダーたちはよく……に分けられますが……」「通常フランス人は……に分類されますが」）、これらの前文は実際には、被調査者に真に問題を投げかけるものなのである。

――「政治リーダーたちはよく二つの部類に分けられます。一方は、『政治階級』を形成し、互いに連帯しあっているリーダーたち、他方は、『政治階級』からいつも距離をとっているリーダーたちです。では、あなたは、次のような人物はどちらに分類しますか。F・ミッテラン、J・シラク、R・バール」（一九八四年八月）。

――「通常フランス人は、その政治的意見が左翼であるか右翼であるかの尺度によって分類されます。多少とも左翼であるか、多少とも右翼であるかによって分けられるわけです。では、あなたは個人として自分をこの尺度上どちらに分類しますか」（一九六六年）。

――「ご存知のように、フランスとイギリスはやがてドーヴァー海峡の下を通るトンネルによって結ばれます。ではトンネルへの進入路とトンネルそのものの掘削は、環境にとって非常に大きな危険を意味すると思いますか。かなり大きな危険を意味すると思いますか。それとも大して危険はない、あるいは全く危険はないと思いますか」（一九八七年十二月）。

その他、ほとんど占星術的といわぬまでも手品的、占い的論理に従った質問もある。

――「来年は森林を焼く山火事の件数は増加すると思いますか、それとも減少すると思いますか」（一九八七年十二月）。

もっとも驚くべきことに、これらの設問の多くが、ほぼこのままの形で専門家にも発せられていることである（最後の二問は、トンネル沿線と南仏の森林周辺の住民にも、それも純粋に実際的な仕方で尋ねている）。専門家たちは、要するにこれらの問いに（たぶん）ミニマムの真剣さでも答えられるのだろうが、にもかかわらず、実際には特に多数の回答が集められている（最後の二問への「無回答」はそれぞれ一四％と一三％にすぎなかった）。

質問の押し付けの効果

例外もあるが、いわゆる社会学的な質問紙においては、テーマは一般に限定され、調査対象母集団にかなり直接に関るもろもろの主題が対象にされるが、世論調査機関の尋ねる質問はきわめて広範、多岐、そしてしばしば意想外の分野に広がる。調査機関の顧客の求める設問は、実際には、多少とも技術的に再定式化されているのであるが。それらの設問のほとんどは、接近する主題がまちまちで、これに回答すべき母集団が社会的に多様であるため、厳密にいうと技術的に管理していくことが不可能なものである。同一の、特に「意見」に関する設問を、通常これらの機関が尋ねるサンプルを構成する母集団ほどに社会的・文化的に異質である集団のすべての者が同じように解釈する、と信じるのはきわめてむずかしい。多くの被調査者は、尋ねられたもろもろの質問が、ばかばかしい、または理解できないと思われる問いを含んでいても、回答を与えるものである。その理由は、単に、調査に答えることに前もってはっきり同意した者は調査票の行なう遊びにも多少とも「自発的」に適応するからだけでなく、かれらに要求される回答が一般にすでに定式化されている意見に対する単なる賛否、そして与えられた回答選択肢からの選択に限られているためでもある。いい換えると、これらの調査は直接に「意見」を集めるのではなく、単に、実際の意見に対応していることもあれば、そうでないこともある——社会集団や扱われるテーマによって比率は異なるだろうが——設問への「回答」を集めているにすぎないのだ。「調査実施者」のもつノウハウは、適切な科学の論理においてそれが適用されなければならない場合、明らかに活きない。

かれらは、有効な意見を集めるよりも（実は主題によっては、有効な意見は少数に限られることがある）、各設問に対してできるだけ多くの回答を集めようとする。「世論」について語ることができるように、また各設問にしばしば非常に高い調査料を支払う依頼主を失望させないように、という理由からである。この論理からすれば、無回答率の高い設問は「失敗作」にほかならない。まさにそれゆえ、「調査実施者」は、質問をつくるにあたり、だれでもが何かを答えられるように、と工夫を凝らす。すなわち、これら調査の多くが少なくとも母集団のある部分にとっては無意味なものであるという事実を覆い隠し、そうすることで、当然生じてしまうであろう無回答の率を抑えようとやっきになる。特に、いわゆる「意見」に関する設問については、調査機関はもっぱら「クローズド質問（選択肢付きの質問）」のテクニックに頼るわけであるが、それはこのテクニックが被調査者の参加を強く限定づけ、ちなみに、後に再び触れるが、政治におけるように、説明を求められることもなく調査機関によってつくられた出来合いの回答の内から一つを選べば足りるからである。これは同時に、無回答率を人工的に減らすことを可能にする。というのは、被調査者がこの純然たる残余カテゴリーである「無回答」層に入るには、答えたくないとはっきり意思を示すか、「分らない」と述べることが必要であろうが、ほとんどの世論調査機関の責任者が公然と与えている指示では、面接対象の人物をここに入れるのは最後の策でしかないのである。[21]

クローズド質問のテクニックは、あらゆる質問紙の作成につきものの誤解のリスクを増大させる。なぜなら、これは真実であるよりは上っ面の、あたかも偶然に気まぐれに一貫性なく与えられる回答を集めるかのような結果になりかねないからである。一般にこのテクニックのおかげである無回答の少なさという結果は、しばしば、表明される回答の意味が非常に不確かであてにならないという代償を払うことになる。被調査者が、表面的な定式を越えて問いをどのように理解し、それに答えたのか、はつねに分かるわけではないために、そうなるのだ。世論調査は、おそらく他のあらゆる質問紙調査以上に、面接の行なわれる状況の中で「設問を理解する」とは何を意味するのか、を問わないわけにはいかないだろう。調査方法の専門家のなかには、「よい」質問とは、言語的にも意味論的にもすべての被調査者によって理解されうるように書かれているものと定義する者もいるが、それだけでは足りない。あらゆる調査機関の責任者は、ジャン・ステゼルがずいぶん前にＩＦＯＰの仲間たちを前に語った例の架空の「ロゼールの百姓たち」〔ロゼールはフランス中南部の県、ここでは片田舎の辺鄙な地の、という意味〕を念頭に浮かべながら質問文を書かねばならないことを久しく知っている。

ところが、明瞭というにははるかにほど遠いことがある。あらゆる調査実施者にはエスノセントリズムの完全には取り除けない部分があり、それが、かれにとって自明なことを万人にとっても自明のことと認知させがちであるため、ある設問の固有の意味での言語的な理解（これはすべての被調査者に可能どころではない）は必ずしも設問の立てる問題の実際的な理解を意味しないのである。ましてや、設問の中に暗に「問題」として意味されている問題の存在や、その設問が暗にほのめかしている特に政治的な争点についての認識などはそうである。被調査者は、設問の中身を知らされる前にいきなり質問者に「賛成です」と答えてしまったあのアメリカ人のひょうきん者（「私の答えは『賛成』だが、……いったい質問は何でしたっけ？」）と、思ったよりもしばしば似ているのだ。このため、意見調査の被調査者の分析は、それとして意識されないが、逆説的な状況の下にある。それは、かれらの回答（統計的分布とその分散が近似的に示される）を正確に知ることが必要にもかかわらず、多くの設問についてきわめて曖昧な観念しか得られず、単一にならざるをえない調査票の質問文の背後で、さまざまな層の回答者が〔各人各様に〕理解をし、これに実際に回答しているかもしれないという点である。それゆえ、見た目にはきわめて単純な設問でも、各設問について、被調査者のさまざまな層がこれに実際に付与する意味のスペクトルをつくり、構成し、また、かれらが自らその設問自体を問題にし、それに意味を付与する度合いを構成することが必要となろう。

「環境」についての一調査（Ｓｏｆｒｅｓの調査、一九八七年十二月）から例を引く。設問は、「町の中の騒音は、耐えられない水準に達していますか、達していませんか」というもので、言語的にはおそらく、市街地に住んでいない者も含め、だれもが理解できるものだろう。しかし、見た目ほど設問の意味は明快ではない。どこの町のことを聞いているのか？　被調査者はどういう町に住んでいるか？　より広く、かれらはどの町を知っているか？　田舎に対比しての「町」の中の騒音一般をかれらはどう理解しているのか？、等々。それだけではない。この設問は実際的レベルでは、すべての者に対して等しく、同じように提起されてはいないことが、次のことからも分かる。「意見なし」が農村部では二二％であるのに対し、パリ都市部の被調査者ではこれが四％にすぎず、さらに、騒音のレベルは許容範囲内であるとする者が、カードルおよび上級知識専門職では五七％であるのに対し、労働者では四八％にすぎない。これらの多様な社会層にとって、具体的な参照枠が同じではないことが分かる。

希に行なわれる自由回答の設問についても、また純粋に単に知識を試すだけの設問についても、その結果を調査主宰者たちはもっと真剣に受けとめなければならない。しばしば引き起こされる高率の無回答、また回答のまとまりのない多様性、これらは、被調査者の実際の意見や知識がどのようなものであるかについてリアルな認識をもたらしてくれる。調査主宰者は、望ましい方法として、これらの設問を「フィルター質問」に用い、それによって回答者の下位集団を構成すべきであろう。そうすれば、おそらくクローズド質問によって人工的に得られた回答者よりも少数であろうが、各調査が接近しようとしている問題に実際に関わり、または関心を抱いている人々を取出すことができよう。

一例を挙げると、一九八八年十二月、環境庁の依頼でＣＳＡが行なった世論調査「フランス人と環境」によると、だれが環境大臣であるか知っていたのは被調査者のわずか三五％（カードル・上級知識専門職の四九％に対し、労働者は二七％）であった。とすると、すべての被調査者に「環境大臣は、よい／ややよい／ややよくない／よくない」と答えさせることに本当に意味があるかどうかは問題であろう（右の答えにもかかわらず、見たところ、五四％はこの主題に一つの意見を述べている）。あるいは「感じがよい／有能である／無力である／単純すぎる／実行力がある／説得力がある／現代的である／人々の不安を知っている／誠実である」についても（五〇～六二％が回答している）、また「ミシェル・ロカール〔当時のフランス首相〕が一環境保護運動家を環境大臣に任命したのはよい案だったか、よくない案だったか」についても（これに意見を述べなかったのはわずか一六％で、カードル・上級知識専門職では九％）、同様である。また、「環境」という言葉を聞いて「自然に思い浮かぶこと」は何かを尋ねると、被調査者のわずか二四％が公害を挙げ、一二％が自然保護を挙げるところをみると（それに反し「自然」一般が二六％、生活を取り巻くものが二四％、都市または社会環境が三二％、なかには移民に言及した者さえいた、等々）、かれらが頭の中に同じ参照対象をもっているとはとても思われない。これは、もう少し先での設問、「環境（何の？）

の保護のための戦いは、特権をもつ人々（だれのこと？）だけの関心事でしょうか」への答えからもいえる（農民の二三％、労働者の二一％が「はい」といい、カードル・上級知識専門職ではこれが五％にすぎない）。

さらに最後の例を、Ｓｏｆｒｅｓの一九八七年十二月の調査から引く。同じく環境についての調査であるが——なお、この点についてはすでに豊富な研究があり、多くの例を引くことができる——環境保護のための規制について知っていると述べた者が二三％にすぎないのに、この規制を強めるべきか、緩和すべきか、については尋ねられた者の九五％が意見を示しているとあっては、これにどれだけの信頼を置いてよいのか考えこんでしまう。

以上の指摘はきわめて初歩的なものである。であるのに、なぜ調査主宰者を動かすにいたらないのだろうか。それは、調査にもっとも関心を寄せる者が、政治にもっとも関心を寄せる者でもあるからである。質問を発する者と、回答を分析する者が同一だからである。設問はかれらの政治文化によってつくりだされるため、その設問を万人に発するのは当然のことと思われている。さらには、調査における分業のため、政治学者自身が自分の狙いによって自らつくった設問を一般人に発することはめったになく、発した設問と被調査者の多くによって理解された設問との大きなズレを認識するのにかれらが往々にして一番しんがりとなるのも、ここから説明される。だから実験として、いつか、質問をする者自身がどのように設問をつくるのかを尋ね、その多様な設問の文型を政治学者のそれと比較してみるとおもしろい。

プレスが市民の政治文化を測ることをはっきり狙いに置いて世論調査を行なわせるときでも、プレスは、調査の実際に関してみちびかれるべき根底的な結論に気づかないままでいる。たとえばＩＰＳＯＳ－ル・モンドによる一九八八年三月十三・十四日の調査は、「自由回答設問」により（この調査の手法のきわめて異例な性格がジャーナリストによって強調された）、当時行なわれていた選挙戦で使われていた二〇ほどのキーワード（「失業」「保革共存」「中核分子」「福祉国家」「規制緩和」等々）に被調査者がどのような意味を与えるかを尋ねている。無回答や「途方もない」回答が多く、それを前にして当のジャーナリストは「発信と受信の間における政治言説の驚くべき衰耗」と結論したが(かれは、このように自分のメッセージを伝える術をもたない政治家をも暗に批判している)、この調査がとりわけ、プレスによって通常行なわれている世論調査の実践を批判するものであることには気づいていない。

要するに、調査機関は、この種の調査に期待してよい最低限のものである先在意見を把握するにはほど遠く、前もっては存在しなかった新種の意見を社会的に創造したのである。それはさしづめ「世論調査のための意見」と呼んでもよいようなものである。すなわち、被調査者にとって重要性も関わりもないままに与えられる、あらかじめつくられた設問への回答であることによるもので、その現実性の欠如は一部、真の、しかも大量に生じる世論の運動(たとえば「六八年五月」のそれ)を予見できないこれらの調査の無能さを説明してくれる。およそこのような回答は、多くの者にとって現実味を欠く設問の性格によってしか説明されえない。実際の意見が存在するときには、それはほとんどつねに、多様な設問文を超えておのずと表現されるものである。およそフィールド調査を行なう者は次のことを知っている。もっとも「教養ある」被調査者とは、たいてい確固とした意見の持ち主であり、そのためあまり従順ではなく、絶えず設問を自分から言い換えようとしたり、設問の妥当性に異を唱えたり、さらに当初予測できなかったような意見を付け加えたりする。

調査機関は、自ら吹聴するような、「世論の状態」を記録するというのにはほど遠い状態にある。その貢献はとりわけ、万事について、あるいはほとんどの事柄について一個の「世論」が存在し、これは絶えざる運動、変動のなかにあり、世論調査機関はそれについて単に時間の一断面においてだが、正確なイメージをもつことができる、と信じさせる点にある。それゆえ、その日常的変化を知り、測定するために数多くの調査を行なわなければならないとする点にある。もし世論調査機関が自らいうように「進歩」を遂げたとするなら、それはおそらく、それらが民主的イデオロギーにもたらした洗練の度合いにあろう。調査主宰者は、政治家たちが軽々に「民衆の名において」

語ることを非難しているが、実際には政治家たちよりもこれを巧みにやっているのだ。なぜなら、前者はかねて「民衆」自身に軽々に語らせることをやっているからである。例示にあげた「環境問題」にあてられたもろもろの世論調査は、この非常に議論の多い（オゾン層、原子力発電にともなう危険、南極大陸の汚染などについての科学者の立場の対立を思えばよい）、一般市民には曖昧でわかりにくい（「環境」という言葉はどうでもよいものの一種）この科学分野においてさえ、「世論」に類する何ものかを生み出すことがつねに可能であり、同時にこの「世論」は、政治的には、真の世論の運動に期待されるものとそっくりの効果をもちうることを示している。

個人の意見か、「パブリック」な意見か

これまでの考察は、あらゆる意見調査につきものの技術的問題を対象としたにすぎない。だが、もっと先に進まなければならない。調査機関は、諸個人の意見を測るのではなく、またはそれのみを測るのではなく、パブリックな意見を測るのだ、と称している。まさしくこの側面は固有に政治的な次元を含むのであり、以下、ただちにこれについて考えてみなければならない。

まず最初に、論理的な種類の第一の観察を行なうことができる。調査機関が測定すると称する意見が真に「パブリック」なものであったなら、少なくともその大よそが万人によって知られているはずで、調査結果が公表されても、しばしば耳にするように、「通念」を「驚かせ」「ひっくり返す」といったことは、よもやないはずである。だが実際には、調査が広く行なわれる以前に、政治家や評論家は、公に宣せられ（特にプレスにおいて）、同胞市民の考えとみなされながら、結局かれらの個人的意見にすぎない言葉を「世論」と呼び、これをいわばもてあそんでいる。その外見にもかかわらず、世論調査機関の行なうことはそれ以上のものではない。調査によって、統計的に「フ

ランス人」を代表する千人あまりの原子化された個人の私的な意見（実際には、意見についての設問への単なる回答）を収集し、これらを、もっぱら調査結果を公表するために「パブリック」な意見に置き換えているにすぎないからである（より正確には、これを命じるのは、たいてい調査結果を大々的に発表する人々であるが、というのもかれらはまさしく「公表の効果」を期待しているからである）。

世論調査機関のいう「世論」とは、公表される私的意見の統計的な集計にすぎない。それは、請願であれ、プレスの自由論壇であれ、テレビの発言であれ、プレスの機関への読者の手紙であれ、テレビ放送時の「世論調査」への参加であれ、街頭のデモであれ、とにかく、そうした公に表明される意見とは別物なのだ。ある政治問題に「市民たち」が個人的な意見をもちうるか否かという問題があるが、また、例えば抗議とか要求の特定の運動があるとき、かれらがその意見を表明しうるかどうかという問題もある。自分の意見を公にするかしないか、それは一個の政治的行為である。それが意見の持ち主によって果たされれば、少なくとも一定程度、操作を限定づけることができる。ところが、世論調査では、被調査者は、設問を選択することもなく、集合的に集められたかれらの意見の解釈についてなんの影響力をもつこともない。調査機関は、もっぱら客観的に測定できると考えるものを、根本的に変容させる。意見を表明する（か否かの）権利は少なくともその伝統的定義において政治的意見の十全な定義の一部をなすからという理由だけからしても、そうである。

世論調査はこのように科学的に弱みをもっていても、反面、政治的にはきわめて強力である。政治的意見に関して調査主宰者によって実施される科学的には大いに異論の余地のある作業が、かれらによって政治的性質の正統性の原理の名によってあからさまに正当化されてきたのは偶然ではない。かれらはいう。一個の民主主義においては、すべての者に「政治的」な質問、すなわちその政治的定義からして全員の権限の及ぶような質問を行なうことができないはずがあろうか、と。調査者はなぜ、回答者の社会的地位に応じて記録される回答の間に区別をしなければならないのか、普通選挙制度の論理そのもの（これはまさしく偉大な政治的獲得物として提示されるが、科学的というわけではない）が、各市民にその社会的条件を考慮することなく一票を与えているというのに（「票はそれ自体は重要ではないが、数にはなる」と最近もある政治家がリアリズムに立って述べている）。民主的国家、つまり政治的には多数決の法則にもとづく国家で、このように獲得された回答を集計し、多数の票を集めた意見をなぜ「世論」だと宣言しないのだろうか。

実際にはここで問題になっているのは、それ自体は真でも偽でもない社会的な信仰または確信である。一政治システムが、あらゆる意見は妥当すると一挙に仮定し、統計的に多数である意見は、特有の不可思議な、いずれにせよそれを構成する個々人の意見の総和とは異なる性質をもつとみなされるから「世論」と呼ばれるべきだ、とすることがありうる（少なくとも一時的に、少数者の意見を貶めながら）[22]。調査主宰者によって用いられる方法の原理は、これらの信仰を踏襲するだけであり、それを科学的外観によって覆い隠しているにすぎない。たとえば、標本と母集団の問題をとってみる。取り上げる主題との関連で、真に存在する意見を把握するために質問するのに、科学的にみてもっとも適切であるような母集団は何かをいちいち検討することなど、調査機関はほとんどやっていないことが分る。ただ、代表制の政治的な一観念に機械的に頼るだけである。それは、関心をもち意見をもつ母集団を決定するのではなく、しばしば事柄にまったく無知である有権者団の縮小モデルに投票させるということである。立てられた設問の背後に多少とも覆い隠されている政治的な争点をはっきりさせないからでもある。いいかえると、「世論調査」への回答の価値をなすもの、対象となるサンプルの選択を決定するもの、それは、技術的な原理（実際に意見をもっている集団または個人を選ぶといった）ではなく、政治的な一原理（調査が「有効」とされるよう、すべての市民が何か答えなければならない）なのだ。

被調査者全体にもっともなものとして「問うことができる」と考えられる設問の決定を左右する論理についても、

同様である。時にまったくばかばかしい設問でも、少なくともある種の母集団のカテゴリーに向けられるかぎり、設問をつくり、質し、これらにコメントする者にとっては、「よい」設問である。なぜかといえば、ほとんどの場合、設問は「政治的」なのであって（諸設問は、政治・ジャーナリズム界の内部で議論の的となっていた問題を対象としていたという意味で）、さらに政治においては、万人は一個の意見をもつ権利があり、これを表明できなければならないからである。いいかえると、こういうことである。権利においては、万人はあらゆる政治的主題について意見をもつことができるから、調査主宰者は、政治的には奨励されても科学的には不当であるようなスライドによって、あたかも事実としてそうであるかのようにみせている。

調査のテクノロジー（母集団を代表するサンプルの構成、常時活動できる調査者チームの確保、回答をほとんど瞬時に処理できるコンピューター、等々）は、厳密な意味で科学的な調査を実現させるというよりは、むしろ、調査機関が費用を負担する政治ゲームの一アクター（主なものとしては政府、政治家、プレス諸機関）をみつけた時、「リアル・タイムで」、ほとんど常時、あらゆる問題について擬似レフェレンンダムを行なうことを可能にするためのものである。

科学的アプローチは、物事を分類するカテゴリーを増加させ、ほぼ同趣旨のことをデュルケムが述べたように、しばしば常識が区別しているものを一体化し、また逆に、通常すべて一体化されているものに区別をもちこむ傾向がある。それに反し、政治は特に実際的な解決を追求し、逆に、実践のためにもろもろのカテゴリーを集合させたり、寄せ集めたり、捏造したりしがちである。世論調査は、調査機関によって実施され、コメントされるものであるかぎり、あらかじめ政治的通念によってつくられたカテゴリーのなかに留まる。なぜなら、個人的・私的意見を捉え、その形成の論理を理解することよりも、本質的に実際的な目的のため、ある所与の問題について「世論の考えること」を言い当てようとするからである。

要するにその活動は、政治ゲームに関わっているアクターが質するよう求める設問に答えさせること、そして多数の票を集める回答が何かを告げること、に限られている。調査機関のほうはといえば、科学的活動を行なっていると信じている。これらの意見と、性、年齢、社会職業的カテゴリー、居住地域のカテゴリーといった若干の基本的社会的属性とをクロスさせたりしているからである。実際には、説明とされているものも、せいぜいよくて、基本的に実践的である目的に沿った同一化の操作にすぎない。かくかくしかじかの問いに「賛成」または「反対」である諸個人を、単に社会的に性格づけるだけである。この純然たる手段的な用法は、選挙運動の際によく用いられる。調査業者は、運動のなかで多くの候補者についてかれらそれぞれの支持層をなす母集団の諸カテゴリーをつきとめる数多くの調査を行なうが、その目的は、かれらのキャンペーンを方向づけ、これから獲得すべき諸カテゴリーの人々（「男性」または「女性」、「若者」または「高齢者」、「労働者」「中間階層」または「上級カードル」、「郡部」または「都市部」、等々）に訴える、より「分野別」の「的をしぼった」主題を展開するのを助けることにある。

「世論」の存在の諸様式

世論調査という営為に関するこの短い技術的な覚書の終わりに、最後の一点の指摘が残されている。より具体的にいうと、世論調査機関の行動が社会学に対して仕掛ける最後の罠についてである。

じっさい、右のような批判的指摘から、ピエール・ブルデューが一九七〇年代初頭に述べたように「世論なんてない」と結論すべきだろうか。ここで、われわれは社会学的分析のおそらくもっとも微妙な問題の一つに触れることになろうが、それはとりわけ、政治という領域がそうであるように、もろもろの所産をなんとか社会的に存在させることができてもそれら自体は科学的には無価値であるような、そんな社会的領域が分析の対象とされる場合である。調査機関が測定したと称する、そんな「世論」は存在しない、世論とはほとんど人工的な一産物であって、政治ゲームのアクターたちがそこで「世論」と呼ぶものとは関係がない、ということは一九六〇年代末にはまだ可能だった。というのは、世論調査を行なうこと自体がフランスでは緒に着いたばかりで、調査機関によって把握されるこの「世論」なるものへの政治・ジャーナリズム界の信頼がまだ非常に低かったためである。

ところが、同じ分析が、今日では表面上対照的な結論にみちびかれなければならなくなっている。今や調査機関の「世論」が存在する。なぜなら、以来、調査機関は自らの調査の「科学的」価値を信用させるのに成功し、初めは大部分単なる人工的産物にすぎないものを社会的現実に変容するようになるからである。いい換えると、社会学は、世論調査機関が自ら分析すると称する対象において、いわばたまたまぶつかった事実を一社会的事実として記録しなければならなくなる（もちろん、それは、社会学がその事実に賛成するとか、それを遺憾とするとかを意味するものではないが）。社会学は、自然科学と異なり、不動の固定した、すべて出来合いで与えられような実在を相手にするものではない。社会的現実は、現実の社会的表象によって修正される歴史的現実であるからである。事実、社会学の対象は、社会的現実の変容の法則の研究にほかならない。別のいい方をすると、社会的世界の分析において社会学は、社会的世界についてのさまざまな表象を考慮に入れなければならない。というのも、これらの表象は社会的世界自体の不可分の要素をなすからである。

調査機関は、社会学者と同様、「世論」を科学的に測定するのだというが、実は科学というお墨付きの下、これにより大きな社会的な存在を与えるのをもっぱらとする。調査業者と社会学者の観点には、一般人にはしばしば認知できなくとも、いちじるしい違いがある。前者は、「世論」それ自体の存在を信じ、これをできるだけ厳密に測定しようとするが、それに対し社会学的見方では、「世論」とは一個の集合的信仰にほかならず、その客観的政治的機能は、民主主義型体制の社会において政治闘争の一種の規則化を図ることにある。今日、「世論」の具体的内容は、政治学者と調査業者がかれら自身の定義を政治およびメディア世界全体に押し付けるのにどの程度社会的に成功するかによって左右されがちである。

調査機関に属する政治学者たちは、自分が政治ゲームの中で直接に演じている役割をたぶんいやというほど知っているからだろう、否定の形で、たびたび中立性または局外性を表明している。そして、自分たちは何も捏造していない、すでに存在している意見をつかもうとするだけだ、調査結果のプレスでの公表も実際は「市民の選択」に何の影響も及ぼさない、と証明するのにやっきになっている。

「世論」をつくりだすのに洗練された形式で貢献した調査機関とプレスは、「世論」の自律的な存在を疑わないのだから、たぶんこの観念の物象化の最初の犠牲者ということになろう。記録とか客観的確認事項といった語彙を使い、測定する者から独立して存在する現実を扱うのだという観念を強めている。たとえば一九八四年、ある大きな世論調査機関に働く二人の政治学者がこう書いていた。「毎月政治バロメーター〔毎月の政党支持率や政治家の人気度を測定し公表する世論調査に付された名称〕は、フランスの政治の真の準拠調査をなしている。政治家、大学人、世論に関心をもちたいと願う市民のすべてにとって不可欠の道具である。……世論調査は一社会の反映以外の何ものでもない。……患者の病に責任があると体温計を非難するのは、あまりにも安易すぎる」[23]。プレス自身も、たとえばある政治勢力が二つの選挙の間に後退を示すと、これを納得させるのに、また自ら納得するのに、「世論の厳しい制裁」を言ったりすることがある。「左翼のこの凋落、この愛想づかしを、左翼に敵対的な一日刊紙に読むことがあるとしても、そのことは自ずと推定され、測定され、描かれているものである。世論調査とそのカーブを見てみればよい」[24]。また同じく一「左翼」週刊誌は、右翼政治勢力が勝利を見た国会議員選挙の三カ月後に、投票意図に関する一調査にもとづいて、多数党〔与党〕はもはや多数ではないと叫ぶことができた[25]。

「真実の世論」などというものは存在しない。あるのは単に、これを理解し測定する適切なやり方があるとする信仰である。いい換えると、存在するのは社会的な定義だけであって、これは、その性質上歴史的に変わりうるものであり、事実、社会的にこのように呼ばれるものを喚起し、操作し、あるいはそれに働きかけることに利害関心をもつ社会的行為者の活動の場にきわめて具体的に影響する。目新しいことは、その他の分野と同様、この分野でも社会諸科学を利用しているという点にある。一九七〇年代初頭まではまだ支配的だった以前の世論の表象は、法的なものであるとともに、直観的、文学的なものであり、曖昧で、相対的に検証困難なものだった。これはほとんど全面的に、世論調査機関のそれに劣らず恣意的な観念にとって代わられている。けれども、「世論」のこの新しい定義の暗に含んでいる新たな拘束力を明瞭に認知する若干の政界スタッフの側からは、ある種の当惑がよび起こされた。この観念は、客観的な何ものをももたらさない純然たる政治的幻影ではないからである。意見のもろもろの運動があり、これらの意見の表現にもさまざまな仕方がある。「世論」という表現でいわれるものは、現実との間に一部循環的である複雑な関係をたもっている。それは、拡散的で、多少とも混乱した状態で存在している何ものかを命名しようとするのだが、しかし歴史的に規定された、これを客観化しようとする手続は、それが単に測定しようとするものを産み出すのに力を貸すことになる。

第三章　信仰の効果

政治への世論調査の導入によって巻き起こされた論争が当初から、信仰（croyance）という言葉によって問題を提起していたことは興味ぶかい。ジャーナリストや政治家は、絶えず「世論調査を信じるべきか否か」と問いつづけたからである。一九七三年、ジャン・ステゼルは、やや大げさだが、世論調査を槍玉にあげる「魔女裁判」についてさえ語り、世論調査を禁じようとする者の「蒙昧主義」を非難している。(1) この世論調査の実践は、実はそれを信じることに利益を見出す政治－ジャーナリズム界のアクターが次第に増えてきたために発展してきた、といっても嘘ではない。ただし、信仰という言葉に非常に広い意味を与えるという条件付きでであり、単にその技術的信頼性ではなく、より一般的に、その未来、時間と金を投資するに足りる必要性、このタイプの調査によって多くの問題を解決することの利益、に対する信仰が含まれる。

政治学者が「世論調査は誤ることがあるか」という問いを発するとき、いま一つ別の問いを背後に隠しもっている。それは、世論調査を恒常的に行なわせることは政治的に利益のあることなのか、またとりわけ、この新しいゲーム空間内にそれが良好な位置を占めることを政治的目標に立てる必要があるだろうか、というものである。いい換えると、政治家は意見調査の統計的分布をまじめに考慮に入れ、「自分のため」にも調査を行なうようにしなければならないのだろうか、ということである。要するに、政治において、世論の既存の表現形式（選挙、示威行動）のほかに、ジャーナリストがいうように、民衆が「よしとする」かどうか知るために、政治家というアクターのあらゆる事実、動静を判断する世論調査を日常的に行なうことが必要なのだろうか。

世論調査への信仰とは何よりもまず、世論調査に由来するこの「統計的理性」の価値への信仰であり、世論調査をめぐって組織され、構造化されるこのゲームの利益への信仰である。この信仰は、本質的に、ゲームの実際を構成している。そして、あたかも賭け事のように、参加する者の数が増えれば増えるほど、その掛け金〔目標〕も威力も上昇していく傾向にある。それは、賭けることへの利害関心があって、賭けの利益への信仰が集合的に共有される限りでしか賭けが成り立たないことをも意味する。(2)

この信仰がどれほどの効果を政治空間に及ぼしているかをつかむのは容易ではない。それは目に見えないかたちで及んできて、拡散的にとどまっているからである。今日この効果は、たとえばテレビ討論とか、立候補宣言とか、あるいはプレスにおける記事の内容のような形をとって現れることがあるが、世論調査の一般化の効果は、あまりに目をくらませるもので、真に看取されるのがむずかしい。一九六〇年代の初めにはまだ、世論調査の論理によらない別の論理で動いている政治ゲームの上に及ぼされる効果について問うことができた。世論調査はまだ新しい周辺的な実践にとどまっていたからである。この問題は、今日ではもう意味をもたない。世論調査は政治ゲームの一部となり、あらゆる政治アクターの頭のなかに存在するようになり、かれらが既存の世論調査、これから行なう調査、さらには敵対者が行なうかもしれない世論調査にもとづきながら考え、行動するようになっていればこそ、である。

世論調査の公認

政治ゲームへの世論調査のこの取り込みを示す他にもまして格好の指標に、「直接民主主義の現代的形式としての世論調査」と題して、二人の元首相が対峙した一九八九年二月の討論を取り上げることができる。

この対論は、レイモン・バールとロラン・ファビウス〔前者はジスカール・デスタン大統領の下で一九七六～一九八一年、後者はミッテラン大統領の下で一九八四～一九八六年、それぞれ首相を務める〕という二人の政治学院出身者を向き合わせたもので、そのうちの一人〔バール〕は、長い間同校の令名高い経済学教授でさえあった。二人は、Ｓｏｆｒｅｓの『世論の状態、一九八九年への鍵』[3]の公刊を記念して同社に招かれ、パリの政治学院にやってきたのであった。『ル・モンド』紙の半ページに及ぶ要約記事によると、討論は「多数の、しばしば熱狂する学生聴衆」を前にして展開された。討論者の紹介は、政治学院の現学長兼Ｓｏｆｒｅｓの学術顧問によってなされ、討論の司会はＳｏｆｒｅｓの一重役（同じく政治学院の出身者）によって行なわれ、現在政治学院で教えている二人の同校出身者がコメンテーターとなった。

討論はこのように第一級の政治家を登場させたわけだが、二人は世代を異にし、世論調査への関わり方も非常に異なっていた。大学人で、遅れて政界に入ったレイモン・バール。かれは進んで、世論調査にはあまり敏感ではない、と自分を語る。その名声は一九八〇年代初頭の「人気評点」で獲得した高スコアに何らかのものを負っているのであるが、理由はなぜかはよくわからないという（「ロシアの山並みみたいに上がったり下がったりするが、本当のところなぜなのかわからない」とかれは白状する）。バールは、プレスは世論調査を通じて自分が示すことよりも、自分の考えの妥当性に関心を向けている、と思っている。あるいはそう信じるふりをしている。自信に満ち、見ようによっては傲慢で、教授然としてさえいるこの政治家の謙遜の欠如を強調しては、ジャーナリストや風刺イラスト画家たちは面白がる。

それに反して、ロラン・ファビウスはむしろ、政治評論家からは、自分の外へのイメージに気遣い、とりわけ注意を払う者として描かれている。政治における世論調査の慣行をつねに知っていて、テレビにも慣れ親しんでいるより若い世代に属する。ついでにいうと、その若き日には、テレビのきわめて庶民的な人気番組〔「頭と足」〔身体能力をも結び付けたクイズ番組〕〕に参加したことがある。世論調査とテレビは、当然かれの政治の定義の不可欠の部分をなしている。一八八五年にかれをジャック・シラクと対峙させた討論での「敗北」の後――この討論の詳細については後に〔一七七ページ以下〕分析する――かれはテレビで、人は「つねに学ぶものである」と述べるにとどまり、「コミュニケーション戦略の誤り」のために「敗れた」のだとしている。テレビに対するこのきわめて「手段主義的」な関わりを示す指標として、「政治的」番組と称する一バラエティ番組司会者による新番組で、かれは第一人者として通っている（番組の終わりに司会者は、「いいたいことをいわせていただければ」、かれ〔ファビウス〕は「とても気持ちのよい人だ」と結ぶ）。コミュニケーション技術には慣れていて、世論調査とはほとんど日常的に付き合っている。

レイモン・バールはといえば、何年も前から、世論調査など「意に介さず」と公言してきたが（とりわけ世論調査がかれに好感を示したとき）、世論調査がすでに政治のすべてのアクターにとって重要になっていることをもっぱら示す位置の逆転により、一九八六年末の世論調査でその地位が「安定していた」ことを理由に、八八年の大統領選の候補者になることを承諾していた。

ロラン・ファビウスは、「世論を考慮に入れて」行動することを認めるものの、「世論のみ」によって統治することの示す危険にもこだわり、絶えずつきまとうテクニックに一定の距離をとるかのように、世論に逆らってとられた一定数の政治的決定（かれ自身ではなく他者によって行なわれた）にも言及する。発言の結びに、政治は「テレビと世論調査によって大きく動いている」ことを、慨嘆するのではなく客観的事実として心に留めるべきだと述べる。最後には、この第一級の両政治家は、世論調査機関の重要性、そしてそれらが把握する「世論」の重要性を認めるという点では歩み寄っている。

単なる討論であるが、これは、世論調査が政治ゲームに及ぼす効果を分析する際に考慮すべき多くの情報を間接的に提供している。

すなわち、第一に、「政治における世論調査の影響力」の問題は、二人の元首相と階段教室をぎっしり埋めるだけの政治学院の学生を動員しているからには、重要な問題とみなされなければならない、ということを示す。第二に、世論調査という行動に関与するのは少数のアクターであり、調査を行なう者、これに何らかの寄与をする者、そしてかれらが何かを行なう当の者に限られるのであるが[4]、この新しい政治空間の中で政治学院は中心的位置を占めていることを示す。それは、この学校が、世論調査がその中で重要な位置を占めているようなある政治への見方を、政治家にも、ジャーナリストにも、調査主宰者にも、政治学者にも押し付ける傾向がある、という意味においてである。第三には、右に述べた少数の社会集団は同時に、政治学者でも、大学人でも、ジャーナリストでも、政治家の助言者等々でもあるという多所属性を示すが[5]、それが政治と政治の科学的分析の境界を曖昧にし、一見科学的な外観を呈するジャーナリスト的・政治学者的な新しい言説に有利に働いている。第四に、世論調査はメディア、とりわけテレビとのつながりを強めているが、それはメディアが、世論調査機関がつくり上げるもろもろの意見に働きかけることを明白に目的とする特有の政治的活動の場となったためである。

実質的内容がわずかなことに要約されてしまっているとはいえ、『ル・モンド』が（また『リベラシオン』も『ル・クオティディアン・ド・パリ』も）この討論を重視したことは、それだけでも、政治ゲームのなかに今日世論調査と調査業者の占める支配的な位置を示す格好の指標をなす。一九七〇年代の初頭はまだそうではなく、同紙では世論調査は当時大いに軽んじられ、故意に無視されていた。調査機関の幹部は、政治学院の学生すべての必読紙で政治生活に関わる標準紙であったこの『ル・モンド』の責任者に、世論調査の実施を説きつけ、承認と公認の最初のもやい綱にしたいと期待したが、効を奏さなかった。政治部の編集長のジャック・フォーヴェは、政治家の人気スコアを同紙に載せることを、政治倫理を理由に拒否していた。政治を「競馬」へと堕落させ、変質させる、と考えたのだ。この「慎重」であろうとする政治観のほかに、おそらくより根本的にこの新技術の同紙による認知を妨げていたものに、記事における厳しさをここぞとばかり追求するこの定評ある有力紙の記者たちのエリート主義があったといえよう。多くが元大学人であるこれら専門家の目には、政治的世論調査なるものは、調査者の小グループの人工的刺激によってつくられた、一般人の怪しげな効力のない、状況次第で移ろいやすい意見を集めることしかできないものであった。

事実、しばしばこれらの調査は、伝統的に専門家の権限に属していたような問い（「共和国大統領がかくかくしかじかの国家元首と会見したのは正しかったと思いますか」、「フランスは国際的軍縮に関して『ダブル・ゼロ』オプションを支持すべきでしょうか」、「候補者としてどの政治リーダーが最善でしょうか、またはもっとも有利でしょうか」、『右翼』および『左翼』の価値は何でしょうか」等々）への回答を「民主的に」もたらすものと単純に理解され、それらの政治論客から固有の分析力を奪っていく傾向にある。こうした条件の下では、「センセーションを狙う」日刊紙や週刊紙、つまり有力な政治記者をもたない新聞が最初に「一面に」、世論調査機関のつくった擬似事実を「スクープ」のかたちで掲載したのは、ほとんど当然のことである。

政治権力の場が主に議会であった時期には、政治記者とはすぐれて議会記者であって（『ル・モンド』のレイモン・バリオンのように）、かれらには、その多数が政治的能力を欠いている民衆に向けて調査業者と共に意見の設問を考え、その統計的分布にコメントをするよりは、議会の廊下で政治家たちから内密の情報を集め、議会戦略をかぎつけるのがお手のものだった。権力の制度的移動〔第四共和制がより議会中心であったのに対し、第五共和制では大統領・行政府に権限が移ったこと〕は、このタイプのジャーナリストの凋落を引き起こす。かれらに特有の資本は徐々に不利なものとなり、それに対し新タイプの記者の登場となるが、後者は、テレビ番組を見、次いでそれに直接参加し、「世論」をつかむための調査のテクニックに親しんでいる。

以来、この「世論」は、発表するために恒常的に測定され、政治における本質的に重要な一要素とみなされている。ピエール・ヴィアッソン＝ポンテは、伝統的ジャーナリストというよりは未来の政治学者に近く、おそらく、政治学院出身で実際に意見調査の真のプロである現世代の政治記者たち（『ル・モンド』のジャン＝マリー・コロンバーニ、『リベラシオン』のエリック・デュパン）[6]への移行を『ル・モンド』において進めたといえるだろう。今日、政治記者は「政治学者」となる傾向にある。すなわち政治学院で教え（教える可能性をもち）、フランス政治学会の大会に参加する。また、自分が定期的に行なっている世論調査を自分の新聞の編集部に、押し付け、そのようにして集められた「世論」を疑うべくもない「人民意志」、また集合表象とみなし、それゆえに修正が可能で、操作可能であるとみて、これにコメントすることができる。[7]

世論調査に対するもっとも激烈な政治的反発がモリス・ドリュオン〔一九一八年〜。作家、一九七三〜一九七四年に文化大臣を務める〕のそれだったこともこれまたほとんど驚くにあたらない。ほかならぬ『ル・モンド』に一九七二年九月、かれは二つの際立った記事を寄せている。貴族の出で（本名はドリュオン・ド・レイニャック）、遅く政界に入った兼業政治家（偶然ではなく、レイモン・バールと同様）であるかれは、世論調査にはもっぱら敵対的でしかありえなかった。その言葉によって自分自身しか拘束しないマージナルな政治家として、ジャーナリストが政治家たちに課す新しいテクノロジー〔世論調査〕に対し、自らの意見を自由に表明することができた。このアカデミー会員で、歴史小説の著者は、一時期文化大臣を務めたが、自らの政治的価値をなんら普通選挙制度に負っていないから、いきおい世論調査には敵対的であった。すなわちもっとも現代的で手の混んだ技術を用いて民衆の意見を知り、操ろうとする専門家よりは、過去への執着から、民衆の意見を「みちびく」「啓蒙哲学者」にいっそう同一化する。

なお、その世論調査の糾弾は、科学的地盤よりは明らかに政治的地盤の上に位置しており、かれは、「責任ある匿名者」が「無責任な匿名者」に質問をさせて、選挙民の立法者および政府への従属を引き起こしているとして、これを批判する。興味深いことに、この記事の数日後、『ル・モンド』は「科学と民主主義」と題するモリス・ドリュオンに答える一記事を掲載するが、その著者は、パリ政治学院の有力教授アルフレド・グロセルだった。かれは世論調査の慣行を擁護するのだが、当人は世論調査機関の顧問といった存在ではなかっただけに、より容易にこの擁護ができ、政治学の名において語ることができたと思われる。

世論調査へのジャーナリストたちの利害関心

世論調査がかれらに狙いを付ける前から、政治家たちは少なくとも一部は、起こりうる意見の動きを予測させてくれるテクニックとして、世論調査に関心を示していた。事実、政治における世論調査は一九六〇年代に始まるのではなく、ＩＦＯＰの創設以来、行なわれていたのだ。ただ、数は少なく、省庁や政府の注文によるもので、その多くは内密の調査にとどまり、今日のように注目をもって受け止められるものではなかった。

しかし、政治家たち、特に政治学院や国立行政学院〔グラン・デコールの一つで、特に高級官僚養成に特化している〕の出身者の場合、このテクノロジーが既存のより「経験的」テクノロジーよりもかれらの受けた教育によりふさわしい情報源であるため、全体としてこれに傾いていった。政治的文脈（普通選挙制による大統領の選出を伴う第五共和制）、および テレビ受像機の普及の進行（一九五九年の一五〇万台から一九六五年の六〇〇万台へ）は、民衆全体の政治の見方を変えているが、これらは、世論調査という慣行の発達と結びついている。調査は、全国メディアのキャンペーンがこの新ゲームの見物人の表象に与える効果を測定するもので、このゲームの規則は徐々につくられていく。あらゆる証言が一致して示すところ、世論調査の慣行は政治世界で重要性を増している。政治リーダーとその参謀たちは今や、定期的に世論調査を行なわせ、これを注意深く分析しており、調査ごとに起こる変化はかれらの士気に影響を及ぼす。これは、かれらがいよいよ世論調査にこだわっていることの証拠である。

プレスはそれ自身の利益のため、自らの負担で紙上発表のため調査を依然行なわせているが、おそらく政治家たちは好んでその調査結果を戦略的情報としてなお長く保持しようとするだろう。だが、この大規模な伝達範囲の拡大はこれらの調査の地位を変える。発表されるという効果そのものによって、調査は時事的問題についての真の政治的小レフェレンダムになったのである。政治世界の行為者にとっては、もはやこれらの調査からみちびかれるパーセンテージの意味を理解すること、そのことのみが重要なのではなかった。むしろ、プレスによって公然と政治の中に投入されるこのいわば新しい「民の声」（*vox populi*）により、かれらの行動を正当化させることが肝要だった。こうしてプレスは、政治ゲームの内部に新たな闘争の場を開くのに力を貸した。あたかも経済分野での物価上層指数のように、政治世界の行為者も、かれらのいう「良好な調査」、すなわち、見たところかれらに同意し、支持してくれる「世論」をもたなければならないのだ。

政治学者によって徐々に整えられていくこのテクノロジーへのジャーナリストの利害関心は一つではない。まず、プレスという企業にとって、世論調査は経済的機能をもった一製品であり、新聞を売らせるための情報である。活字プレスと周辺地域ラジオ〔フランス語で放送するフランス周辺の国のメディアで、フランス内で聴取が可能。巻末の付録1

も参照）は特に世論調査を売り物にするのであるが、それは読者、聴取者の少なくとも一時的好奇心を引くため、トップに「独占情報」としてアナウンスするという、はなやかで人を驚かすような情報の提供という論理のなかで行なわれる。とりわけ、広告媒体研究センター〔メディアの広告料を決定するための調査機関〕による定期的な読者調査が行なわれる時点ではそうである。[8] 多くの世論調査を行なってきた全国的週刊誌のある編集長が、今では一つの世論調査では「もはや本誌は売れない」と公言するとき、[9] かれが考えているのは、企業としてのプレスが世論調査から引き出すことのできる直接に経済的な利益のことである。しかし、利潤逓減の経済法則に触れながらかれが指摘するのは、世論調査がジャーナリズム空間全体のなかでくまなく一般化されるということであるが、おそらく言わんとするところは、その近々の消滅ではなく、たぶん陳腐化であると思われる。

とはいえ、プレスの世論調査好きをこの単なる経済的利害に還元してはならないだろう。その強力な信仰はまさしく、相互に強め合い正当化し合う複数の関心に根ざしていて、この二重の力の論理のおかげで、これを利用する側のある種のまじめさが可能とされているのだ。ジャーナリスト界は同質ではなく、世論調査に対する種々のプレス支持層の関係は比較的多様である。その世界における世論調査の普及自体がこれまでまちまちであって、パリの新聞および全国的週刊誌はおそらく調査機関の最大の顧客であろう。けれども、このテクニックの採用にはプレス支持層によって遅速があり（最初は『フランス＝ソワール』、すでに見たようにいちばん遅いのは『ル・モンド』）、それだけでなく、世論調査への支持または信仰の度合いを示す調査の種類も均質であることからほど遠い。たとえば『ル・クオティディアン・ド・パリ』、『ル・フィガロ』、『ル・フィガロ・マガジン』はきわめて直接的に政治的にこれを利用し、きわめて直接的に操作を行なう（毎週のシャルル・ルボアの論説はこの点で典型をなす）。『ル・モンド』、『リベラシオン』、『ル・ヌーヴェル・オブセルヴァトゥール』はたいてい、「政治学者的」とでもいいうるような調査を行なう。すなわち、同じく政治的であるといっても、より隠された、手の込んだやり方をとる。そして、庶民向けの日刊紙はといえば、政治にあまり関心のない読者にとって身近な、一風変わったもの、娯楽的なもの、さらには猟奇的なものを追求することになる。

世論調査は単に、若干のジャーナリスト自身が非難するように、新聞の編集室を一歩も出ずにたちどころに「調査を行ない」、第一面を飾る、読者を惹きつけるとみられる、あっといわせるようなデータないし擬似的な「スクープ」を生み出すことを可能にするだけではない（「夫婦の光景。ヌーヴェル・オプセルヴァトゥールのための独占世論調査」。あるいは、「学年初めのあなたのプライオリティ――恋をする前に学校と宝くじを」『ル・パリジャン・リベレ』）。世論調査はとりわけパリの新聞によって、その新聞の擁護する政治路線に従って政治ゲームに介入するために用いられる。それは、たとえば、現実を、この現実についてある表象をつくりあげるのに寄与したプレスのキャンペーンの後に人々が現実について考えているとみなされるもの（高齢者への暴力に関するプレスのキャンペーンの後に行なわれた世論調査）に置き換えることを可能にする。

選挙期間外の投票シミュレーションは今日絶えず行なわれているが、これはしばしば時の政権がもはや多数派でないことを示し、政権を非正統化しようとする。調査の結果の解釈は往々にして常に大きな操作の余地を残しているが、これはコメンテーターたちがかれらの望む方向に結論をもっていけるようにするためである。例をあげよう。『ル・モンド』のためにＳｏｆｒｅｓの行なった一つの同じ世論調査が、同紙には「ヨーロッパ〔ＥＵ〕の建設を前にフランス人の不安高まる」（一九八九年三月三日）という見出しを書かせ、同日の『リベラシオン』には「フランス人の三人に二人はヨーロッパを楽観」と書かせ、第三のコメンテーターはそこから、翌日より慎重に「懸念と希望の間にゆれるフランス人」という見出しを引き出している（『ウエスト・フランス』一九八九年三月四・五日）といった有様である。

世論調査は要するに、プレスがこれまたより正統な仕方で自らの政治的立場を表明することを可能にするわけで、その立場は民衆の批准を受けたも同然である。しかし、操作の余地は大きく、これは設問のレベルにも、それについてなされるコメントのレベルにもある。世論調査を用いるジャーナリスト的論理をより具体的に示すため、異なる新聞、週刊誌から三つの例を取りたい。第一の例は庶民的日刊紙、第二のそれは「右翼」に位置する週刊誌、第三のそれは「左翼」に位置する週刊誌からそれぞれ採られている。

一九八五年十一月七日の『ル・パリジャン・リベレ』は、「フランス人の夢見る政府」と題して、所属政党に関わりなく最多の支持を集めた政治家を並べ立てている。こうすることで、政治に関心の薄い、「政治家たちの喧嘩」を理解できない『ル・パリジャン』の読者にこう思わせる。フランス人は、左翼・右翼といった対立を受け付けず、あらゆる党派に属する人間をその価値と能力にもとづいて組織するような協働志向、一致志向の政府を望んでいるのだ、と。この世論調査は、一九八六年の総選挙の四カ月前、ルイス・ハリス調査所によってつくられたまったく作為的なものであるが、政治およびジャーナリスト界のあらゆるセクションを代表する行為者からのおびただしい、ほとんど嫌味のないコメントの対象となる。「フランス人の欲する理想的政府に関するわがルイス・ハリス－パリジャン世論調査。これは驚くべき示唆を欠いていない。……保革共存政府をめぐる多くの既成観念をくつがえす」(『ル・パリジャン』記者、ジャン・ピジョ)。「一有力紙が、ここに初めて、なんの政治的底意もなく、その真面目さの定評を証明するまでもない一調査機関と協働して、わが国の市民たちが真に何を望んでいるかを知ろうと欲した。明白なこと、それはかれらがイデオロギーと決別していることである。かれらは、能力に、そして自分たちの代表を自認する人々についてかれらの抱くイメージに賭けたのだ。……なるほど世論調査を使って統治するわけではないとしても、それでもいま少しフランス人の望むことが考慮されてもよいだろう。特に、ここでのように、巧まずして道理にかなっている時には」(ジャック・ポンシャラル、『ル・パリジャン』論説委員)。政治学者で国民政治学財団の主任研究員であるロラン・カイロルがこれに折り紙を付け、こうコメントしている。「人がどう言おうとも、フランス人は天才的な国民である。この驚くべきルイ・ハリス－パリジャン世論調査をみるとよい。

……全体として、政治はつねに左翼と右翼の対決へと押しやられるが、フランス人は、『宗教戦争はもうたくさん、政治闘争は穏やかにやろうじゃないか』といっているように思われる。」

政治的コミュニケーションの専門家ジャック・セギュエラは、「良識万歳」という見出しで、これまたそこに「多くの既成観念の問い直し」を見ている。かれにとって、この世論調査はじっさい、真の投射テストとして、また少なくとも宣伝専門家の地位上昇をおのずと図るものとして機能しており、調査は、「善良なフランス民衆は、それとは知らずにそこらのカフェで恨みつらみを述べている」こと。さらに、フランス人がそれでも「スペクタクル趣味」を失っていないことの証拠を見せている。なぜなら、かれらは「スターたちの政府」を望むからではある。とはいえ、「アメリカ式の効率のセンス」も持ち合わせ、「適材適所」の配置をしていて、もっとも有能な人物を選んでいることの証拠も事欠かない、と。なお、この日刊紙は、世論調査に対する政治家たちのさまざまな反応をも引用している。

左翼政党が一九八六年に敗退して後、『ル・フィガロ・マガジン』は、Ｓｏｆｒｅｓの世論調査にもとづく一大記事を掲載したが、それは「一九八六年の新しい波――家族、祖国、労働。若者は決定的に五月革命の精神から絶縁した」と題された（九月六日号）。設問のなかには、たとえば、調査の一般的精神をよく示す次のような問いがみられる。「あなたの意見では、ある種の若者たちの犯す非行をもっともよく示すのは何だと思いますか。――それはとりわけ家族の問題、すなわち親がその役割を果たしていないという問題（子どもへの注意の欠如、誤解）でしょうか。それとも、とりわけ社会の問題（失業、メディアの中の暴力シーン）でしょうか」。五七％の回答は、自分の考えではそれは特に社会の問題であると答えている。そこで同誌は大筋において、「非行、その責任は家族にはない」という結論をみちびく。

最後の例は、ＩＦＯＰが『ル・ヌーヴェル・オプセルヴァトゥール』のために行なった調査「フランス人のセクシュアリティ」に関するものである（一九八六年、十一月十四〜二十日号）。同誌は、一九六八年五月の「性革命」の何が依然として存続しているかを問題にし、テレビはいよいよ「放縦」になり、広告は「セクシー」になっている今、「情愛と家族への回帰」が起こっているのかどうか、と問うている。この種の調査ではおそらくきわめてつかみやすいとはいえない私生活領域内の設問のなかに、次のようなものがある。「あなたのお考えでは、性革命といわれるものは、どちらかといえばよいものでしょうか、それともよくないものでしょうか。または『分らない』ということでしょうか。」そして五六％の回答者は「よいもの」と答えており、同誌は「性革命を支持する者、五六％」という結論をみちびいた。だが、被調査者が「性革命」という言葉の下に何を理解したかは、知るよしもないし、また調査の実施者自身がそこにどういう意味をこめたかも、同じく分ったものではない。いま一つの設問はこう尋ねている。「性的関係が結ばれる際、女性が次第にイニシアティヴをとるようになっていると思いますか、それとも思いませんか。」この設問はまったく具体性を欠き、形の上ではかくかくしかじかのパーセンテージが得られたにせよ、無意味なものだろう。じっさい、「次第にイニシアティヴをとる」とはどう理解すべきだろうか。この領域では、「女性」一般について語ることは可能なのだろうか。尋ねられた女性たちは、自分について答えているのだろうか。また男性は、その判断材料に自分のパートナーを考えるのか、それともとくにプレスに接して他の女性の行動について抱いた観念に従うのか。さらに、一律に質問を受ける若者たちは、まだ個人的には未経験の、そうであるかもしれないがよく分からない変化について、どう判断できるというのか。等々、考えるときりがない。

実際はといえば、設問に問題があっても、回答は出てくる。回答は、性的行動にはいかにもポジティヴな一つの変化があり、同誌の支持するような風俗の変化は進行中であると信じさせるものである。「女性は次第に積極的になっている——六二％」が同誌の結論である。

象徴的武器としての世論

政治ゲームにおける世論調査の独特の力と、テレビ記者が政治権力に対しミニマムの職業的自律をかちとる闘争の中で行なわれる世論調査の戦略的な使用におけるその独特の力、おそらくこの双方はかつてなく明白になっている。ラジオ、そして特にテレビにおける情報の問題は当初から、政治家とジャーナリストがそれぞれインタビュー状況についての自分の定義を相手に課そうと対決する闘争によって特徴づけられる。より一般的にいえば、「客観的情報」についての自分の定義を、である。しかるべき地位にいる政治家は、自らによって強力に方向づけられ、発想された情報を生み出そうとする。その思惑を示す逸話を挙げればきりがない。ただし、最小限の信憑性をそなえるため、もっぱらジャーナリズムの論理において生み出された情報という外観はもたなければならない。

大メディア〔ここでは主にテレビを指す〕は、政治権力によって緊密に統制された、もともと政府筋のプロパガンダの道具にすぎなかった。大いに異論も呼んだジョルジュ・ポンピドゥーの表現では、テレビジャーナリストは「通常の」ジャーナリストではない。なぜならこの人々は「フランスの声」でなければならないからである、と。ジャーナリストとはもともと職業教育を受けていず、単なる「紹介者」にすぎず、登場する政治家に対して形ばかりのインタビューをするような存在だった。ところが、メディア間の競争と、よりアグレッシヴなジャーナリズムの形式（「アメリカ式の」）が入ってきたおかげで、ジャーナリスト界のこの部分は政治権力に対し徐々に自立的になっていった。一九六〇年代以降、記者たちはしばジャーナリズム学校で養成され、その「プロフェッショナリズム」、すなわち専門家イデオロギーと政治権力から独立的であろうとする行動を押し出すようになった。政治界の行為者たちは、ジャーナリスト界のこの部分のいや増す自立化と折り合わなければならず、かつて新聞の編集部と情報省を結んでいた直通電話などは姿を消した。政治家の大方は、ジャーナリストに招待されないかぎりテレビ画面に登場することも、ラジオのスタジオにやってくることもできず、その上、メディアの論理には従わなければならない。ジャーナリストの通り言葉では、「よいお客さん」でなければならないのだ。

政治権力からのジャーナリストのこの解放の過程で、世論調査は特別に強力な象徴的武器となった。それは、他のどんな帰結にもまして、ジャーナリストが政治家に正当に向き合うことを可能にした。なぜなら世論調査は、政治界の武器そのものをもってこれを行なったからである。従前、インタビューのなかでジャーナリストと政治家の間に打ち立てられていた関係では、後者のみが選挙によって正統性を与えられているから、固有に政治的な正統性をもつことができるというものだった。このことから、かれらのみが自分の欲すること、考えることを選挙民に語る資格があった。ジャーナリストはといえば、一質問者でしかなかった。さらには、テレビ視聴者が尋ねてみたいと思われる質問をすることしか許されなかった。それが異議申し立ての一源泉となるにはなるのだが。それにひきかえ政治家は自らを、選挙民たちの関心事についても語る権限があるとみなしていた。ジャーナリストはインタビューの対象となる政治家に、反論したり、議論を仕かけたりする正当性をなんらもたなかった。若干のテレビ記者は、活字プレスの記者からは軽んじられながらも、久しく、追従のインタビューか、それとも攻撃的なインタビューかというこの二者択一から逃れようとしてきた。

テレビ記者の側にはせ参じた政治学者たちの権威を伴って生み出された世論調査、これは、前者がその不愉快な状況から抜け出すことを可能にした。というのは、以後記者たちは、政治家の主張に世論調査の数字をぶつけることができるようになり、それらの数字は、経済におけるＩＮＳＥＥ〔国立統計経済研究所〕の数字のようにオフィシャルなものとなり、「人民意志」を示すものとみなされる。その測定が中立的、科学的であると称する、したがってジャーナリストにも政治家にも文句の付けようのない一機関によってなされるからである。

このように世論調査は、少なくとも暫定的に、テレビおよび活字メディアの政治記者に一定の権力を与え、かれらはいくつかの質問を行なうことで、政治階級にパブリックな討議の主題を突きつけることができる。またよく行なわれることだが、政治への庶民のステレオタイプの反応を引き起こすために、ほとんど苦もなく設問をつくりあげ、政治家への厳しい判決を「民衆」に叫ばせるといったこともする。

たとえば、給与稼得者の労働組合のそれである用語法に従って、「農民たちの掲げる要求は正当なものでしょうか、または不当なものでしょうか」と尋ねると、六六％のフランス人は、正当と答える（一九八六年のＢＶＡ‐キュルティヴァルの調査）。それに反し、伝統、そして喜劇の名高い場面をも反映する「百姓」についてのステレオタイプの用語法で、「農民はあまりに不平をいいすぎると思いますか、思いませんか」と尋ねると、六一％がこの意見に賛成するという逆の結果が得られる（一九八七年二月のＣＳＡの世論調査）。

これらの設問は、実は政治界とジャーナリスト界の間の関係にかかわるもので、市民の意見を知ることを目的とするのではなく、本質的に、政治界の行為者を揺さぶることによって、政治権力に対するプレスの独自の力を主張することをねらっている。ジャーナリストたちは、「民衆」の意見を科学的に聴するという外観のもと、政治家をいんぎんに侮辱し、叱責している。民衆はといえば、結局、政治家‐ジャーナリスト階級内部の貸し借りの決済に利用されているのだ。このタイプの調査は政治的分裂を超え、ジャーナリスト界と政治界の関係を再建する指標であるとして、パリの新聞は次々とこの手を使う。そして、その都度その都度数週間にもわたり、自分を非難するメディアのなかでカップル関係を破壊するにいたった政治家の側は、大いに下手に出た反応を開始する。

『ル・モンド』は一九八四年に「政治階級のイメージ」と題する調査を行ない、「拒絶」および「政治家へのフランス人の愛想づかし」というテーマを造作もなく展開するにいたるが、それは次のようなタイプの質問をすることによってだった。「一般的にみて、政治家は真実を語っていると思いますか。」「一般的にみて、政治家の収入は普通だと思いますか、法外な収入だと思いますか、それともあまりよくないと思いますか。」「全体として政治家は、あなたのような方々が考えていることについて、大いに気遣っていると思いますか、または少しは気遣っていると思いますか、それともほとんど、あるいは事実上まったく気遣っていないと思いますか」[10]。

『ル・ヌーヴェル・オプセルヴァトゥール』は一九八七年十一月、「政治階級のイメージ」と題するＳｏｆｒｅｓの調査によってこれを引き継ぐ。「フランス人と政治家たちの間柄、それは離婚状態」。これが同誌の見出しで、『ル・モンド』の調査の質問を大幅に採用している。一九八八年二月、同誌はＳｏｆｒｅｓに別の調査を委託し、一社会学者（アラン・トゥレーヌ）のコメントと共に、「フランス人は政治に愛想をつかした」という見出しでこれを発表。トゥレーヌによれば、「この政治の拒否は大量に起こっている。価値のリストには、家族、進歩、勉学、労働、宗教、結婚、等々が挙げられ、政治的理想はいちばん人気がなく、大きく差が開いている。……これが最新の価値の相場だ。」

その数ヵ月後、『レクスプレス』誌は、ルイス・ハリスの調査にもとづき、追い討ちをかける。一九八八年の十二月九日号の見出しは、「フランス人と政治、それは離婚状態だ。世論調査は、告発に等しい。」この調査によれば、フランス人の八八％は、「政治論争は混乱していると判断し」、「失望し、方向を見失い、あるいは単に嫌気がさしている。」「民衆によって選ばれた議員にとっては厳しい警告である」と記事は結んでいる。

一九八九年、今度は『リベラシオン』が、ＣＰＳ‐コミュニケーションに委託した世論調査「フランス人の政治への関心」の結果を報告し、政治ショーに対するフランス人の愛想づかし（同紙の見出しは「繰り返される政治の光景にうんざり」）を前面に出す。その一カ月後、『レクスプレス』は、表紙に「政治界を糾弾する世論調査」という見出しを使う。パリ政治学院学長は「政治ＳＯＳ」というタイトルで、ルイス‐ハリスの世論調査の特質について、それが「フランス人とこれを統治する者の間には、もはや溝ならぬ、深淵が横たわっている」ことを示すものだ、とコメントしている。「今日、フランス社会は閉塞的だと思いますか、そうは思いませんか」、「市民として、あなたは、あなたを支配する人々に非常に大きな影響力を行使していると思いますか、かなり大きな影響力を行使している思いますか、それともかなり小さい、またはごく小さい影響力しか行使していないと思いますか」、「政治が面白くなる上で今日もっと欠けているのはなんでしょうか。正直、効力、理念、偉大な指導者、度量の大きさ、偉大な計画のどれですか」等々のようなタイプの設問への回答を分析し、政治学者は、政治に対するフランス人の「無力感、幻滅感、非難の感情」について語った。フランス人は、セクショナリズム、党派精神、自分たちの問題への政治家の関心の欠如を非難するだろうし、狭い身近な生活へと関心を傾けてしまうだろう、と。

『レヴェヌマン・デュ・ジュディ』は、その挑発的なスタイルで、「なぜ政治家たちはこんなに無能なのか」と問う。ＣＳＡの行なった調査から同誌はこんな解釈を引き出している。「政治家に対するフランス人の審判。『惨憺たるもの』であって、七二％は、選んだ議員をお粗末としており、七七％は『出世主義者』と評している。この効果は、投げられた設問と、読者の目を惹くために新聞・週刊誌がそこから引き出して付ける見出しとの間にしばしば生じるズレによって、さらに強められる。[11] 同じ新聞あるいは週刊誌が、ある時点と別の時点で反対のテーゼを展開したり、フランスの政治家は世界でも最良だという見方を支持することもある。たとえば、ある世論調査は「フランス人の政治への関心は弱まっていない」（一九八九年三月一日の『リベラシオン』）ことを示す。すなわち、「フランス人は次第に政治に関心をもたなくなっている、右翼、左翼という言葉は次第に意味をなさなくなっている、という二つの主張は、無数の評言の基礎をなしている。しかし、一つだけ弱点がある。それは嘘だということである。ＣＥＶＩＰＯＦ〔フランス政治生活研究センター〕の行なったある大規模な調査の第一次の結果を信じるならば、である。」

ジャーナリストのもつ力、それはかれらが、政治家に逆らって政治界の論理そのものを引き合いに出したという事実にもとづく。いわばレフェレンダムと同じものである世論調査を操作しながら、政治家たちに、かれらが必ずしも選んだものではないゲームを演じるよう強いたのである。プレスによってふんだんにコメントされ、「人民意志」を代表するとみなされるそれらパーセンテージを、政治家は無視するわけにいかない。仮にかれらが、調査機関によってつくられたこの「世論」なるものにその立場を同調させないとなると、自分の時間の一部をあて、「人々を動かす」という新たな独特の活動を行なわなければならず、コミュニケーション専門家（一部は政治学院によって産み出される）の動員のような、つねに成就可能とは限らないことを自分の側で行なわなければならない。

さらには、まずはプレス自体の利益になるような、本物のプレスによるキャンペーンの組織化が必要になろう。ということは、政治リーダーたちの独占的な宣言とか、爆発的な立場表明、反論のための想像によるメディア利用の反撃は、ほとんどがメディアによって、メディアのためにあらかじめつくられたゲームやイベントを産んでいるということである。[12]このように、プレスのより一般的な関心は、世論調査を操作することにあることがわかる。世論調査が政治について（特にパリの）ジャーナリストたちが前もって行なうオピニオン・キャンペーンの効果を反映するかぎり、調査は政治家たちにキャンペーンに釣り合った「きわめてメディア向きの」行動や言明を強いて、プレスを維持させる行動をとらせる。そうすることで、一部きわめて循環的な、ジャーナリズム活動を養う固有の一種の恒久的戦闘停止状態がつくられる。ジャーナリスト陣営は世論調査を発表することで、自らのために、政治コミュニケーションのコンサルティング企業のために活動している。なぜなら同陣営は、政治リーダーたちに、新聞の「第一面」に掲げられる統計的分布に影響を与えるようにメディアを利用することを強い、これがテレビ、ラジオのニュースで取り上げられ、したがって明らかに政治的に重要なものとされるからである。

メディア向きの「演技」

伝統的な議会中心主義の政治家世界は、その大きな部分が世論調査に、すなわち政治を議会外の、そして選挙運動外のものとするやり方に敵対的に反応する。これが「政治のメディア化」と呼ばれるものへの、つまりラジオや特にテレビの政治番組の盛行への敵対反応と同じたぐいのものであることは偶然ではない。これらの番組では、テレビ視聴者への直接的な働きかけが、玄人の間で行なわれる政治よりも重要とみなされる。コミュニケーションの現代的な新しい手段の出現、発達、そしてとりわけ普及、これが国政への野心をもつ政治家のキャリアにとって必要な経路になり、議会からメディアへと、政治空間の重心の移動を引き起こした。

一九五四年のピエール・マンデス・フランスの「ラジオ声明」〔首相兼外相としてかれが、ベトナム戦争の解決等のため直接に国民に訴えたラジオ放送〕が、フランスではこの種のものとしては最初に属する。[13]かれは自分の政治の原則と、行なった決定の理由を、選挙民に直接に表明したのであるが、このとき政界からは、政党と議会の頭ごしに物事を通そうとする首相の企てとして、敵意にみちた反応が引き起こされている。また、アルジェリア戦争の際、政治家が直接に派遣部隊の軍人に語りかけることを可能にしたトランジスターラジオの役割、そしてドゴール将軍のテレビでの幾度かの演説も、同じくよく知られている。

ゴーリスト〔ドゴール派〕の権力が政治目的にテレビを用いることで引き起こした敵対反応は、おそらく「卑怯な競争」だという感情によって説明されよう。多くの議員が厳しく議会主義者にとどまろうとした政治闘争において、権力の座にある政治リーダーたちは、テレビに登場することで自分だけの利益のために、「新メディア」に想定される強い力を用いようとしたから、というわけである。けれども、伝統的この上もない政治世界と主に衝突したのは、基本的にいえば、この政治の「メディア化」が意味する政治ゲームおよび政治闘争の定義の変容そのものであった。

意見調査が広く行なわれるようになったことは、コミュニケーションの現代的手段の発達と結びついている。両者は相互に強め合っていて、「政治のメディア化」は世論調査、さらにいえば「衝撃的な世論調査」を求めたのであり、世論調査の公表は、得られるスコアをどのようにして改善するかという研究をうながした。特に大「メディア」を通してである。政治界における行為者は、大「メディア」に登場することを好むが、それはテレビまたはラジオで巧みな「演技」を示すことで世論調査の統計分布が変わると思い込んでいるためである。なお、世論調査とテレビのこうした同盟は、今日いっそう可視的になっていて、名のあるテレビの政治番組の多くは、招待された政治家にその結果についてコメントさせるための世論調査を行なうほどである。ただし、その番組は番組で世論調査に従属している。視聴者の世論調査にである。とりわけ、テレビのチャンネル数が増えて、広告の挿入が補助的ないし唯一の収入になると、そうなるのだ。ジャーナリストと政治番組制作者は、視聴が最大である時間帯（二〇時三〇分から二二時にかけて）を確保しようと思えば、視聴者の最大部分を捉えるための絶えずより耳目を惹きつけるような警句・寸言を見つけなければならない。

政治番組を見、これに「興味をもった」という聴衆をテレビが拡大したことは疑いない。しかし、この拡大された聴衆の関心はまた、テレビがその固有の論理にしたがって「政治」の名の下に押し出そうとするものの内容が再定義の対象を生み出すという事実にもとづいている。それはこういうことである。伝統的政治とは、学校の校庭や政党の細胞のそれであって、人々の少数部分の、前もって確信をもつにいたっている活動家の関心しかほとんど喚起しないものであるが、この伝統的政治に代え、広範な公衆の関心を惹き付けるよう明白に着想され、組織された別の政治の考え方が徐々に置き換えられていった。つまり政治は、それに「観るに耐える」内容を与えられることで、形を変えたのである。というわけで、政治の「スター」間の一対一の対決が出現し、これはさながら、スポーツの対決といったロジックの中に位置づけられている（「対等の武器で」「一対一」「大論争」〔いずれも番組の名称〕）。かと思うと、政治家の自宅を訪問させたり（「家庭での質問」）、政治家をバラエティ番組に招いて歌わせ、過去を語らせたり（「カーニヴァル」など）、はてはプロの俳優に政治番組を行なわせたりしている（特にイヴ・モンタンであるが、かれはこれにけっこう満足していた）、等々。キャッチフレーズを絶えず新たに創り、これらの番組を演出すること、こうしたことはまさしく、目を惹く華々しい側面がもっとも重要になっていることから説明される。政治家は今日では、映画・演劇やスポーツの「スター」なみに有名人物になっている、その指標としては、わけても、政治家の物まねが盛んになっていることが示すとおりである。

テレビは、政治指導者を新しい地位に置いている。全国規模のメディアの論理からして、最大限の聴衆を得ようと、異質性の高い聴視者を前にして制作を行なわなければならなくなっているが、この視聴者たちは大部分、政治にあまり関心がなく、まさしく、あまり「政治的」（伝統的意味での）ではないものにしか「得るもの」を見ず、尋ねられれば、大幅に非政治的な基準にしたがってこれに判断を下す。この新しい闘争の空間は、政治活動の古典的形態（政党における活動家中心主義、日常的な市町村政の遂行、院内の委員会での活動）に完全にとって代わるというにはほど遠く、それらに付け加えられただけである。しかし、政治家にとってテレビに映るという必要は、政治で成功するのに要する政治資本の質を変えた。メディア向きの「演技」は、その形式上、ＥＮＡ〔国立行政学院〕の口述試験のそれにきわめて近いものである。演技にもっとも成功している政治家の多くが、このグラン・デコール出身だということも一部ここから説明される。ウーロップ1の「プレス・クラブ」、ＲＴＬ－ル・モンドの「偉大な審判者」、アンテヌ2の「真実の時」も同じくその証人であり、選抜試験における「口述試験優秀」とスペクタクルの「第一級」との間に位置づけられている。

政治家は、自分たちへの信頼が、時と場所にかなって物をいうセンスや、もっとも当惑させる問いにも答える能力、要するに、「メディア向きの魅力」への能力にかかっていることを知っている。いまや政治的名声をなすのは、限られた数のなじみの聴衆を集めた何百という会合の際に活動家のなかに徐々に蓄積されていくあの資本ではない。少なくともそれのみではない。そうした資本の下では、いくつかの「失敗」があっても、破滅的にはならなかった。ところが、今や政治家の名声は、支持者、敵対者、無関心者を取り混ぜた異質性をはらむ大聴衆を前にしての、失敗の許されない一発勝負にかかっている。また特に、その「成績」を記録し、評価し、政治家たちのあげた最高の成績の「受賞者名簿」中にこれを位置づけようと分類する政治評論家や世論調査実施者を前にして、である。リーダーたちは準備怠りなく、予想されるあらゆる罠の裏をかくために本物の状況シミュレーションを行ない、これにコミュニケーションの専門家を立ち会わせる。後者は、過去のもろもろの番組を分析し、テレビ向きにふるまう「望ましい流儀」について戦略を整える。(14)

ジャーナリストとメディア向きの政治学者は、世論調査と現代的コミュニケーション手段のおかげで、局外者にとどまる不偏不党の観察者のように装いながら、政治闘争に直接に参加する。かれらは、政治家との討論をより「科学的」にさせるため世論調査を指揮し、これにコメントしているだけのようにみえる。政治家の信奉者たちのなれなれしさや擁護的主張には背を向け、表面上、世論調査機関に「客観的」かつ文句のつけようのないデータを要求するだけである。しかし実際には、かれらは完全な権利をもった、闘争に積極的に参加するアクターである。世論調査の重みや正当性は大きくなっているから、今日では過去の世論調査結果を直接、間接に踏まえなくともジャーナリストにとってあまり問題はない。過去の調査は、最近発表の調査によって喚起されたわけではなく、また一つの調査を実施するのにアイデアを与えてくれるわけでもないからである。今では、いかなる政治リーダーも調査そのものには異議を呈さないが、(15)それだけではない。世論調査との関連で位置づけられていないような政治行動はほとんどないのである。また、かくかくの声明やしかじかの決定済みの措置が「世論」の上に引き起こすかもしれない効果への好奇心を少なくとも含んでいないような政治行動はまれである。

現代的なコミュニケーション諸手段が――またはそれのみが――権力の「人格化」を引き起こしたわけではない。それらは、社会的にみれば「政治的」と形容される活動の内容自体を変えることで、この分野で成功するのに必要な社会的資質を変えたのである。一政治家の「名声」、そして人々がかれについて抱く「好意的意見」、これらは、自らが測定すると称し、実は「公衆向けイメージ」の捏造の大きな余地も生むコミュニケーション諸手段によって再定義されている。このイメージは広告業者によるもので、マーケッティング専門家がインパクト研究に基づきつくりあげるものである。

そこには完全に循環的な一論理が隠されていて、しかもそのように認知されることがない。なぜなら、この循環は特に政治コミュニケーションの専門家によって仕立て上げられ、今日では政治界のほとんど全体に広く共有されている信念にもとづいているからである。それは何かというと、「政治を行なうこと」とは、特に「良好なコミュニケーション」の助けを借りて、人気評点のできるだけ高いところに自分を位置させることにある、というものである[16]。政治界の行為者たちが、世論調査のパーセンテージは「メディアでの演技」によって変えられるものと考えるようになるにつれ、少なくとも政治リーダーにとって政治闘争の一部は、プレスと現代的コミュニケーション手段の分野へと移行したのだった。

世論調査機関の設問への回答と人気評点上の位置は、それ自体で政治的係争目的となるため、政党の主だった幹部はつねに全国メディアに登場し、いよいよ洗練されたコミュニケーション政策をもたないわけにはいかなくなった。その教育や出自のせいでこうしたメディアへのこれみよがしの登場をためらっていた政治リーダーも、世論調査でよい位置を占めることが必要とされれば、もう政治闘争では避けられないこうした訓練に従うほかはない。ジャーナリストと政治コミュニケーション助言者は、人気評点を定期的に流し、政治家への選挙民の良し悪しの意見の調査の結果を日々公表することで、政治ゲームを政治宣伝の分野へと移行させるのに一部成功した。さらに、政治的マーケッティング向けの費用のいちじるしい増加と、選挙運動のコストのいっそうの拡大を考慮する以上、政治闘争は今ではすでに広告代理店間の闘争となっているという観念を政治世界に信じさせ、押し付けるのに一定程度成功するにいたった。さらには、ある世論調査機関の幹部が述べたように、政治的に勝利する運動は最良の選挙ポスターを使った運動である、という観念をも信じさせるにいたったのだ。

政治学者の政治観

「この若いのはしょっちゅう、自分が私をつくったのだ、と言っている」と、フランソワ・ミッテランはある私的会話の中で、一九八八年の大統領選の運動の準備を担当したコミュニケーション補佐の一人について、わざと記者たちに聞こえるような声で語った。[17]自分のコミュニケーション専門家の助言で、このようにしばしば公然と宣伝マーケッティングの技術に懐疑を語り、世論調査で測定される人気評点にも超然たる態度をとることは、じっさい、まだ政治家の公的イメージに合致する。とはいえ、ほとんど日常的になっている世論調査の実施と公表が政治アクターに及ぼす実際の影響は、社会的アクター自身によって明白に認知されるものに限られるとか、いわんやかれらがはっきり公に認めたいものに限られる、などと考えるのは少し単純すぎよう。

この種の距離化された、半オフィシャルな言明は、ほとんどすべての多少とも主だった政治リーダーにみることができるだろうが、これはしばしば、政治‐ジャーナリズム界に大きく広がっている信仰の異常肥大をうまく隠しおおせない否認にほかならない。その信仰とは、「メディア向きの演技」の効果についてのそれであって、これは調査によってつかまれる「世論」の信仰の一つの側面にほかならない。この信仰は、つくられたものではないにせよ、少なくとも、政治空間の新しい構造によって維持されていて、それは次のような人々にも負っている。自身の固有の基準に従って、有力メディアでの政治家の映り具合について判断を下すコミュニケーション顧問、自らが考案し政治ゲームの中心に据えた諸装置〔世論調査など〕の科学性を信じ、信じさせるメディア向き政治学者、テレビ番組にコメントをする政治ジャーナリスト、そして視聴率という形でかかわってくる視聴者。

政治は、科学的であれ、呪術的であれ、あらゆる社会的テクノロジーを引き寄せ、呼び寄せ、政治ゲームの不確実性を減じるのであるが、これは、リスクを伴う活動である。その外見にもかかわらず、またこれらの装置の中に科学的な装いをもった技術の占める位置がどうであれ、これらの装置はつねに、回顧的予測または「自己成就的予言」〔ある人間の行なう事態の予言が、当初根拠がなくとも、その効果が巡り巡って予言通りの事態を引き起こすこと〕の論理のなかで、あたかも星占いやトランプ占いのように機能しがちである。なぜなら、「メディア向きの演技」は、有権者の選択に重要な効果を及ぼすとみなされ、その効果とは、あたかも理屈ぬきにこうと仮定されている。それは後からみて、つねに魔法のように検証されうるのであり、最終結果がどうであれ、そうなのであり、したがって、たとえば、フランソワ・ミッテランの大統領選の運動、およびかれと一九八一年のヴァレリ・ジスカール＝デスタン、一九八八年のジャック・シラクとを向き合わせた討論についてのコメントは、両選挙の結果が違っていたなら、きっと大いに異なっていただろうと当然に考えることができる、と。

もうかなり前になるが、クロード・レヴィ＝ストロースは魔法使いとその呪術についての有名なテクストの中で書いている。ある種の呪術的行為の効力というものは、この呪術についての信仰が存在するようになれば、疑いを挿むいかなる理由もなくなる、と。すなわち、呪術師が自分のテクニックの効き目を信じ、病者は呪術師の力のなかで自分が治癒すると信じ、そして、「呪術師と呪術をかける人々との関係は、この場の内部において定義され、位置づけられる」「いわば時々刻々一種の引力のはたらく場を構成する集合的世論」を信じるようになると、である。[18]

このテクストを現代社会の政治空間に置き換えるのは容易であろうし、たぶん、世論調査業者のつくるあらゆるメディアと情報の計量装置よりも、政治界の機能の仕方を理解するうえでより適切なものだろう。「メディアの権力」と呼ばれるものも、要するに、メディアの権力を信じさせることに利益をみる者たちの権力にほかならないといえよう。そして、メディアの権力に加担する者はすべて何よりもまずこの権力を構成する。メディアの効力へのこの集合的信仰の力と、それが政治‐ジャーナリズム界の多くのアクターの内に生じさせるいかにも現実的な効果は、明らかにメディアを意識した多くの政治行動のなかに見てとることができる。

この魔術的行動の例は色々あるが、なかでも一九八八年のフランソワ・ミッテランの大統領選への立候補宣言をあげることができる。『ル・モンド』の二人の記者がその「秘密の手帳」の中でつくった物語は、政治‐ジャーナリズム界に明らかに共有されている、テレビの全能およびその効果測定における世論調査の科学性に対する信仰に完全に依拠している。物語は、要するにかなり非合理的なのだが、選挙の行く末は立候補宣言がどのような形で行なわれるかという一事にかかっているのではないか、という懸念を語っている。両記者の注目点は、何かしら「行為者のパフォーマンス」とみなされるようなものに焦点を置いている。かれらの示すところでは、大統領のコミュニケーション顧問は、フランソワ・ミッテランがいつ、どのように大統領選への立候補を公にすべきか躊躇し、思いあぐね、気遣っているのであるが、それは、かれへの国民の投票意図が突然砂上楼閣のように崩れ落ちはしまいか、そうならないように、という思いからである。ミッテランへの投票意図は、政治学者やジャーナリストがさかんに取りざたした大いに不人気な一時期の後、きわめて有利に転じていたからだ。[19] そのテレビ演説の前夜の瞬間瞬間における候補者のただならぬ緊張、そしてかれへの質問を担当した「アンテヌ２」の記者を同じくとらえた緊張を説明するものは、物語の二人の語り手に明らかに共有されているまさに同じ信仰である。

「フランソワ・ミッテランは、『アンテヌ２』のスタジオに到着する。微笑み一つ見えない。終盤に臨んでの棋士のように集中している。緊張しているが、落ち着き払っている。……二分後には、二〇時になる。じっと一点を見つめた冷静なフランソワ・ミッテランの表情が、『アンテヌ２』の建物内のいたるところの画面に映っている。まるで老いた剣闘士が『始め』の合図を待っているかのようだ。かれは椅子が少し硬く、少し高すぎると感じる。……紹介役のアンリ・サニエールとその相方のポール・アマールのほうがもっと緊張している。二〇時だ。……『あなたは再度共和国大統領に立候補されますか。』喉がいくらか引きつったようで、フランソワ・ミッテランはすぐに答えない。その間一秒。だが永遠と感じられる一秒」[20]。記者たちによれば、結局は意外性のない単なる立候補の宣言にすぎないものを終えてのち、経験豊かな、長い経歴をもつ政治家にもかかわらず、フランソワ・ミッテランには安堵の感情があった。また、この簡潔なテレビ発言に対する政治家、ジャーナリスト、あらゆる政治コミュニケーション専門家（そのなかの目だった位置にミッテランの顧問たちがいる）のコメントは異常に多量にのぼった。これらのことは、イベントを指定し、実際にはまったく二義的とみえることに注意とコメントを集中させるという政治−メディア界の構造からの結果でもある。

「フランソワ・ミッテランはセーヌの河岸に歩を運ぶ。試験に合格した中学生さながら、心は晴れやかである。終始沈黙のまま『アンテヌ２』のスタジオのセットを後にし、エリゼー宮〔大統領官邸〕にはもどらない。理屈っぽい解釈に没頭している顧問たちを離れ、夕食のため、何人かの気の置けない人々と合流する。みごとな一場を演じた今、かれは幸せである。人を引き寄せる、柔らかで、包容力のあるミッテランを人々は待っていた。かれはそのかれらに対し即興に、辛らつな、論争的な、舌鋒鋭いミッテランを演じてみせる。そして社会主義者ミッテランを。

かれはすでに、臆病なコメンテーターたちの怖気づいた叫びを想像している。ミッテランは攻撃に出た！……運動の中でジャック・シラクに注目されようと努める者たちは、すべて喜んでいる。『ミッテランはよくなかった。もうおしまいだ。テレビでもごまかせない。見ての通り、かれは年寄りだ。自分はそう思っていないが。』シラクの陣営では、国家元首〔ミッテラン〕は最多視聴時間帯にいきなり攻撃性を示すことで、取り返しのつかない失敗を犯した、とやや上っつらだけの分析を語る活動家もいる。……今朝、マティニヨン宮〔首相府、首相官邸〕では、ちょっとした叛乱があった。『強硬派』は、エドゥアール・バラデュール〔共和国連合の政治家。当時経済財務相。のち九三〜九五年には首相〕の貴族的な選挙への考え方を批判する。しかし、保革共存の演出者はその確信を繰り返す。フランス人は、右翼と強硬左翼の間の歴史的妥協を望んでいるのだ、と。シャルル・パスクア〔共和国連合の政治家。当時内相〕は肩をすくめ、冷やかし気味にいう。『その通り。しかし連中だって殺しが好きなんだ。……ミッテランはそのことをよく分かっている。数日待ちたまえ。世論調査があるだろうから(21)』。

『ル・モンド』の二人の記者は、前大統領の「テレビ出演」が、そのニュアンスや微妙な点をつかんだと思われる一般視聴者によって正当に分析され、評価されたことを示すため、翌日、ディーニュ市〔南仏のアルプ・ド・オートプロヴァンス県の県庁所在地〕で、大統領選キャンペーンのルポの形で、街のあちこちで出会った何人かの住民の反応を伝える。それらは同記者たちによって「深層のフランス」の表象とみなされた。というのも、記者たちは経験に富む専門家としてフランソワ・ミッテランの「演技」のあらゆる微妙な意味を認知していて、収集した民衆の反応のなかにある種の賞賛を読み取ることはできるのだが、報じられた言葉を厳密にとると、実際には、政治にほとんど関心のない人々の規格どおりの陳腐な言葉、ステレオタイプの何にでもあてはまるような言葉しか集めることができなかったからである。

「噴水の周りで忙しげに立ち働く市の年配の散水職員は、質問にもたじろがない。『ミッテラン？　かれはやるべきことをやったよ。……愛国者で、いいところがあるね。』……大統領候補者としてかれは攻撃的でしたか。『他の候補者に比べ特にそうは思わないね。』ガッサンディ大通りの『タヴェルヌ』〔レストランの名〕の愛想のよい経営者は、全体としてフランソワ・ミッテランの出演に好印象をもった。『かれは自分の仕事をよく心得ている。ジャーナリストの質問への答えにも詰まらなかったしね。あの歳だし、慣れているわけだ。』一方、郵便配達夫は……、不審に口をとがらせたが、にもかかわらず肯定的な意見の陣営に合している。『余裕があるように見えたね。説得力があったよ。でも、皆どこか同じようなもので、どこか私らと同じところがあるね。政権に就くと、自分たちのできることをやるけれどね。……』ロベール。かれは焙煎職人で、滔々と語って、とどまるところを知らない。『いやあ、かれは気に入った。政治家らしい政治の発言で、これにかけてはまったく最高だね。私が知っているかれの才能のすべてを証明したよ。みごとな見せ場だった[22]』。

政治評論家たちは、政治家のテレビでの発言はかれらへの人気評点や投票意図を動かすために与えられた機会であるとみている。政治家は業績によって評価されるわけだが、その業績とやらは、世論調査機関によって測定される。『バール』は上昇、『ミッテラン』は横ばい」と題する記事のなかで、『ル・モンド』の一記者は、一九八八年の大統領選挙のキャンペーンの際前もって行なわれた数多くの選挙予測調査の結果に長々とコメントし、こう書いている。「RTLでのフィリップ・アレクサンドル〔政治担当コラムニスト〕の質問にミッテラン氏は答えるべきであった。その発言があったなら、次の世論調査の結果を変えていたかもしれない。調査の最新の流れは、バール氏の人気評点の上昇、国家元首〔ミッテラン〕のそれの横ばい状態を示している」（一九八七年十一月十四日）。メディアの威力への信仰が、政治‐ジャーナリズム階級に、テレビの政治番組を注意ぶかくたどらせるのである。とりわけジャーナリストが政治家に質問をする、あるいは二人の政治指導者が直接に対決するといった番組についてはそうである。

ここでもまた、世論調査がごく早くから行なわれていたのだが、目新しいことは、これらの技術的装置が、最初は内密のものであったのが、政治番組をめぐってまたたく間に番組の中心にさえなったことである。政治ジャーナリスト、政治学者、世論調査機関幹部、政治家、そしてかれらのコミュニケーション補佐、テレビ評論家、等々、要するに、政治および／またはテレビに関与する者がすべて対抗し合い、政治家のテレビ「出演」について私的に、また特に公に自分たちの意見を述べる。そしてそれは、調査機関と政治学者が、テレビ視聴者を代表するサンプルの反応を、厳密で異論の余地がないと考える流儀で測定するために着想する、いよいよ手の混んだ装置から導かれる数量データを解釈するためである。

政治リーダーを一対一で対峙させるテレビ「対決」、特に大統領選挙や総選挙の際に行なわれるそれ（一九七四年と一九八一年のミッテラン対ジスカール＝デスタン、一九七七年のミッテラン対バール、一九八五年のファビウス対シラクの「対決」）は、特別に綿密な分析の対象とされた。ということは、少なくとも政治‐ジャーナリズム界の多くの行為者の目には、このテレビ討論が、選挙の最終の選択において決定的な役割を演じるとみなされているということである。[23]

一九六〇年、アメリカでリチャード・ニクソンとジョン・ケネディが対決したのがこの形式の最初の討論であるが、これについては、討論が有権者に及ぼした効果を見定めようとしておびただしい分析が行なわれた。あらゆる政治専門家は、ニクソンの「テレビ映りが悪かった」こと、それがかれの基本的な敗因であることで一致している。T・ホワイトによると、[24]ニクソンの背広は派手すぎて、メーキャップも場にそぐわず、いっぽうニクソンの顧問たちは、ケネディは討論の際に相手をではなくカメラを見つめ、そうすることでテレビ視聴者と直接のコミュニケーションを打ち立てるなど、テレビをより適切に利用できたことを指摘している。ニクソン自身も、「外見」や「映りぐあい」に討論相手ほど注意を向けなかった、と認めている。

フランスでも、テレビによる政治家の発言が増えるにつれ、同じようにこの種の討論についての色々と手の混んだ分析が発達することは避けられなかった。後に速やかに世論調査企業の重役や政治コミュニケーション助言者になっていくような大学人たちの仕事がある。たとえばジャン＝マリ・コトレがその例であり、かれは、一九七四年の大統領選のための討論におけるヴァレリ・ジスカール＝デスタンとフランソワ・ミッテランの発言の比較分析を一九七六年に著している。(25) そして言うには、ジスカール＝デスタンは、「相手方よりも、よく結集の機能を満たす形でスピーチを行なった」ということであるが、これは説明としてはトートロジカルである。

政治学の専門家の分析とならんで、今日、何らかのかたちで新しい政治ゲームに参加する多様な種類の専門家の研究が増えている。ジャン＝フランソワ・タルノウスキーは、最近『映画評論』に掲載された一論文のなかで、たとえば、一九七七年レイモン・バールとフランソワ・ミッテランを向き合わせた討論の演出のあらゆる「陰険さ」を調べ上げ、次のように証明しようとする。フランソワ・ミッテランはこの討論で「敗れ」、続く総選挙でも同様の運命をたどるわけだが、それは番組演出者がわざと犯した「一八〇度の二重の規則の侵犯」に原因しており、カメラの位置について微妙な操作をして視覚上の混乱を生じたためであり、一般の視聴者はそうと気づかなかっただけに、これは強く利いたのである、と。(26) 政治的マーケッティングの分析は特に数が多く、たとえばジャック・セグエラは、一九八一年の大統領選におけるミッテランの勝利の理由を、「よい」スローガン（「静かな力」）の選択によって説明している。(27) テレビ批評家も、テレビ上のスペクタクルとしての政治番組についてその見解を述べる。同じく政治評論家も、たとえばクリスティーヌ・オクランのようにその意見を述べるが、彼女は、一九八八年の大統領選挙のキャンペーンの前夜に著した時事的な本の中でこう書いている。政治評論家の多くは、テレビ討論が有権者の選択に決定的影響を与えると思い込んでいる、すなわち、ミッテランが一九八一年に勝利したのは、一九七四年のテレビ討論から教訓を引き出すことができ、いわばその役割を逆転させることができたからである、というのである。(28) 等々。

じっさい、これらの討論それ自体の研究を行なうには、それに先行し、並行し、かつ後続する多少とも手の混んだもろもろのコメントを無視するわけにはいかない。新しい形式の政治を形成する特有のものも、政治学者の分析によって破壊されてしまう。政治学者は、一方で、客観的で普遍的に妥当するとする討論内容の分析を提唱しながらも、政治界のさまざまな異なるアクター間の闘争を対象に、自分たちにもっとも好都合な討論への見方を押し付けなければならず、このことに特に自らの権威をもって加担してしまうからである。政治学者による内容の分析は今日では速やかに行なわれ、公表されるから、そうなると、分析が討論そのものの不可分の部分をなし、事実としてはこれらへの政治的論評を擬似科学的正当性をもって増殖させることになる。政治学者は、少なくともジャーナリストと政治家に対し、これらの討論への一つの見方を押し付ける。すなわち自身非政治的であるとする政治学者兼視聴者が、討論者の間でやりとりされるすべての「手」を観察し、一義的で異論の余地のない意味づけを与えるとされるものである。

テレビに映ること、これは、ほとんど普通のテレビ視聴者のそれではない特有の立場の分析を要求するという意味で、明らかに「解釈学者への罠」をなしている。これを一面的に読み取ることほど、現実から乖離しているものはない。それは特に、分析が、関心をもたざるをえないビジョンの押し付けのための最高度の闘争をまさに含意する政治討論に適用される場合にいえることである。一般の公衆は、政治番組を詳細に分析などしない。政治番組をビデオで繰り返し観たりしないし、たいてい、R・ホガートの表現では、「はすかいの」、ないしは「間歇的な」注意しか向けないのである。(29) そして、すでに身に着けている信念——もしそうしたものがあれば——を補強してくれると思われるものを選り分けて観ることを知っている。政治ジャーナリストがこれらの討論や議論に対してしばしばその場で示す、首尾一貫性を欠く評価が、にも拘らずこれを観ている者の間に根を下ろし、討論や議論の不可欠の一部となる。

テレビ討論について一個の正しい見方があるのではない。極言するなら、これを観る視聴者の数だけの見方がある。各人は、その政治的関心、より一般的には社会的な関心に照らし、見たいと思うものだけを見る（しばしば見るように強いられる）傾向にある。メディアに顔を向けた政治学者たちは、討論への一個の見方の押し付けをめぐるこの闘争の存在を認め、考察の対象とするのではなく、自らを審判者に見立て、それのみが科学的に異論の余地がないと称する一つの見方を提示し、裁断を下す。この政治学者の政治の見方は、たとえ非現実的であっても、広く流されるにつれ、効力をもつ社会的見方になり、徐々に政治ゲームの行為者全体において、さらにそれ以外においても、「真実」となっていく。

逆説的というほかないが、テレビにおける政治家の発言の内容の分析が数多く行なわれれば行なわれるほど、分析は政治家のメディア戦略の中に取り込まれ、それらの固有の説明力はゼロになっていく。他方、これらの分析の公表、ならびに多様なコメンテーターによるその利用によって産み出されるはるかに重要な効果は、覆い隠される。じっさい今では、いくらかでも有力な政治家で次のようなテクニックを身に着けていない者はない。衣装の色合い、手の置き方、下肢の位置、視聴者とパーソナルな関係を打ち立てるためのカメラへの眼の向け方、話す口調、使う語彙の範囲、等々。テレビの政治担当記者は、どうしても生じるマンネリ化に抗するため、絶えず討論の新方式を編み出さなければならない[30]。番組は、政治コミュニケーションの専門家によって入念に分析されるが、それは顧客〔政治家たち〕のために、次の番組に向けよりよく準備を整えるためである。これらの番組が「意外性」、「自然発生性」にゆだねられているように見えれば見えるほど、それだけ、そうした幻想を与えるための工夫を凝らした下準備による戦略があるということである。

一九六〇年代フランスの政治の「メディア化」の初期にはたぶん、政治リーダーで他に先駆けてこの新メディアに適応できた者がいて、そこに選挙民の相当数の政治選択をたしかに制する特有の切り札を見出すことができたただろう[31]。それは、コミュニケーション助言者たちが考えるほどには簡単に証明できないものではあるが。それでも、メディア化という慣行が急速に一般化すると、この仮定された有利さもとうに失われてしまった。討論の争点が政治的により重要とみなされればみなされるほど、政治家の組織やその行動は今日では、即興の偶然や、統制を離れたかれらのイニシアティヴに委ねられることはなくなる。国政レベルの指導者間の討論が行なわれる時には、すべてが指導者の代理者の間の骨の折れる交渉の対象となる（席の選択、テーブルの大きさ、司会役のジャーナリストの指名、取り上げるテーマ、司会者の割って入り方、等々）。演出において平等の扱いをしなければならないという脅迫観念は非常に強いので、この種の番組の製作者はもはやなんの自律性ももたず、あらゆる率先行為を禁じる過酷な技術条項に縛られている（たとえば、討論者の無意識のうちの手や足の運びについての大まかなプラン、発言していない討論者の相手への反応を見せるはめこみの円形画像、等々）。

たとえば、V・ジスカール＝デスタンとF・ミッテランのテレビ討論の実施条件を定めた調整委員会へのロベール・バダンテール〔弁護士・政治家、成立するミッテラン政権の下では法務大臣を務める〕の書簡は、演出に関する次のような二つの取り決めを明確にすべきだとしている。「両候補者の映像の扱いの時間を平等をするため、発言している候補者の映像はその発言の間だけ中継される。中断、あるいは相手方や司会者の反応を中継するプランは認められない。映像として使われるのは、上半身の中間プランおよび大写しプラン（顔のクローズアップ）に限られる。カメラの切り換えは、各候補者についてその顧問によって決定される。」（『ル・モンド』一九八一年五月二日）。したがって、討論の分析にやっきとなる多くの政治学者の行なうこととは逆に、次のようにいってもまず逆説的ではないだろう。今日、この種の政治番組のもっとも適切な分析とはまさしく、その実質的内容における討論それ自体（なお、それは対峙する両政治家の特質およびそれへの準備の仕方から推定されるだろうが）の検討はほどほどにし、そのすべての注意を番組の前と後に起こることに向けることにあろう、と。

ある典型的な討論

数あるテレビ政治討論のうちでも、一九八五年十月二十七日、当時首相のロラン・ファビウスと旧首相で野党系の領袖ジャック・シラクを対峙させた討論は、詳細な分析にあたいする。テレビ、そして特に世論調査が決定的な機能的重みをもつ政治闘争の新しい形態を、あたかも学校のケースのように戯画的なまでに濃縮したものだからである。しかし、こうした討論を、政治界の構造と機能をミニアチュールとして再生産しているからという理由だけで、政治界の新しい状況を示す「分析装置」とみなしてよいわけではない。その政治的反響の大きさもまた、今日では決定的な、「メディア演説」が政治ゲームの中でもちうる機能的重みを示す一指標をなす。この政治対決は、即席で準備され、終わるとただちに忘れられ、政治界のさまざまな行為者の保有する政治資本の分布に何の影響も与えない、といった態の討論ではない。それどころか、政治界自体によって典型的で重要なものとして広く認知されたのである。

この討論はテレビとラジオで流され、じっさい、純然たるメディア的イベントの一種の理想型として実現された。今日、同種のものは政治－ジャーナリズム界でいよいよ広く行なわれ、テレビ視聴者という広範な観衆がこれを目の当たりにしている。特にテレビを通じて非常に高い知名度をもつ二人の政治指導者がカメラの前で対決するという「演技」だけではない。それを越えて、政治界の機能にかかわる、見える者、隠された者を含めてすべての行為者を番組の中に見てとることができる。つまり、伝統的な政治評論家、政治家、ジャーナリストという、放映の前と後に自分たちの言明やコメントによって一個の見方を討論に押し付けようとする者たちから、政治学者にせよ、世論調査機関にせよ、あるいは政治コミュニケーション助言者にせよ、そうしたもろもろの新参者にいたるまで。政治学者は討論をこと細かく読み取り、視聴者テストによって確定された満足カーブ（討論への視聴者の満足度を時間を追って測定しグラフに表したもの）を分析し、世論調査機関は討論の前と後に二人の指導者の「イメージ」について、また討論の「勝者」はどちらだったかについて調査を行ない、コミュニケーション助言者たちは、討論前に二人の「スター」を助け、討論後には記者連に乞われて、両「スター」の「活躍」ぶりに専門家として意見を述べている。

このテレビ討論は、それに先立つすべてのテレビ討論史を一つに合わせたような、両者がつばぜり合いを演じる激しい交渉の末に生まれた結果である。チャンネルの選択も、放映時間の選択も偶然になされたものではない。TF1で、日曜日夜、映画放映の直前に流されたわけであるが、というのも、同チャンネルは、「自発的視聴」のために最良の時間帯、テレビ界の隠語でいう「肉屋のとっておきの一切れ」を提供できるからである。[32]討論のすじ書きや色々なテーマが扱われる順序さえも、「日曜名画の夕べ」の時間に近づくにつれ上昇すると予想される視聴カーブに応じるかたちで、明白に定められる。討論の準備と司会を担当したジャーナリストの一人は報告している。「このためわれわれは外交問題を前座の位置に据えることを考えた。その位置でもっとも効果的な矢を放てるからではない。まさに、漫然組や遅刻組の視聴者たちをテレビの前に座らせるためである。これに対し、それに続くラウンドは、ひたすら二人の戦士がはなばなしい果し合いを演じることができるように、経済、政治問題にとっておいたのだ」。[33]日取りについてはどうか。いくつかの提案があった末に最終的に決まったが、これも二人の政治リーダーおのおのの政治戦略に従ってであって、両者は互いにこれこそ政治的にもっとも有利だと思う日取りを相手に呑ませようとした。

討論を司会するジャーナリストの選択（かれらの討論への参加は、発言時間の記されたストップウォッチを眺めることと、扱うべき事前に取り決め済みのテーマを「討論者」に想起させることに限られる）も、複雑な交渉の対象となる。これこれのジャーナリストは相手方から名が挙がったという理由で一方から拒否される。しかじかのジャーナリストは政治的色合いがはっきりしすぎているから受け入れられない。他の何某はしゃべりすぎで、討論者をスターの座から引き下ろしかねないから駄目、さらに他の何某はすでに別の政治番組に登場しているから駄目、という具合に。

それにも増して、番組自体の製作および実際の手はずの演出は成り行きに任されることはなかった。たとえば、演出家は特定の画面構成によって両リーダーのいずれか一方を「有利にする」または「不利にする」ことがあってはならないと取り決められた。主役の一方が発言していない時にはその身振りを見せないために当人の表情を映さない、という約束さえさせられた。疑わしげな不満顔や冷やかすような薄笑いは、競争相手を不安にするお決まりのものだからだ。また協定により、討論は実際の聴衆のいない場で行なわれることも決められた。笑い、ささやき、その他さまざまな騒音が討論を邪魔しないように、この聴衆から生じるかもしれない反応がテレビ視聴者の判断に影響を与えることのないように、と。また同じく、テーブルのサイズを決めるのにも長々とした交渉が必要だった。二人の敵手同士があまり近すぎて相手のメモが読めてしまうことのないように。といって、あまり遠すぎて人間的なつながりも感じられないといったことのないように。

それだけではない。パリ市長〔シラクは当時パリ市長も兼ねていた〕の補佐たちは、リーダーの脚部を広い目隠し板で見えなくすることを要求した。この指導者の日頃の癖と思われる無意識の足の動きがテレビ視聴者の眼に触れないように、というわけである。自分のスーツの色を選べるようにと、「討論者」の各々に生地の一見本も届けられた(34)。そして、討論の準備のもろもろの指示を徹底するわけにもいかないので、ＴＦ１は、各人が自分の体格にもっとも合ったものを選べるようにと、七対の幅広および細身の椅子、安楽椅子の硬めのもの、ふんわりしたもの、肘かけのあるもの、ないものを、ドイツの一専門企業に注文している。

けれども、このテレビ討論を、多少退いたところで考えてみるとどうか。振り返ってみて驚くのは、プレスのこの討論の重視ぶりであり、また政治空間の中でのプレスの示す態度の曖昧さである。この「今年の政治重大事件」にあげられたものも、実際にはごく平凡な内容にすぎない。なお、この討論の展開は、政治評論家にとってはあまりにも予想どおりだったので、かれらの多くは意外感もなくこれに評価を下し、なかには「陳腐」だったと見た者もいた。事実、このテレビ討論が表示した出来事は、集合的活動の結果であって、出来事の大きな部分はジャーナリズム活動の所産であった。これは、もとはといえば、新聞・雑誌等メディアの責任者たちが足並みをそろえて――ただし、申し合わせて、というわけでもなく――その第一面に、あるいはラジオ、テレビではトップに掲げることにしたものだからである。

それでも、記者たちが自由に扱う余地、およびかれらの評価の権能は、ケースによって違ってくる。自然災害、衝突を引き起こしたデモ、重要な集会、一失業者の企てるハンスト、政治「スキャンダル」、テレビ放映された討論、これらの出来事に与えられる位置は、記者たちの完全な自由選択にゆだねられるものではない。知られているように、界《シャン》の一効果として、ジャーナリズム界の行為者が情報のプロとしての評判を落とす咎を受けたくなければ、または他のジャーナリストがこれを報じているという理由から、報じないわけにはいかないような出来事（たとえば大きな学生デモ）がある。他に、かれらが支持することができ、重要な事件とみなすような出来事、支持できなくて重要とはみなさない出来事（ハンガーストライキのような）もある。さらに、これ見よがしに無視できるような出来事もある。

「第一面で扱うにあたいする出来事」とジャーナリズム界によって認知されうる行動を産み出す社会集団の力量

は、一様ではない。すべての圧力集団が、かれらの要求を押し出すためにおびただしい数のデモ参加者を街頭行進させたり、記者の注意を引くような斬新なデモの形態を編み出せるという条件にあるわけでもない。こうした構造的与件のほかに、同じく状況的なたぐいの与件もある。それによって、「十分な今日的話題性」もないままにある種の事実が、「イベント」のランクに近づき、政治‐ジャーナリズム界の内部で通常の議論の対象となることもある。

一例を挙げる。ピエール＝リュック・セギュイヨンは、シラク対ファビウスの討論がどのように進んで行ったか、どのようにしてかなり例外的スケールのものとなったかを伝えている。「あれは一九八五年九月の第二日曜日のことだった。……私はテレビの当直記者だったのだが……パッとしたニュースがなく、二〇時のニュースのトップになるようなものが何かないか、と当てもなく探していた。午後しばらく経って、このニュースが飛び込んできた。単なる一〇行ほどの速報だが、そのＲＰＲ〔共和国連合〕本部からの短いコミュニケの中で、総裁〔シラク〕は、『ロラン・ファビウス首相との公開討論に参加する用意がある』と宣言していたのだ[35]」。

このように、政治討論というものはかなり特殊な性質の出来事である。全面的にメディアが関わる事柄であって、主にテレビ番組によって構成されるのであるが、ただし、あらゆるメディアによって、また政界によって「イベント」として紹介されるという条件の下においてである。しばしば意味ありげに「メディアの攻勢」と呼ばれるもののかなり身近にいると、この種の出来事の生成に多少とも意識的に参加する社会的行為者は、かれらの役割が重要だと大いに確信しつづけるものである。だが実際には、「イベント」とは、集合的所産であり、活字メディア、音声メディア、テレビと、政治界の諸行為者との一部分無意識の共同生産の結果にほかならない。

象徴闘争

全国的ラジオおよび地方紙と幅広く連係しているパリの活字メディアは、このテレビ討論は特別な事件となるだろう、その見出しの下にすべての者は討論を注視しなければならない、という観念を単に押し付けるのに力を貸すだけではなく、事件を認知するためのもろもろのカテゴリーを広く与えている。あるいは少なくとも、テレビ観戦するようなスポーツから借りたある種の無邪気な認知のカテゴリーを強化したといえる。ロラン・ファビウスと野党リーダーの「最初の直接対決」はどのメディアでもほとんど判で押したように「トップ同士の決戦」として伝えられ、「ボクシングのマッチ」のように「壮絶」なものとなる、さらには「大きな打撃」を与える「領袖同士の戦い」となる、と予告されていた。スポーツの比喩、ボクシングの試合の比喩がここでは徹底して使われ、プレスは、二人のリーダーをあたかも討ち合い開始前に二人のチャンピオンを紹介するかのように紹介し、予想記事は、討論の展開をさながらボクシング・マッチのそれのように記述している。リングを取り巻くレフェリーであるジャーナリストたちは、両対決者のおのおのの挙げる「ポイント」、「優勢」を数えるというわけである(ただし全く不確かな算術によって。なぜなら——後に再度触れるが——ボクシングの試合とちがって、「優勢」の定義自体がここでは各々の評価にゆだねられるから)。

討論の終了後、ジャーナリストも、政治家も、政治マーケッティングの専門家も、政治学教授も、そして「世論」そのものも、すべて、どちらが「勝った」のかという問いかけを受ける。これは少なくとも、どちらが勝ったかという問いを通して、一個の戦いがあって、「勝者」と「敗者」が確かにあったのだという観念を押し付けるという一つの方法なのである。

テレビ討論の紹介の仕方は、これに臨む政治リーダー自身のやり方にも影響をおよぼす。かれらは、プレスがかれら自身に与えるイメージ、および仮借なき対決という討論の定義のなかに封じ込められ、もはやこれを完全にコントロールすることも否定することもできない。そんなことをすれば、プレスがそのように強力にかきたてた期待を裏切る恐れがあるからだ。

ロラン・ファビウスの行動はそのような角度から理解することができる。「攻撃的」かつ「好戦的」とみられ、それだけ評論家や政治家の多くから大きく注目されていたため、かれは、それまで与えようとしていた自分のイメージ、すなわちむしろ「冷静」で「物静か」で「落ち着いた」「党派的でない」政治家というイメージとは大いに異なったイメージを自らに与えたのだ（かれの政敵たちは逆に、「身の安全を図る」「むかむかする」「自分の責任をとらない」、そんな政治家だと語る）。このように、ロラン・ファビウスによって採られた態度は大部分、討論を、「見せ場のある」ものでなければならない「闘争」へと構成する政治‐ジャーナリズム界の構造の結果にほかならない。その上、ある人々からは「特徴のない」政治家とみられていたので、たぶんこれに反発したかったのだろう。

同じ分析は、ひとしくジャック・シラクによって誇示された行動を説明するのにも妥当しよう。かれは、つねになく穏やかな風で、しじゅう微笑みをたたえ、「平静」で「くつろいだ」ふりをしていた。〔ロラン・ファビウスとは〕逆に、権威的で横柄な人間であるという一般に流布しているイメージとこれまた戦ったのである。

しかし、スポーツの比喩ではつかめないものがある。それは、政治的討論では二重の象徴闘争があり、ボクシングの試合のように勝ち負けのあるものではないという点である。相対する両者は、言葉でもって対決するだけではなく、さらに各人は自分にとってもっとも有利な戦いのルールを押し付けようとして戦う。政治においては、「ポイント」や「優勢」の一義的な定義など存在しない。スポーツの競い合いや身体的闘争では、成績は厳密に測定され、だれにとっても目に見える、比較的明白な一撃がもたらされるが（特に「ＫＯ」の場合）、これと違って、政治闘争はまずそれ自体が、マッチの展開をどうするかという考え方を決めるという、ゲームのルールの定義を争う象徴闘争なのだ。各討論の後に質問を受ける政治家は、よかったのは自分たちのリーダーだったと答えるよう余儀なくされる。否応なしに両陣営支持者に突きつけられる客観的現実というものがないため、このように政治家たちは、討論についてのかれらの見方を一般聴衆に受け入れさせようと象徴闘争を続ける。

　カメラの前で向き合う政治リーダーは、テレビ討論においていちばん目に触れる、外目でわかるアクターにすぎず、かれらの「出演」は本質的にいって、あらゆる一連の行為者を動員する機会となっていて、後者は後者で、討論についての自分たちの解釈を押し付けるべく対決することになる。おそらく、ここでのもっとも決定的なアクターは政治家ではないだろう。かれらの政治的見解はあまりにも予想可能であり、政治‐ジャーナリズム界自体の中で、物まね師によってよく儀礼的な冷やかしの対象とされるくらいである。決定的なアクターはむしろ、評論家、専門家、両陣営における多少とも名のある支持者たちである。かれらは各討論の前と後、いずれか一方への支持の声を上げ、その人間を勝たせようとするが、それは、ためにする議論をつくりあげ、支持するリーダーにもっとも有利であるようなゲームのルールを、討論の前に、そして事後に押し付けようとすることによって、である。ゲームのルールをめぐる駆け引きは相当なもので、実際上各人は、討論の具体的な展開とほとんど関わりなく自分たちのチャンピオンが相手に勝ったと見てしまう。

　社会的知覚とは両義的なものである。場合次第で、権威主義とみるかと思うと威厳のしるしとみたり、リベラリズムと見るかと思うと甘やかし主義とみたり、冷静・公平を無関心と見たり、といった具合であり、これらテレビで放映されるものについても全く対照的な評価が下されることがある。スポーツ競技でも、もちろんサポーターたちは自分のチームを応援するし、あるいは負けた場合でも、わがチームのほうが士気で勝っていたのだ、とみることはある。しかし、サポーター連が勝利を決めるというわけにはいかない。勝ち負けは、あらかじめ万人に課されている客観的基準（ゲームのルール）による。政治闘争は、ある時期までは、ゲームの判断をもっぱら「オピニオン・リーダーたち」にさせていた。ある意味で、ゲームについての意見は各人のそれに留まり、いみじくもいうように、「意見の問題」、すなわち個人的、主観的信仰の問題だったのだ。

評決の効果

このテレビ討論は政治界の機能の仕方を変える重要な一段階を画するもので、その真の新しさは、異論の余地のない、民主的とみるべき一個の審判者を創造した点にある。そのためには、視聴者自身をゲームの場に降りて来させ、世論調査技術の助けを借り、このマッチに成績を付けるようにと直接に頼めばよかったのだ。政治においては当然とみられるこの手続きを——しかし、政治の分野では特に事実の明白性には用心すべきだ——仮に狭義のスポーツに置き換えたなら、どうなるか。さしずめ、たとえばフットボールの試合の勝ち負けは、実際に挙げたゴールの数ではなく、各チームのサポーターの数による、といったことになろう。あるいは、政治闘争にもっと近い例を挙げればたぶん、ボクシングのマッチまたはフィギュアスケートで、専門審判の技術的判定によってではなく、観客、さらにはテレビ観戦者の意見によって結果が決まる、といったところだろう。観客にゲームの審判をさせる、適用するルールは観客のおのおのが決める、というのはきわめて特殊なゲームの規則であるが、これを禁じるものはもともと何もない。この分野では、すべてのことが可能であるが、またすべてが恣意的なのである。

科学に関して同じ手続きをとり、母集団を代表するサンプル諸個人に質問をし、太陽の周りを回るのが地球なの

別にたたかわれるマッチ

「プレス批評（Revue de Presse）」は、ジャーナリストによってなされたコメント・評論全体を集め、毎日ラジオで放送されるもので、みかけは単なる記事の確認であっても、事件の造出とその特有の政治的効果の実現に貢献している。「ジャーナリストの意見」のあり方は、「世論」のあり方と政治界の間の重要な媒介者であることに変わりない。「ウーロップ１」の電波に乗ったジャン・クロード・ケルブールシュの一九八五年十月二十九日（火曜日）のプレス批評は、全プレスが件のテレビ討論を特別に重視したことを示している（引用されたパリおよび地方のプレス二〇の見出しでは、これは大きな扱いであった）。

「熱い反応からある種の冷めた反応にいたるまで、あらゆる意見がある。だから熟慮の余地もあれば、また幾つかの疑問もある。たとえば、ロラン・ファビウスはいったい左翼なのか、それとも右翼なのか。この問いは新しいものではなく、別に法外な質問でもなく、ほとんど逆説的でもない。いずれにせよ、『リベラシオン』でセルジュ・ジュリーは率直にこの問いを立て、かつ答えている。少なくとも移民と治安に関しては、左翼の言葉が聞けるものと期待できた。だが、思い起こそう。左翼は道徳的・イデオロギー的解体をまさに成しとげたばかりだ、とセルジュ・ジュリーは書く。

人々が目にしたのは、事実上、純粋状態にある二つ野望の衝突であり、『ル・モンド』でアンドレ・フォンテーヌがシェークスピアに言及したのは至当である。じっさい、どこにイデオロギーが、そしてイデーさえもがあるというのだろうか。ロラン・ファビウスとジャック・シラクがもう少し高い所に立って未来の大きなビジョンを描くことを、人々は期待したのではないか。だが、『ル・モンド』の主筆〔アンドレ・フォンテーヌ〕はいささか悲しげに、人と人の闘争が、理念と理念の対決に打ち勝ってしまった、と書く。人と人の闘争。なぜなら、『ラ・レットル・ド・ラ・ナシオン』でピエール・シャルピーが言うように、ファビウスには明らかに、ジャック・シラクを苛だたせることという一つのことしか頭になかったからである。なぜならまた、『ノール・エクレール』でジュール・クロベールは、両人が対立したはずのテーマは奇妙にも狭まって、実際上もはやほとんど違いが残らなかった、としているからである。ただ、『ル・プロヴァンサル』でジャン＝ルネ・ラプレヌが言ったように、ロラン・ファビウスは、思想の対決よりも個人的対決を好むことで、自分の未来に枠をはめてしまった。たぶん、かれの友人たちの間でもそうだろう。

『リュマニテ』にとっては、ファビウス、シラク両人の対決は個人的野心の衝突にほかならない。それは同根のものだからである。『リュマ』でジャック・ディオンは声を荒げ、ロラン・ファビウスの偉ぶった尊大さや、ジャック・シラクの獰猛さを隠した微笑みは、暇つぶしのおしゃべりの種にはなるだろうが、あんなものはアメリカ式の『他愛のない政治ショー』の信奉者の興味を引くのが関の山だ、と書いている。要するに、両者の示す構想は似たり寄ったりだという点にある、と。

さて、別の問いを考えてみる。いったい保革共存が始まるのだろうか。昨晩のＴＦ１のピエール・リュック・セギュイヨンと『アンテヌ２』のポール・アマールには、あたかもそれは既定の事実のようだった。たとえば、このマッチの司会者の一人だったピエール・リュック・セギュイヨンは、戦いが緊迫し熾烈でさえあったのは、もっぱら、ファビウスとシラクが根本的にはほとんど置き換え可能な存在だったからである、と言う。たとえば移民について、極右・極左の拒否について、国家の独立について、等々。とすれば、やはりもう一九八六年の三月〔ミッテランの下での最初の保革共存政府の成立〕以降の再現だろうか。全員が意気投合し、全員が一致するのだろうか。『ノンだ、とんでもない』と『ル・フィガロ』でシャルル・ルボアが応酬する。ファビウス－シラクの対決は、フランソワ・ミッテランと野党との保革共存がいかにも不具合であることを占わせるものである。その点では、『レスト・レピュブリカン』でシャンタル・ディデイエは、少なからぬ風波を予想しなければならないと書き、また、ジョルジュ・シュフェールは『ル・レピュブリカン・ロレン』の中で、あの夜の二人の人間の間には憎悪の空気のようなものが流れていると感じられたと指摘する。シュフェールは、あそこでは固有の意味での政治的要素は重要ではなかったと言う人もあろうが、しかし政治はまた怨恨や怒りからも成っているのだ、と言葉を継ぐ。『レスト＝エクレール』のベルナール・エリュイも言う。二人によって投げられた悪罵から判断して、保革共存は容易ではなく、不愉快なものにさえなるだろう、と。

したがって、マルク・ユルマンが『ル・テレグラム・ド・ウェスト』で書くように、日曜日の夜の最大の敗者はレイモン・バールだった、と言えるかどうか、これは全くもって確かではない。前者は言う。なるほど、ジャック・シラクは統治を引き受ける用意があることを明らかにした。では、だれと共にか？　決定的と告げられていたマッチの表向きの大敗者である一人の人間〔レイモン・バール〕と共に、である。

今朝もプレスでは、ロラン・ファビウスが標的となっている。『リベラシオン』のセルジュ・ジュリ。ロラン・ファビウスは真空をつくりだす機械であるが、ただし今回は、真空のほうがかれを捉えてしまった。『ル・クオティディアン・ド・パリ』のポール・ギルベール。ロラン・ファビウスは、つくられた政治家であるが、今回はこしらえ物の悪い点がでた。『ル・フィガロ』のジャン・ボトレル。ロラン・ファビウスは殺人者を演じようと欲したが、沼地のあひるを撃つだけのヘボな射手が、にわか仕込で猛々しい殺人者になれるわけがない。

ファビウスはよくなかっただけではなく、下手でもあった。『ル・メリディオナル』のロラン・ジル・アルディノー。ファビウスは自分の腕を過信していたのであり、結果は情けないものだった。『ル・ミディ・リーブル』のポール・カッツ。かれはコミュニケーションの大家、民衆むけ話術の名人とみなされてきた。ところが、である。今や皆が気づいたことであるが、ファビウスが自分のもっていた手段の一部を失うこともありうること、それが首相〔ファビウス〕にとって大いに痛手となること、を。

ジェラール・バデルが書くように、それゆえ、ロラン・ファビウスは、相手がレイモン・バールでなかったことにほっと安堵のため息をつくことができる。実際には、『ル・パリジャン・リベレ』の論説は、レイモン・バールは、首相の挑戦を受けていつでもこれに応じるという用意があるとは思えない、と念を押している。

なお、ギ・ボネが指摘するように、人々はこの討論を純然たる感情的基準から審判したのであるが、結局はたぶんそれでよいのだろう、と『ラ・レピュブリク・デュ・サントル＝ウエスト』の論説は言う。なぜなら、もし人々が事柄をまともに合理的にみたならば、ファビウス、シラクはともに減点をこうむり、評価を下げる恐れがあるからだ。事実、今朝発表された数字、とりわけ『リベラシオン』と『レ・ゼコー』のそれを眺めてみる。『レ・ゼコー』のファビラは叫ぶ。さて、これらちょっとしたゲームは、数字の信用を落とすという不都合をもたらした。公式数字ですらそうであり、これを打ち出した機関も信用をなくしてしまった。要するに、過日の宵、真理はたいそうな一撃を食らったのだ。『ル・モンド』のアンドレ・フォンテーヌが問うように、フランス人は真理に無関心になっているのではなかろうか。この問いにどう答えるか、それは皆さんにゆだねたい。ではまた明日。」

か、それとも地球の周りを回るのが太陽なのかという問題に断を下す、今後一年、または二年以上の間にエイズへの治療法をみつけられるかどうかを質問する、といったことをすれば、どんなことになるかは想像するまでもない。なお、みるからに馬鹿げているこれらの質問も、定義し構成すべき変数の指標とみなすというかぎりでは、意味がなくはない。政治的ないし政治学的なずらしは、これらの回答を所与のものとみなす点にある。たとえば、次のようにいうコメンテーターはいるかもしれない。地球が太陽の周りを回っている、エイズの治療法は間もなくみつかるだろう、ということを世論調査は示している、なぜなら、過半数の者がそう考えているからだ、と。じっさい、第一の設問は学校システムの説明の格好の指標として扱えるし（なぜなら、正しい解答は小学校で教えられた知識を前提とするから）、第二の設問は、エイズに関するプレスのキャンペーンへの個人の遭遇のよい指標として扱える。けれども、このようなやり方をすれば、世論調査実施者は、人々の意見の収集というものをはるかに超えることを行なうことになり、代表サンプルの諸個人を、あらゆる事項についての万能の裁判官として押し付けることになる。

　世論調査という活動そのもの、およびその結果の称揚にもともと深いつながりがある、まぎれもない「トップ五〇効果」について語ることができる。これは世論調査にもとづいてベストセラーの上位五〇のレコードディスクを順位付けるというものであり、調査はたいていの場合真面目さというあらゆる保証を与えるものとして紹介されている。ということは、そのような格付けを行なうことがそれ自体重要であることを暗に認めることである。さらに、暗黙裡の価値判断として、純粋に量的な一尺度を順位付けの基準として押し出すことを意味する。この基準は、それ自体自明のものではないという意味で、恣意的であるにもかかわらず、科学的に確定されたものとして呈示され、それゆえ「客観的」で「文句のつけようのないもの」と認知されがちである。一般にこの順位付けの結果は大々的に宣伝され、意図すると否とにかかわらず明らかに売り上げ促進の作戦を生み出し、それがさらに、この格付けおよびこの種の格付けの優秀さへの信仰を強めることになる。政治に関する世論調査と同じく、「トップ五〇」とそこからみちびかれる経済的・象徴的利益は、軽シャンソンの生産の場の論理自体を根本から変えた。

「トップ五〇」という番組の創設時のストーリーは、それ自体興味ぶかいものがある。これは「ウーロップ1」のジャーナリストであるフィリップ・ジルダが局の番組制作者に任命された一九八四年につくられたもので、かれはこう語っている。当時、二〇ほどの四五回転盤のレコードをラジオ局に激しく売り込み、これこそ「ナンバー1」だと称するレコード制作者たちがいて、自分は（伝統的な番組制作者とちがって）特別な音楽的好みやその分野での個人的意見をもたなかったが、にもかかわらず何とか断を下さなければならないと思った。そこで、「本当のナンバー1」を決めるため、「プロ的」で、しかも「客観的」であるための一つの手段を探すことになった。そして、レコードの売り上げを基準にするというアイデアが浮かんだ。それは他のいくつかの基準の内の一つでしかなかったが、一種の投票に類するものだっただけに容易に受け入れられたのだ。特に、もともとは「ショー・ビジネス」の仲間たちが「ターボ効果」と名づけているものが、順位付けの実施（「ウーロップ1」、「カナル・プリュス」の定時番組や、週刊誌における広告）である。「ターボ効果」とは、すなわち、「トップ五〇」の順位のなかに入り、その結果、全国的大メディアで繰り返し流されることで売り上げを加速することである。

こうした評決〔評決 verdict の語は、一般に陪審員の下す決定をさして使われる〕の効果はきわめて一般的であり、たとえば知識人界のように、この種の作戦からはきわめて遠いと思われるような分野でも、それが認められる。一例をあげよう。雑誌『リール』（六八号、一九八一年四月）は、「知識人層を代表している」とみなされる大サンプルの諸個人（アカデミー会員、作家、教師、リセ最終学年生徒、出版関係者、ジャーナリスト、芸術家、その他多様な人物を含む六〇〇名）に、「その著作が思想、文学、芸術、科学などの発展に深いところでもっとも大きな影響力を行使していると思われる、現存のフランス語圏の三人の知識人を挙げるとすれば、だれでしょうか」と尋ねている。最も名前の上がることの多い知識人の番付をつくるためである。[36] じっさい、こうした世論調査は、民主的なレフェレンダムという外観の下、一方で、順位付けをするという（きわめてジャーナリスティックな）利害の思考を押しつけ、他方では、これを正統に行なうことのできる人物たちの決定を押し付けるものである。『リール』のこのアンケートには、ジャーナリストが過剰に代表されており（回答者の三七％）、かれらに大きなウェイトがかかっているが、そのことは気づかれていない。というのは、狭義のジャーナリストのほかに、ジャーナリスト型知識人、知識人型ジャーナリストが、設問に答えるのに適切と判断される（だれによって？）「代表サンプル」のなかにごまんと含まれているからだ。

今日〔一九八九年〕までの間の物故者を除くと、クロード・レヴィ＝ストロース〔一九〇八年生まれ。民族学者〕、ミシェル・トゥルニエ〔一九二四年生まれ。ジャーナリスト出身の作家〕、ベルナール＝アンリ・レヴィ〔一九四八年生まれ。作家、エセイスト、いわゆる〝ヌーボー・フィロゾーフ〟の代表とされる〕の上位三人は、依然として存命中である。一九八九年二月に再調査を行なった『レヴェヌマン・デュ・ジュディ』は、頭のほうから、同じくレヴィ＝ストロース、次いでベルナール・ピヴォ〔一九三五年生まれ。文化・文学ジャーナリスト。長期続いたテレビ番組「アポストロフ」の司会を務める〕……と順位づけている。

明らかに『リール』のそれをモデルとして着想された『レヴェヌマン・デュ・ジュディ』の番付の示す結果にジャーナリストたちがコメントしているが、それをすべて引用すべきかもしれない。ジャーナリストたちは、このような番付を打ち出した審査委員の構成を問題とさえせず、明らかに喜々として、このメディアの開く突破口と、もっとも威信ある知識人の一団への追従にみちた接近を、一個の事実として記録している（「コレージュ・ド・フランスとテレビ、科学的権威とカトリックの権威、思想の生産と思想の普及〕）。ある人々からみると、ジャーナリストはそこに「メディアの人気者と大学人の間の合意の勝利を称える」という主題を見出していて、この番付が人間、称号、職をごたまぜにしている事実をあえて楽しんでいるようにみえる。すなわち、今日では、知識人権力とは、「権力の座にある知性のことであるが、もちろんメディアという法廷によって正統とされるという条件付きでである。また、無償の思索などとはほど遠く、経済的、政治的、社会的、ないし文化的現実と関わっている。」

事実、ジャーナリストを基調とした審査員たちが決める番付は、雑誌『リール』のそれよりももっと唐突に、その年のメディア受けする人々に栄誉を与えている。審査員たちは次の設問に答えているのだ。「最近の時期において、メディアがもっとも話題にした知識人または芸術家はだれでしょうか」（フランス革命二〇〇周年だったが、フュレ〔一九二七年〜。歴史家、著書に『フランス革命を考える』など〕は二位でしかなく、ピエール・ノラ〔一九三一年〜。歴史家。叢書や雑誌の編集者としても活躍〕が三位だった、等々[37]）。

この分野で世論調査が産んだ、または産ませた主たる効果はといえば、文句のつけようのない審査員をつくったことにある。集合的で、匿名で、民衆を代表し、したがって「公平そのもの」であるからだ。まさにそのために調査主催者は、調査結果に最大限の社会的ウェイトづけをするべく、形の上だけでも母集団からのサンプルの構成において批判を受けないよう心がけ、いわず語らずの内に、これ以外ないという究極の審査員を立ち上げる。各陣営の人間たちの偏りをもった信奉者的意見に対し、この新しい形式の世論調査はどうだろうか。政治学者の世論調査と同じ系統にあり、科学的な一テクニックとして、政治に関しあらゆる不偏不党性をもって決定ができるはずのものである。

シラク対ファビウスの討論では、当初から視聴者を最大化しようとあらゆる努力が傾けられ、これが同時に、調査機関の役割と、放送後に予定されているその世論調査の価値を最大化することとなる。事実、討論を観た者が多ければ多いほど、それは議論のタネになり、世論調査機関はその地位を高める。すべての評論家が発し、また押しつけてくる「どちらが勝ったのか」という問いに、調査機関が、しかもそれのみが「正答」を出せるとみなされているからである。(38) というわけで、両者の対決の数日前から、新聞・雑誌、ラジオ、テレビは、広範な読者・視聴者に対し、関心を、もっと俗にいえば好奇心を煽ってきた。政治そのものにはあまり関心がなくとも、これを機会に、かれらがこの種の討論を楽しむ視聴者になりうるだろうという期待の下に、である。討論の前夜、プレスは足並を揃え、その第一面に、この特別な政治番組は「見逃せない」という見出しを付け、(39) 認知をこれに方向づけようとした。そして、各メディアは自身の政治路線に応じて、当の二人の政治リーダー、その予想される政治戦略、切り札とハンディキャップ、かれらの公衆イメージとかれらを補佐する人々、趣味とライフスタイル、コミュニケーション専門家の予測、さらにはほとんどふざけた調子で星占いまでを、紹介している。

テレビ視聴者を代表するサンプルに直接尋ねてこの種の討論の「勝者」をいわせることは、象徴力による一撃となったが、これは市民を、「演技」の質に判定を下す単なるテレビ視聴者に徐々に変質させた一連の変化全体からの論理的帰結であるため、そうと気づかれることもなく、まかり通ってしまった。しかし、そのような勝者の指名はまったく恣意的である。じっさい、「見識ある」意見の持ち主は、一意見の価値はそれを共有する個人の数で決まるものではないと考えることができる。世論調査機関は、政治についても他の事柄についても、喝采測定器〔テレビ・ラジオ等で導入された、拍手の量を測る機器で、比喩的に「人気のバロメーター」を意味する〕の支配を一般化することを技術的に可能にしたわけで、これは、政治‐ジャーナリスト界の構造そのものによって要請され、以降、伝統的な政治手続の埒外で、「よいこと」を一挙に決定し、指示することを可能にするやり方となっている。

政治への政治学者的アプローチの一逆説によれば、調査機関はここでは被調査者たちに、あたかもかれらが政治的意見をもっていないかのように質問をし、それゆえ、評論家たちよりも公平であることができる、とする。このように有権者を代表するサンプルは、裁判官の位置に据えられるのであり、その判決は党派的とみなされないから、評論家や政治家自身も含め万人によって受け入れられなければならない、と。政治家は単に世論調査を分析し、評論家のコメントを世論調査結果に合わせて再解釈するにとどまる。シラク対ファビウス討論の際に興味ぶかかったのは、討論の「勝者」を名指そうとする世論調査の正統性に、いかなる政治ゲームの行為者も異論を挟まなかったことである。[40] この「勝者」がだれかは、最初から大幅に、「世論」の調査に密接に依存するものとされていたといわなければならない。じっさい、それは、世論調査機関および政治コミュニケーションの専門的行為者たちによる一産物にすぎない。

それ自体是非とも必要というわけもないこのようなテレビ討論を行なうというアイデアからして、これは、世論調査によってすでに支配されている政治ゲームの内に含まれているものである。[41] テレビ放映という討論の形式が採用された。なぜならフランス人は、政治リーダー同士の大がかりな対決にきわめて「愛着する」ものだからである、と。リーダーたちが公然と対決することを諾とすることで引き受けるリスクもあったが、これを説明してくれるのもまた、その両陣営のなかで自分の人気を高め、異論の余地なく自分を押し出したいという共通の思惑であった。とりわけ、数年来非常に人気評点を上げている他の二人のリーダー（バールとロカール）に対抗してであって、このことが政治ゲームの上に、かれらの個人的野心の上に、重くのしかかっていた。いい換えると、二人の政治的敵手は、お互いの間で戦うというよりも、かれらの競争相手にあまりにも味方する世論調査に対して、戦ったのだ。

政治討論番組がこれほどの世論調査を生んだのも珍しい。それに先立つ一週間に多種多様な新聞・雑誌が世論調査を行ない、それを発表している。

たとえば、テレビ番組に関する週刊誌『テレ・セットジュール』は、Ｓｏｆｒｅｓによって世論調査を行ない、どれだけの視聴者がテレビ討論を観る意思をもっていたか（特にＴＦ１の責任者が、視聴者に行なった質問）、討論がかれらの意見を変える可能性があったかどうか（テレビの効果に関する政治学者たちの設問）、視聴者の政治的意見は脇に置いて、[42]テレビを観て、どちらが「最良」の、どちらが「もっとも説得的」な政治家だと思ったか、どちらがもっとも「おかしな」政治家だと思ったか（政治的マーケッティングの専門家の質問）を知ろうとした。週刊誌『ＶＳＤ』は、二人の政治リーダーの各々のイメージを尋ねる世論調査を行ない（二人のうちどちらが将来性に富み、首相としてより適格で、より有能で、魅力的で、知的であるか、等々）、『ル・フィガロ・マガジン』は、Ａｎａｔｅｌを通じて一〇〇人（サンプルとしてはほとんど意味のない数だが）への世論調査を行ない、シラク、ファビウスのどちらがより「知的」で、「闘争的」で、「有能」で、「正直」で、「教養」があり、「責任感に富む」か、等々を尋ねている。『フランス・ソワール』は、テレビ討論の前日、ＩＦＲＥＳを通じ、「テレビ討論が世論にもたらした効果」を測るために「独占緊急世論調査」を行なうことを予告した。

『レヴェヌマン・デュ・ジュディ』は、「フランス・アンテール」、『テレラマ』と手を組んで、「メディアスコープ」を通じ、一室に集められた代表の一〇〇人のテレビ視聴者に即時の世論調査を行なっている。かれらは、「メディアスコープ」を一個ずつ手にするのであるが、これはカーソルを備えた小さなボックスで、テレビ視聴者はカーソルを動かし、討論の中での発言者の言葉への賛成、反対を表示する。討論の異なった局面での視聴者の反応を測るためであり、各討論者の総点を出すことができるように、というためである。別の世論調査機関ＣＦＲＯは、ミニテルを備えている人々と協働した。四〇〇家庭に対して世論調査を行なったわけで、取り上げられるそれぞれ異なるテーマについての意見の変化、および二人のリーダーそれぞれのイメージ（能力、権威、共感、等々）の変化を測るためであった。討論終了後、電話による二つの世論調査が行なわれたが、それはＩＦＲＥＳ－フランス＝ソワールと、Phoning- Etudes-RMC によって行なわれたものである。最後に、公表予定のものに限って今ひとつのものを挙げれば、討論の翌日に始まったＳｏｆｒｅｓと「ウーロップ１」による世論調査がある。それは予告の宣伝によれば、このマッチの勝者を決定するための調査であるという。

以上はまさしくテレビ討論そのものを対象とした世論調査であり、政治家＝ジャーナリスト世界でいちばん待たれていたものであって、この上なく強力な政治的効果を生んだのもそれらである。

そして第一に驚くのは、プレスが、専門家の機関を通じて実に迅速に調査データを得ていることである。しかもデータは論説記者のコメント付きで示される。討論が終わるや否やただちに「メディアスコープ」によって行なわれた世論調査の結果は、ラジオで政治ジャーナリスト間の侃々諤々の議論の火蓋を切らせることになる。月曜日の朝には早くもプレスは、日曜日の晩の二一時から二二時の間に電話で行なわれたＩＦＲＥＳ＝フランス＝ソワールの世論調査（一八歳以上のフランス全国サンプルから取り出された、テレビ討論を観た者五八六名を対象とする）を引用している。火曜日の朝には、討論を観た八〇〇名を対象とする、番組後に行なわれたＳｏｆｒｅｓと「ウーロップ１」の世論調査が、発表される。

第二に、いやでも目につくのは、二つの世論調査によって提供された数字化された指標が一致して、なんの留保もなく「勝者」シラクを示すものと解釈されていた事実である[43]。野党系のプレス（『ル・フィガロ』、『ル・クオティディアン・ド・パリ』、『ローロール』、『フランス＝ソワール』）は、これらの世論調査にもとづき、野党のリーダー〔シラク〕に支持を与え、政府の長〔ファビウス〕の権威を貶めようとする（「勝者シラク、一世論調査が証明」『フランス＝ソワール』一九八五年十月二十八日）。これに対し、多少とも公然と政府を支持してきたプレス（『ル・マタン』、ある程度まで支持してきた『ル・モンド』と『リベラシオン』）は、これに倣うほかなく、いい訳として、同じく異論の余地なくみえるその「敗北」の原因を探すことになる。

ところが、この「敗北」とか「勝利」ほど不確かなものはない。ロラン・ファビウスは、シラクにではなく、世論調査への信仰に敗れたといっても過言ではない。さらには、「世論」が討論の裁判官、審判者に仕立て上げられたという事実の前に敗れたのだ。ＩＦＲＥＳ－フランス＝ソワールの世論調査では、尋ねられた人々のうちの三九％はジャック・シラクが討論をリードしていたと述べ、これに対しロラン・ファビウスがリードしていたとするのは二五％にすぎない。ということは、対象者の六一％は、シラクが討論をリードしていたとは判断していなかったことを意味する。テレビ討論を観た（あるいは観たと称する）視聴者の三分の二近くが、シラクが相手に勝ったとはみてはいないのに、いったい、前者が「勝者」だなどと結論できるだろうか。結局、科学的というよりは政治的な世論調査の読み方が行なわれているということである。ここで得られた回答分布が、件の人物により有利だと仮定しても、なお、テレビ視聴者を代表するこれらのサンプル、すなわち公平で文句のつけようがないとされるこれら裁判官たちがどうなのかを考えてみる必要があろう。

　種々の新聞から討論後に質問を受けた政治コミュニケーションの助言者たちは、両主人公側の「演技ぶり」に厳しい判断を下している（これは、かれらが政党やそのリーダーたちに、コミュニケーションの術を心得ず、コミュニケーションについて助言を必要とした、ということをいう一つのいい方）。とりわけ、ロラン・ファビウスに対して手厳しい。かれは突然に「スタイル」を変えることで、「コミュニケーション上の大失策」を犯したからという。「まずかった演技ぶり」について数日後、記者たちから尋ねられ、世論調査の判決はだれも拒めないのだから、としてこれを甘受し、のみならず、コミュニケーション専門家たちの議論を取り上げ、討論の際「真に自分自身ではなかった」と述べて説明している。いい換えると、ファビウスは、もしも別のコミュニケーション戦略をとっていたなら、もっとましな「演技」ができたであろうし、したがって世論調査でもっと高いスコアを得られたであろう、と考えていた（またはそう思わせた）ようである。

　これは、もともと政治的意見をもたない、単なる傍観者とされ政治的に中立化された見方に立つテレビ視聴者の単なる幻想ではないのか、と考えることもできよう。テレビ討論後に行なわれたさまざまな世論調査の結果は、その具体的な現れはともかく、結局はもろもろの政党スポークスマンの言明と同じくらい予測通りのものだった。というのも、多分に同じ論理の産物として、各インタビュイーもまた、とりわけ自分の意見にもっとも近いリーダーを勝者だと述べる傾向があるからである。テレビ視聴者もこれまた多くが政治的に構造化されているため、そのやり方において中立、不偏不党の裁判官などではない。各人の個人的パフォーマンスは別として、これら世論調査から出てくるものは、政治的に中立の審判ではありえず、この討論の時点に存在した政治的力関係を大いに表現した意見であった。ロラン・ファビウスは、社会党系有権者の多くを惹きつけたが、しょせん数のうえでは勝てなかった。たとえ、ある評論家が「人を小馬鹿にしたような」と評するかくかくの手の動作や、「不適切」と評するしかじかの言葉が仮になかったとしても、である。それにひきかえジャック・シラクは、野党の票の大部分と、現在の政権が何であろうとそれに頭から反対という人々の票を連係させ、固め、かれの名前の下にはるかに多くの「票」を集める可能性をもっていた。メディア向きの微笑みをしようとしなくとも、である。

いいかえると、テレビ討論に関するこれらの世論調査は、一九八六年三月の総選挙の結果〔シラクを指導者とする野党勢力が勝利し、大統領ミッテランの下で保革共存政権が誕生する〕の先触れをなすものだった。というのも、その結果は、結局は、きわめて近い論理からの産物だったからである。けれども、自分の政治的意見は括弧に入れて「ベスト」を指名するとみなされる、客観的審判に政治的に関与した視聴者たちを変容させたこの地滑りは何だったか。それは、政治学者および世論調査機関によって行なわれたより一般的な移行の好例をなすもので、政治とそれをめぐる必然的に果てのない論争を、「政治学」とそれによる擬似科学的な判決へと導いたものである。

しかし、争点は、もはや初期のこの種の大論争のそれと同じではない。特に思い出されるのは、普通選挙による大統領選挙戦の際の一九六五年の「ウーロップ1」上での対決*であるが、これは敵方の政策に異議を唱え、さらには自分の信念を聴衆に訴え、それを共有させようとするものだった。一九七〇年代フランスにおける世論調査の実施とテレビ受像機の広範な普及、そして政治的マーケッティング技術は、徐々に討論のロジックを変えてきた。政治家にとっては、巨大な聴衆であるテレビ視聴者の前に姿を現さなければならず、必要とあらばバラエティ番組にも出て視聴者をつかむことになるが、そこでは一般に聴衆がより大きな存在である。そして、「世論」を動かすためには、素人聴衆向けにみてくれの演技もしなければならない。それによって世論が変われば、政治‐ジャーナリズム界にも効果を現し、新聞記事と同様に、政治的な話題のタネとなる。となると、おそらく政治界でもっとも重要な効力をもつのは、政治の世界や解説・評論担当記者によって認知される討論そのものではなく、政治界に新たに登場した一連の行為者によって次第に配置されてきた見かけだけ科学的である仕掛け全体であろう。

＊訳者注　当時の前首相M・ドゥブレ（ドゴール派）と野党でミッテラン支持のP・マンデス・フランス元首相の間に行なわれた。この時には、共和政のあり方という基本問題も大きな論争点となっていた。

政治的マーケッティングは、政治家たちに役立っているようだ。勝利をもたらすことのできるノウハウを売り込むことで、かれらを助けようというわけである。実際はといえば、かれらの存在に役立つのだが、政治リーダーの多くは皮肉なことに政治コミュニケーション補佐の単なる「スポンサー」になりがちである。政治広告業者は長い間影の存在であり、それというのも、当時政治において支配的だった公的な考え方に反するとみられた合理的・操作的テクニックをかれらがひけらかすことを顧客〔政治家たち〕が望まなかったからであるが、今はちがっている。業者は、「勝てる」選挙用の文言またはポスターをつくるのだと称し、政治家が一つの選挙に勝つのは、かれらのつくったポスターやスローガンによる運動のおかげであると政界を説きつける。となると、政治リーダーたちはこぞって自分の政治コミュニケーション補佐役をもつようになり、後者はいわば政治的カラーを守る役割をする。今日、一つの政治討論で向き合うのは政治リーダーとその信念や野心だけではない。政治家が多少とも効果的に適用する、

「コミュニケーション専門家」によって編まれた戦略も対峙するのである。

政治リーダーたちは「世論のチャンピオン」になろうとして、単にマーケッティング助言者の「チャンピオン」になってしまうことも起こりうる。助言者たちは、世論の階梯上で何点か上昇させるとする処方箋、決まり文句、スローガンを、しばしばきわめて高い値で政治家に売り込む。その世論とは、かれらがその意図にしたがってつくったもので、政治におけるあらゆる事柄を測る尺度であるとして、その効力の名の下に政治家に首尾よく押し付けてきたものである。

「ミーティングとか示威行動を案出したのはあらゆる傾向の政治雑誌であって、それは読者の好奇心をそそり、部数を増やすためだった。

示威行動を妨げる唯一の手立ては軍隊を配置することではなく、政治新聞を廃することである。

これらの新聞は沈黙を守る賢明さからほど遠く、逆に示威行動を唆しているから、政府は、もっと慎重であるように、とりわけ暴徒の名やその常軌を逸した行動を報じて名声を与え、刺激するといったことのないようにさせるべきだ。

もしもプレスが、聡明で愛国的な意見を考慮に入れるだけの賢明さを欠くなら、法が必要である。

だが、政府はそれだけでよしとしてはならない。多くの労働者は職を欠いていること、政府の義務は仕事を創ることにあること、を思うべきである。

目的のためには手段をあれこれと選んではいられない。」

『公共事業雑誌』(一八八三年三月二十二日)

第四章　「底辺」の示威行動

世論調査テクノロジーの発達によって生まれた状況の逆説はおそらく、政治‐ジャーナリズム界の行為者が「民衆」の欲することを知るためにこれほどの金を使ったことはかつてなく、しかも結局これほど不十分にしか知ることができなかったこともかつてない、という点にあろう。調査実施者によって使われるこの調査テクニックが、実際の社会的表象の漠然とした、変形されたエコーしか伝えていないことを証明するのはたやすい。今日ある人々が考えるように、もしも世論調査を「世論」を知るための特別すぐれた手段としてでなく、むしろ支配階級の懸念する事項のカタログとして扱うことができるなら、未来の歴史家たちは間違いなく世論調査のなかにわれわれの時代に関するお好みの資料を見出すことだろう。質問に金をかけることができる者は、これを人々に向けて発する権力をもっている者であり、したがってそれを万人に問うべき質問として押し付ける権力をもつ者であり、少なくとも社会的世界へのかれらの見方と、社会の諸問題への見方とその提起の仕方を伝える権力をもつ者である。

この擬似科学は、知の幻想をあたえる。また、「底辺」と思われる人々の考えていることを「民主的」に聴取したと信じる人々に、安んじて政治的満足感を覚えさせる。じっさい、このテクニックは実地に移されたまぎれもない政治理論なのだが、これによって政治界は、社会問題に開かれるどころか、真の民衆からは遠ざかり、原子化され政治的に中立化された世論調査上の民衆を相手とする傾向にある。電話意見調査も一般化し、これは調査機関にとってはより迅速で経済的なテクニックとなっていて、事柄の展開上ほとんど象徴的である。なぜなら、これはもう物理的にまみえることすらせず、しばしば質問紙に記入された回答よりも情報をあたえてくれる最小限のフィールドワークもせず、「民衆」の意見を尋ねることを可能にするからである。こうして政治界は、市民を（テレビ）観衆に置き換えていく。つまり、市民たちに尋ねるのに、かれらに関わりのない問題について、またはかれらのよく知らない問題について、あるいはメディアの紹介を通じてのみ知っている問題について問うことになる。そのメディア自体も、テレビ情報誌の視聴率調査に従属している。それだけではない。世論調査の技術者たちはよく人々に、かれら自身の知らないことについて、または少なくともかれら自身では表現できないことについて答えるよう求めている。

世論調査は、その力をジャーナリストから得てきたものであり、特にその迅速さと、コメントも単純で済む、得られる回答の単純さ（数個の設問への回答としての数個の数字）のため、メディアに適合したものとなっている。しかし、結局は、メディアが発するような設問しか行なわないため（「あなたは、現在の異議申し立て運動は……を表していると思いますか」、「あなたは、次の人物のうちだれがあなた方の個人的願望を体現していると思いますか」等々）、多くは、ここではなお循環的な仕方で、メディアがその読者や観衆にあらかじめ行使した影響のごく表面的な所産を収集するほかないのである（「ルノーとベルナール・タピは、かれらのなかで一番近い」「かれらをいちばん恐れさせているのは、失業とテロである」「レイシズムと飢餓がかれらを激昂させる」等々）。マルクスは有名なテクストの中で論じている。（法や哲学などの）専門家集団の自律化が進むにつれてまず生じる結果の一つは、これら専門化された空間に限られた社会的世界のヴィジョンが生産されることである。たとえば法律家は万事を法律用語で解釈し、哲学者は人間の歴史を哲学の歴史に還元してしまう、と。

世論調査は、ジャーナリスト、政治家、政治学者、コミュニケーション助言者などから成るすべてが顔見知りで、監視し合い、読み合い、牽制し合い、招待し合うあの小社会に、外部要素をもたらすことで実際の社会問題への大なる情報獲得手段を切り開いてくれるのか。それにはほど遠い。むしろ閉鎖という効果をもたらしがちだ。現実は、政治－ジャーナリスト界によって現実として構成されるものとなる傾向にあり、メディアにとって重要であるものが、それ自体で重要なものとなりがちである。メディアによって現代社会の大きな社会問題として指示されるものを理解するうえで、それが重要だというわけである。

世論調査　対「制度」

代議的諸機関の崩壊に対する政治界の行為者たちの形ばかりの非難、自分たちの労組組織に対する賃金生活者の冷淡さ、その戦闘性の低下、等々は、端的に世論調査を増加させ、これに正統性を付与し、「中間団体」と伝統的によばれてきたものの非正統化の作業を促進している。この作業は、決められたスポークスマンの頭越しになされる民主的な意見聴取という幻想をつくりあげることによってなされる。およそ委任という関係がつくられると避けがたくなる逸脱的諸結果を認めないわけではないが、それでも、およそ有無をいわせぬ委任の抑圧によって生み出される効果よりはましだと考えるようになる。その委託に自信をもち、「事情を心得たうえで」一部支配しつつ世論をつくりだす専門的で情報に通じた機関が存在するならば、文化的に無防備な諸個人が質問紙面接で示す意見よりも、機関の代表する集団利益にいくらかより適合した表現が可能になる。前者への質問紙面接は、人によっては、民主的な意見聴取というより、特に学校型の試験の状況と似ていると感じられるものである。

共産党は、イデオロギー的一貫性を欲しながら、同時に文化的にもっとも剥奪された人々の代表であることを自認し、ピエール・ヴェイユの証言では、ある世論調査のＳｏｆｒｅｓへの委託を思い立ったそうであるが、それも偶然ではない。調査は、挙げられたもろもろの問題について党の立場を網羅的に答えさせるもので、質問された諸個人に、「啓蒙的」であろうとする党の選択に任せるという可能性を与えるためであった。いずれにせよ、特に政治において一個の意見をもつには最低限の能力と情報を必要とするし、所与の一問題または一状況についての意見は、常識のいうように、構築され（「意見をつくりあげる」といういい方がある）、変容され、正当化される何ものかであり、こうしたことを認めないのは、ある種のデマゴギーである証拠である。世論調査実施者にとっては別だが、一個の意見とは、通常、説明なしに瞬時に「与えられる」ような単純な反応ではなく、議論を要する態度選択の問題なのだ。[1] 政治家は、特に選出された代表であり、議会活動の枠内でおよび公開討議の後に、法という力をもつ練られた意見をつくりだす存在であるのに、そのかれらが、世論調査をこばむのではなく、世論調査の振興の活動に参加し、自身の決定にもとづいて、「ものいわぬ多数者」の考えていることはこれこれだと述べるのは、ある種の矛盾を冒すものである。

民衆の名において、またはかくかくしかじかの特定社会層のために語ることを任とする機関が存在するが、およそあらゆる世論調査はこうした機関への多少とも明白な政治的批判を含んでいる。そうしたものをまだもたなかった国における「世論調査所」の創設は、以前から存在した他の機関に抗して、民衆の欲することを述べることを任とする新しい機関を始動させることをねらっている。これは、たとえば特にソ連で顕著な事実となっている。この国では最近、この種の調査所が、ゴルバチョフ率いる政治改革の枠組みの中に公然と位置づけられ、共産党諸機関によって演じられる排他的で法外な役割への対抗力とすることがはっきり決められた。一見すると、人民の名において語る権利を独占してきた一政党が具現していた機関よりも「民主的」であると映るが、これもまた、あらゆることはもっぱらレフェレンダムによって審判されうるという公理に拠っている。世論調査が、つくられた政治化の効果を行使するというわけである。

「眠り──フランスは二つに分断」、これは、一九八五年三月三十日付けの『マダム・フィガロ』のために世論調査評論家が、ある世論調査についてユーモアたっぷりに付けた見出しで、その調査は、フランス人の二人に一人はよく眠れない、ということを指摘していた。だがもっとひどい例として、あるテレビ情報週刊誌は、「コリューシュ〔一九四四〜八六年。コメディアン。痛烈な風刺で人気があり、大統領選に立候補したこともある〕はよいと思いますか、よくないと思いますか」という設問を行なわせ、迎合的なやり方で政治の論理を文化的領域（すなわち政治とは対極にある、または対極にあるべき領域）に導入している。同誌は、要するに、この喜劇役者がテレビに登場できるためには過半数を取らねばならないと前提しているようである。

ただし、多くの世論調査は、この政治化の効果をもっと隠微な、おそらくもっと偽善的なかたちで行使しているようだ。たとえば避妊用ピル、コンドーム、キリストの生涯に関するスコセッシ〔一九四二年〜。アメリカの映画監督〕の映画に対する教会の立場を扱ったＣＡＳ‐リベラシオンの世論調査を例にとる。もっとも重要な点は、調査への回答（約八〇％は教会の立場に反対）にではなく、質問それ自体が示す衝撃力にあることがわかる。質問は暗黙裡に、世論に関する二つの意味を競合的させている。じっさい、この調査は、投票年齢にある母集団を代表する被調査者サンプルに、それらの領域で教会のとる公的な立場（ピル、コンドームの使用の道徳的非難、スコセッシのフィルムを冒瀆的とする判断）に賛成か反対かを尋ね、より広く、それらの領域にこのように公然と介入する権限を教会に認めるか認めないかを尋ねていて、一見小さなことだが、二つの世論を対置している。言葉の現代的意味での世論（すなわち、世論調査機関によって集められるような「多数派意見」）と、この観念のより古い意味における世論、すなわち一社会当局によって公に表明される見解という意味でのそれ、をである。

より正確にいうと、この世論調査は、教会が公式にある種の領域で見解を表明することは正当なのかどうかを知るためのレフェレンダムを組織したのだ。調査者がよく行なう、世論調査が何を考えるべきかを知るために諸種の世論調査を実施するという循環的手続きによれば、この調査は、果たして世論調査のみが「世論」に関して政治的妥当性をもつのかどうかの答えを世論調査によって一挙に出させることをねらっていた。したがって、これは各人に、ある社会当局が公にその立場を宣言することの正統性について意見を尋ねるものだから、いうなれば「交差点に立つ」一世論調査だった。あるいは、こういってよければ、調査によって集められた意見のみが公に表明される権利があるのかどうか、をいうための世論調査であった。

しかし、このようにして世論調査によって集められた当の「意見」は、教会によって表明された意見と同質のものではない。すなわち、一方には、政治ゲームに参加する一機関（この場合、「左翼寄りの」一全国日刊紙）のイニシアティヴによって発せられた設問への回答がある。それにもとづき、調査機関は、統計的に多数をなす「個人の諸意見」を寄せ集め、一個の「世論」をつくりあげたのだが、この多数意見は、多数ゆえに「大多数者」の意見を表明しているとみなされ、結果がもっぱらプレスの一機関のイニシアティヴで発表されるため「公開」でなければならなくなっている（世論調査を内密にとどめることも可能ではあろうが）。そして他方には、制度的意見がある。これは、司教団の中での討議の末に「責任ある機関」によって念入りにまとめられたもので、この討議は、政治の領域における議会審議を思わせるものがあり、「見識ある」機関によって唱えられた真の教義選択をなす。

教会がこれらの問題に意見表明するのは適当と判断するのは、こと道徳に関しては教会は伝統的に正統的意見を述べる権威をもっているからである（現代的コミュニケーション手段が登場するまでは、教会は毎週の説教や、プレスのための公的声明で、これを行なっていた）。教会の見解は、そのまま「政治的」なものとなる。というのは、単に情報提供として何の帰結も伴わずになされる声明ではなく、必要ならば法の援けを得て公的意見となるように、規範的であろうとし、万人に課されることを欲する、まぎれもない公の立場表明だからである。

より微妙な点だが、この調査では調査実施者は、得られた結果を「宗教的所属」という変数とクロスさせ、政治における選挙と結びついた、世論のもう一つの意味を展開させようとする。世論調査は、暗に教会を一個の政党になぞらえ、政治的意味での表現だが、教会は宗儀を守るカトリック教徒さえも代表していないということを示す。後者のうちで、この領域で教会の立場を支持する者は半数にいくらか足りないからである。したがって、この調査は二重の意味で、道徳と自ら称するものにおいて宗教当局の面目を失墜させていることになる。さらにより根本的には、調査は、道徳の新たな支配的定義、すなわち（原理からみちびかれる）規範によってではなく、（調査で確定される）統計によって定義された一個の道徳を押し付けるものであった。じっさい、調査の目的は、すでに知られるように教会の公式に述べることとフランス人の多数の考えることの間に齟齬があるばかりでなく、カトリックの多数派自身もまた教会に同意してはいない、ということを示すことにあった。

この世論調査が公表され、その結果があらゆるメディアで大きな反響を呼んだのに続き、カトリック司教団の当惑気味の反応が示された。記者たちは司教団の責任者に執拗にくりかえし質問を発し、これを格好の論争主題とする。聴衆または大発行部数を獲得すること、あるいは少なくとも新聞第一面を容易に埋められるようにすることをねらう。そして、公式声明に注釈が加えられる。それは教会の本当に言おうとしたことではなく、非常に複雑だが完璧この上もない司教団のテクストの内容をメディアが単純化し、歪めたのである、といった手のこんだ仕方での調整が行なわれる。以上のことは、このように強力で、支配的といわぬまでも重要な道徳的権威を享有している一機関でさえ、政治‐ジャーナリズム界において、粗略な、粗略に集められコメントされたこれらの世論の生じる効果を無視できないことを物語っている。調査機関によってつくられたこの集合的意見は、その宣伝により、その信憑性により、重要な政治的力をもつからだ。

なお、それ自体均質的とはとうていいえない教会の中でも、この世論調査は言及された。そして、この分野で司教団は「保守的」すぎると異議を唱える「近代主義的」なある種のグループによって、とりわけ、よく「メディアに知られた」宗教的人物によってこれが言及されたのは偶然ではない。この「世論」が、現代型コミュニケーション諸手段と密接な関係をもっていればこそ、である。というわけで、公表してさしつかえないと思われる意見は、世論調査で統計的に多数であった意見のみである。世論調査は、少数の、異端の、周辺的な、一般受けしない、要するに非正統的な意見を貶める。世論調査は世論調査を呼ぶ。すなわち、政治界の行為者たちは、慎重を期し、世論の大きな賛同を得られるようにと、かれらの公にする立場を前もって「テスト」させる傾向にある。自分たちの採る立場が市民多数によってうまく支持されるかどうかを検証するために世論調査を行なわせるプレスの一機関がつねにあることを知っているからである。

示威行動――儀礼か戦略か

もし「下部の民衆」が時折、調査実施者によってつくられる虚偽の合意に騒然となるようなことがなければ、右のような政治ゲームは、閉じた円環のなかで全く自己満足的に働くこともあろう。あらゆる評論家が長らく指摘してきたように、調査実施者は、それもそのはずだが、大規模な社会爆発など予測だにしたことがない。示威行動、ストライキ、公然たる抗議運動、これらは、労組組織によって起こされるにせよ、下部から直接に噴出するにせよ、表現のより迫真的な形式をなす。なぜなら、意見調査とは違い、諸個人が自らを駆って行動するというものだからである。意見調査はむしろ逆に、所与の問題についてほとんど、または全く動かないような多数者に尋ねるために被調査者を動員する。

これらの抗議の様式はもともと、被支配者がかれらの問題を政治界の行為者に想起させるための手段であった。

すでにみたように、街頭のデモは、久しく違法と宣せられていたのであり、積極的で問題に直接関わる少数者と、傍観的、「平和的」で「分別ある」多数者を対置させる世論調査の実施によって、今日なお相殺が図られる傾向にある。なぜなら、街頭デモは、完全に「自発的」であることはまず、ないしほとんどないものの、調査実施者が把握できると考えるものよりはるかに人工的ではない意見の動きを代表していて、それゆえ政治ゲームをより深刻に脅かすからである。それは、近年フランスでみられ、より最近さまざまの東欧諸国や中国でみられた通りである。

とはいえ、世論調査と同じく、現代の街頭示威行動もまた、政治ゲームのなかに取り込まれがちである。デモが増えているのは、おそらくある程度、国家の演じる役割の拡大（特に「経営者国家」「福祉国家」など）に伴い、国家への公然たる抗議の客観的機会が増したためであろう。しかし、それだけではない。デモをするという行為は政治的習俗の一部に加わり、コミュニケーション戦略の中の単なる一要素となりつつあることも挙げられる。なお、この意見表現の仕方が繰り返されるため、ある人々、とりわけ人類学者のなかには[(2)]、デモのなかに一種の「政治的儀礼」をみるようになっている者もいる。若干の労働運動史家が行なったように、さまざまな観察を行ない、都市の音響空間をひっくり返すべく用いられたもろもろの技術の目録一覧をつくることもできよう（歌、叫び声、リズミカルな調子、音響設備の設置、リーダーのメガフォンでのスローガンの高唱とデモ隊員の唱和、等々）。また、通常の見慣れた街頭空間の光景をくつがえすようなそれ（街中に現れるトラクターや家畜、仮装した人々、等々）についても同様だろう。これらは、都市住民の耳目を惹き、かれらを紛争の観客に変えるためである[(3)]。

制度化された行為がすべて「儀礼」というわけではない。儀礼という概念に全面的にエスノグラフィックな意味を与えるなら、それは、その諸効果を欠けることなく生じうるように、規則的かつ不変であるように規制され、実行されねばならない行為ということになる。なお、デモ参加者すべてがこの種の行動の規則的「実践者」ということではない。かれらは、その声を聞いてもらうのに、制度化され、合法的に要求された形式でデモするだけでは不十分なことを知っている。一般に政党活動家、組合活動家であるデモの「セミプロ」は少数にすぎず、それに対し大規模なデモは、政治権力および参加者に最大限の効果をもたらすが、多くは「一時的参加者」によって構成されていて、かれらは経験豊かな活動家によって統制されながら初めて、または時折行進に加わる。このことは、デモ参加者たちは可能な場合には、合法的・形式的モデルを越え、即興的に人を驚かすような新形式を追求し、すなわち一定期間を置いて、合法性ぎりぎりのところで考えて、しばしば抗議の新しい民衆行動の形式を案出するということである。

政治においては、もっとも儀礼化された行動はたぶん既存秩序を脅かすことのもっとも少ない行動であろう。いな、そうした行動は既存秩序を強めさえしよう。なぜなら、行動がどのように繰り広げられるかは予測可能なので、その展開過程は容易に統御できるからである。予想され、ルーティーンに従う、数的にも多くない、主に活動家によって構成された行進隊列、これは組合や政党の決める動員要求に応じたもので、こうしたものは、権力がすでに計算済みである一連の改革要求案を伴う組合の「ルーティン的」行動や、毎年の「労働戦線活動再開」〔夏季バカンス後の〕に微弱な効果しかもたらさない。じっさい、組合のデモ行進は宗教的行列とそっくりの外観を呈するとしても、政治闘争はその原理において宗教儀式よりもポーカーのゲームに近い。政治における社会的アクターは、一個の儀礼に添おうとするよりも、敵手を出し抜き、その裏を書こうとするからである。エスノグラフィー的記述は、この政治行動の様式の固有の意味で戦略的なレベルを覆い隠しがちであるが、実際には、政治行動は絶えず形を変えなければならないのだ。なぜなら、ほかでもない、行動がルーティーン化し、予測可能となればなるほど、政治的効力を達成するのはむずかしくなるからである。

けれども、政治行動の最近の変化は、伝統的に被支配的社会集団によって用いられてきた意見のこの表現様式に影響をもたらさなかったわけではない。今なお時に予測を越える強力な運動の湧出がみられるが、それはとりわけこの政治行動様式の登場、「メディア向けの示威行動」と呼びうるものの増加が見られる点である。すなわち、それは新しいタイプのデモであり、これまた、メディアによってつくられ、調査業者によって測定される「世論」に働きかけることをねらったものである。デモとはいわばプレス「によって」つくられるものであることは久しく知られてきたが、ここで目新しいのは、明らかにメディアの「ために」案出されるデモ、すなわち、極論すればメディアがなければ存在しないであろうような行動が増加している点である。フランス革命期、そしてその後の二世紀間にわたり、街頭の運動は本質的に議員たちの権力に対峙してきて、隊列はしばしば議会の位置する場所に向かった。ところが今やそうではない。デモ隊列は好んでテレビスタジオを包囲しようとし、交渉は二〇時前後に終わるようになっている。交渉責任者がテレビニュースの時間に声明を読み上げることができるように、というわけである〔「アンテヌ２」ほかのその日の主要なニュースは、二〇時に始まる〕。

一つのケーススタディ

示威的行動にかかわるこの変化を分析するため、最近の時期の政治権力に重要な影響をおよぼした、デモの事例をとりあげる。

それは、すでに本書の冒頭で言及したパリの農民のデモである。この組合的な示威行動はほとんど「古典的」ということができるが、というのも、しばしば観察されうるようにきわめて統制された「意思表示」が行なわれるためである。自分たちの組合のアピールとして、危機にある一階層に属するメンバーたちは日がな一日、その不満と要求を知ってもらうためパリの街頭を行進する。以下の分析を理解してもらうため、この示威行動についてまさに事実に即した、客観主義的な一つのストーリーをつくってみた。一九八二年三月二十三日のデモの再現、これはじっさい、意図して直接証言を排除するというかたちで行なわれた（その理由は後述する）。

文書館で作業する歴史家ならそうしたであろうように、プレスに表れた報道を集めることをもっぱらとしたが、そのプレスの範囲は次のようなものである。▽パリの日刊紙（『ル・フィガロ』、『フランス＝ソワール』、『ル・モンド』、『リベラシオン』、『ル・クォティディアン・ド・パリ』、『リュマニテ』、『ル・マタン』）、地方紙（『ウエスト＝フランス』）、▽パリの週刊誌（『ル・ポアン』、『レクスプレス』、『ル・ヌーヴェル・オブセルヴァトゥール』、『ル・ヌーヴェル・エコノミスト』、『ラ・ヴィ・フランセーズ』、『レ・ヌーヴェル・リテレール』、『レクスパンシオン』）、▽組合の機関紙（ＦＥＮＳＥＡの機関紙である『ランフォルマシオン・アグリコル』、ＣＮＪＡの機関紙『ジュヌ・アグリキュルトゥール』、ＭＯＤＥＦ〔フランス農業経営者防衛運動〕の機関紙『ラ・テール・エ・エクスプロアタン・ファミリアル』、Ｉｈｏｃａｐの機関紙『ペイザン』、ＦＦＡ〔フランス農民連合〕アンドル・エ・ロワール県支部機関紙『アクシオン・アグリコル・ド・トゥレーヌ』、ＦＤＳＥロワール・アトランティック県支部機関紙『ル・ペイザン・ナンテー』）、▽農業新聞（『ル・プロデュクトゥール・アグリコル・フランセ』、『アグリセット』）。

以下の単純な記述は、もっぱら読者にこの示威行動の実際の展開を想起させるものであるが、それは後続の分析の支えとなる当の一事例から出発するためなのである。けれども以下、そして後続の記述はこれまた、件の示威行動をだれも見ていないという意味で、一種の人為の構成物であることに注意すべきである。つまり、人おのおのは意識的にか否か、プレスの支持によって選別された若干の側面しか見なかっただろうということである。

農業デモ――「再現」の試み

一九八二年三月二十三日、農業経営者組合全国連合（ＦＮＳＥＡ）および青年農業者全国センター（ＣＮＪＡ）のアピールにより、数万人の農民――警察発表では五万八千人、組合発表では一〇万人――が、フランスの多くの地方からバスや汽車でやってきて、首都の中を行進した。当日朝から、駅や地下鉄の出口で、パリ市民に八ページにわたるパンフレットが播かれたが、これはＦＮＳＥＡとＣＮＪＡによって書かれ、「パリよ、あなたと出会うために農民たちはやってきた」と題されている。都市住民が農民にむける非難の幾つか（かれらは過大に補助金を受けている、満足に税を払っていない、自然を汚染している、動物を虐待している、等々）について「真実を再確立する」ことをねらったものだった。

隊列はナシオン広場を出発し、レピュブリック広場、東駅を通る七キロのコースをたどり、バルタールのパヴィリオンに到着する。そこでは、白と緑の旗で飾られた演壇がしつらえられ、宵がおとずれ農民たちが家路に着くまでの夕刻の一時、組合の責任者たちが演説をぶつ手はずとなっていた。行進は一一時頃に始まった。およそ二〇台ほどのトラクターが行進を先導するが、その一台はランズの一九三三年型という恐ろしく古いものだった。ＦＮＳＥＡとＣＮＪＡというイニシャルを記した巨大な旗の背後に、両組合運動の全国レベルの幹部たちが立ち、先頭の列には、皮のベストにとっくり襟のフランソワ・ギョームとＣＮＪＡ会長ミシェル・フォーが並ぶ。少し下がって他のリーダーたちが控えているが、そのなかに、ＦＮＳＥＡ前会長で、ジスカール＝デスタン大統領の下で農業閣外相だったミシェル・ドゥバティッスがいる。

それに続いて、いわゆる一般のデモ隊列が来るが、大部分は若い農民であり（女性や高齢の農民はちらほらしか見えない）、ここから代表団の出身地域を記した旗の真の林立が姿を現し、ユーモアに満ちたデッサンと、さまざまな着想によるスローガンを掲げたプラカードが登場する。風刺、および政治責任者への皮肉型のスティグマ化の言辞（「クレッソン〔エディット、当時の農相〕、辞任《デミッシオン》せよ」、「クレッソンはたくさん、スカンポをよこせ〔クレッソンは仏語で香辛野菜の一種を意味し、スカンポを意味するフランス語“oseille”には俗語で「お金」という意味がある〕」、「あんたの口先の言葉より、エディットの良質秣のほうが腹の足しになる」）にくわえ、特にブリュッセル〔ＥＣ〕による四月一日の農産物価格の固定化に関連した具体的な要求をかかげた多種多様なプラカードがみられる。いわく、「四月一日から一六％の引き上げ」、「生産費の引き下げを」、「一九七一年のトラクター一台イコール牛乳二万五千リットル、一九八一年の一台イコール八万六千リットル」、「生産調整は拒否しよう」、「外国港での輸入ストップ」、「一年三六五日の搾乳、支払われるのが当然」、「ロッテルダムのキャッサバ〔熱帯産の根菜ででんぷんを採る。ロッテルダムはヨーロッパ一の輸入港〕、フランスの失業」、「二戸農家が消えれば、二人ずつの失業者」。社会における農民の正当な位置を、と叫ぶ者たちもいる。「慈善ではなく、正義を」、「施しではなく、正義を」、「自分の仕事で食える生活を、施しはたくさんだ」、「われわれは緑のオイルだ」、「二フランのパン、二〇サンチームの小麦〔サンチームはフランの百分の一〕」、「日曜の乳価がウィークデイの乳価と同じとは」。

　そして、ほかに、一九八一年五月の政治の変化〔ミッテランの大統領当選による左翼政権の成立〕が農民にも益するところがあるように、と求める声もあった。「口先の約束はもうたくさん」、「変革、それはあなた方のため？」、「われわれにも変革を」、「農民はオーケー、農奴《ムジーク》はごめんだ。」若干のプラカードは、伝統的な農民的実力行使を思わせるものがある（「ご用心、おれはがっくりだ、黙っていないぞ」、「農民はお人好しじゃない、騙そうとすればだまっちゃいない」、「怒れる極貧農民、どっこい生きている」）。都市住民による搾取への拒否をいうものもある。「都会の皆さん、よい暮らしをしていても、飢えの時が来るかもしれない」、「われわれが三九時間〔週労働時間〕をやれば、皆さんは食の支払いに八〇時間をやらねばならない」、「都会の皆さん、百姓がいなけりゃ飢え死にだ」、「フランスの養いの母はもう黙っていられない。」

　デモ隊列は、行進中は静かであるが（ごく時折の「いいぞ、ギョーム」「クレッソンは辞職せよ」を除くと、スローガンの掛け声も、合言葉の大音声の唱和もない）、しかし大いに雑音は発しており、行進中絶えず、ある農民が爆竹や、ふくろうを追い払うためのガス弾を鳴らしているかと思うと、他の農民たち、たとえば西部の乳製品生産者は空のブリキ製牛乳缶をガラガラと舗道の上を引きずり、サヴォアの連中は牛の首につける鈴を鳴り響かせている。この農民デモのそれ以外の独特の、「突飛な」といってよい特徴に、農業世界を象徴する若干の動物を伴うものをあげることができる。プラカードに引っ掛けられた子豚の死骸、「クレッソンにはうんざり」と書かれたプラカードを首から掛けられた「キキ」という生きた羊。「キキ」は、その所有者でこれを引き回している縞の衣装の農民によれば、マスコットとして過去七年来あらゆるデモに参加してきたという。そして、テレビ局の建物の前のコニャック＝ジェイ街では、何頭かの牛が曳かれて行った。他の「突飛な」を要素としては、いくつかの地域衣装の派手な色合い（ジェール県のデモ隊員の緑と黄のハンティング、オーブ県農民のブルーの作業服などが、若い農民の灰色またはカーキ色アノラックやパーカ〔フード付防寒コート)、より年長の農民の粗いコールテン上着と格子縞ハンティングの波のなかをあちこち浮遊している)。思いがけないパリ行きの機会を利用し、猛スピードで沿道の商店で買い物(特に、今売れているといわれる靴)をしたり、隊列の近くのカフェーに座り込んで議論をしているデモ参加者もいる。

こうした農村風、田舎風の光景は、最後の、デモ隊の到着を迎えるパンタンの中央市場でのケルメス(北仏などに多い守護聖人の村祭りで、しばしば市、慈善バザーを伴う)の雰囲気のなかに再度みとめられる。ボリュームいっぱいに響くサルサ、ビギン、民謡を背景にして、FNSEAの副会長が、はったり気味の決り言葉で「各県の代表団」にあいさつを送る。一六時前後のデモの解散集会では、主な職業団体からの九人の弁士が次々と演壇に登った。CNJAとFNSEAの組合リーダー(それぞれミシェル・フォーとフランソワ・ギョーム)の演説が、集会を結ぶ手はずとなっていた。とりわけミシェル・フォーは、この「歴史的一日」は公権力、および「組合運動を分裂させ弱めようとする」人々に対する「厳粛なる警告」であったとし、「偉大な思想家たちは大地に立ち戻り、農民たちがかれらの未来をみちびくための固有の思想をもっていることを認めねばならない」と批判する。フランソワ・ギョームはFNSEA内の農民の統一と連帯を強調し、「状況を踏まえたリアリズムではなく、空疎な理論を刻印された政府案」を糾弾し、「市場の国家管理」の意図を隠しもつ土地管理当局への対決を鮮明にした。かれは農産物価格の必要な引き上げの水準は一六%と定めるとし、「FNSEAはかつてなく活力にみち、強力であり」、「今や政府はこれを自覚し、そこから結論を引き出すべき時である」と述べ、「農民たちはフランス民衆の共感を勝ちえたのだ」と演説を結ぶ。

行進のなかでは、小さな不測の出来事もあった。トラクターのタイヤが舗道のあちこちで燃やされた。一労組活動家が、労働センター辺りから農民隊列に軽蔑のしぐさを示し、文字通りガス弾、腐った卵、石ころの爆撃を浴び、その投石は多くのショーウィンドウを破壊した。また腐った卵は一社会保険事務所に向けても投げられた。しかし、一般的にいって、デモは組織者が欲したようによく統制されていたようである。デモ参加者にはきわめて厳格な指令が与えられていた(特にアルコール飲料をとらないように)。あらゆる事故に備え多くの警備担当が配置され、活動家のなかには、交差点で動けなくなった車のパリジャンのドライバーの共感をうるため、マイクで「迷惑をかけること」に謝罪する者さえいた。デモ行進は一般的にいって、大いなる無関心のなかで展開され、沿道に立つパリジャンの数は少なく、デモに共感または不同意を表す者はほとんどいなかった。

代表諸グループ

抗議の集合的形式を分析すると、農民というものはとりわけ典型的な一社会集団をなしていることが分かる。このカテゴリー自体の多様性（農業関係企業の業主、穀物栽培者、野菜栽培者、ブドウ栽培者、酪農者のような伝統的小農を含む）、および農業セクターを特徴づける急速で根本的な再構造化、このことが、四〇年来これほどの示威行動に訴える、それもこれほど多様な形で行なう社会集団はまずないという事実を説明してくれる。ブリュッセルのＥＥＣによる農産物価格決定に対し、四月頃に種々のデモが起こらなかった年はまずない。ある種の農産物（特に牛乳と牛肉）の価格の低下を食い止めようというわけであるが、これには多少ともカテゴリー限定、地域限定のもろもろの示威行動が付け加わる。示威の対象は、土地問題、兼業問題、「補償金額」、ある種の農産物の相場の一時的崩壊を引き起こす一時的生産過剰、イタリア産ワインまたはスペイン産かんきつ類との競争、等々におよぶ。

これらの示威行動のとる形態は非常に多様であって、歴史のなかで徐々に形成されてきた示威行動のレパートリーの大部分を覆っている。それは暴力的行動から、この上なく統制され計算された象徴的行動にまでおよぶ。前者としては、ミディのブドウ栽培地帯やブルターニュの乳製品地域にみられたものがあり（機動隊への投石や、さらには一九七六年の三月のモンルドンのような猟銃の使用〔イタリア産ワインの輸入に抗議するブドウ栽培農民が南仏オード県モンルドンで国道を封鎖し、機動隊と撃ち合った事件〕といった衝突）、そこには、虐げられていると感じ、絶望と不正の感情が生み出す暴力によって反応する社会層の叛乱が、きわめて直接に表現されている。後者としては、「死せる町」作戦がある。これは「青年農業者」組合によって行なわれた子どもを伴った女性農民のデモであり、「微笑み作戦」とも称された。彼女たちは特に夏季に人々に無償で農産物を配布することで、「都市住民」たちを惹きつけ、自分たちの窮状を説明し、その要求への都市住民の支持を得ようとしたのだった。(4)

耕作者の追い出しに反対するデモのように、局地的であり、また局地的であり続けているものもあるが、全国的な大規模なデモを生じるものもある。自然発生的で、しばしば組合機関に反して下部によって決定されるデモもあるが、また、組合責任者によって念入りに準備されたデモもある。農民たちは、少数の者によって決められたアッといわせるような突撃作戦（行政・政治責任者の人質監禁、電柱の伐り倒し、公共建造物の占拠、等々）に身をゆだねることがあり、かと思うとおびただしい数の農民を集める平和的なデモ行進に加わることもある、等々。

一九八二年のパリの農民デモで人を驚かせたのは、特に、農民には普段ないようなデモの形式がとられたことである。事実、この社会層でいちばんよく見られる抗議行動は、点的で、特殊的、局地的な示威の形式であって、農民の各集団はそれ固有の利益を擁護しようとする。地域的に特定されたその行動はよく自然発生的・暴力的な性格を呈し、「ジャックリー」〔十四世紀に北仏で起こった農民一揆。一般の用法では「農民反乱」の代名詞〕ないしは「怒れる農民」のステレオタイプを再現するといった態のもので、農産物の破壊、および容易に同一化しうる唯一の敵すなわち国家を象徴する公共建造物の破壊を行なうデモ隊列を伴う。これらの限られた集団による、しかし活発な示威行動は、しばしば、行動理由が全参加者にとって明瞭なのでプラカードもスローガンももたない。パリでのデモはこれと異なる。あらゆる逸脱を避けるため入念に組織され、準備され、厳しく統制され、むしろ、メーデーにおける労働組合のデモに近いものがあった。かれらの隊列は整然としており、印象的なのは警備担当で、デモが明白に生み出そうとするイメージを維持するため「逸脱」や「挑発」を避けるための警戒を怠らない。こうした示威行動は、「二級」デモといってもよいようなものである。すなわち、組合組織による徹底した演出の対象となっていて、政治権力に働きかけるための厳密な戦略の枠内にあり、要するに、そのようなものとしてのデモ、こういってよければ、目的としてよりも手段としてのデモである。

偏ったいい方だが、「二級」デモと呼びうるものは、現実の集団の「対自的」示威行動であって、各参加者は、ほとんど自分自身しか代表していず、他の人々にどう映るか、自分の行為がいずれは引き起こす結果は何か、には比較的関心が薄い。二級の示威行動はしばしば大規模デモであるが、これは一級デモとは逆に、他人に与える「デモの効果」に特別な意味を与え、要するに意図して人目を惹くようにするなど、一般に効果を大事にする。なぜなら、ここではまさしく印象的に振舞うことが必要だからである。

以上二つのパブリック行動の形式をいちいち対置したが、ここでは特徴を際立たせるため意図して違いが強調されている。もちろん実際には、対立がこのように純粋であったためしはなく、各々のデモはさまざまな割合で二つの行動様式のそれぞれの特徴を含んでいる。およそ自発的行動もつねに外部に対する象徴的効果を期待しており、他方、観せるための示威行動も、主宰者があれほど恐れる「過剰」や「挑発」を考慮に入れなければならない。さらには、下部から発してくる、もともと象徴的効果にほとんど頓着しないような行動も、組合によって「掌握される」につれ、徐々にメディアのための、メディアによる行動に変じていく。けれども、組織されたデモはやはり静穏であると暴力的であるとを問わず、自らがその目的でありたいと欲するよりは、知られ、または承認されることで圧力をかける一手段となることを欲する一行動様式に属している。

示威行動が行なわれるということは、すでに意見が形成されていることを意味する。だが、街頭のデモが、世論調査者が把握する意見よりも真実の自発的な意見を明確に表現できる、と考えるのは単純すぎる。この抗議の仕方に現れているのは、またそこに認知されるのは、デモ参加者、デモ組織者、デモを報道するジャーナリスト、見物する公衆、および権力との間に展開される複雑な闘争の所産なのだ。これらの構成要素のそれぞれのウェイトが、公に表出される意見に固有の特徴を付与するのである。

いずれにせよ、この表現様式は第一義的には、デモをする集団は自らの意見を公にし、観衆にこれを知らせるという事実によって特徴づけられる。望むと否とを問わず、およそデモをする社会集団は、自身についての外目のイメージをつくることになる。行進という示威行動、それは「力を行使することなしに、その力を示すこと」であり、また、単に「姿を現し」、集団が多少とも統制のとれたかたちで他者に観せようとする上演（演劇的意味で）を通して、影響を与えようとすることである。およそデモの組織者たる者、すなわちデモを決定し、細部にいたるまで統制しようとし、よき展開を求める者は、それを知っていて、多少とも複雑だが明瞭な自己呈示戦略を作動させるものである。その戦略とは主としてデモする集団について、プレスを通じて公衆のいだく表象に影響を与えるためのものである。

デモする集団にとって、行進の主な狙いは自分たちの「良いイメージ」を印象づけることにあり、このため時として、よき自己呈示のための戦略がまったく異常肥大に行き着いてしまうことがある。あらゆる示威行動に見られることだが、例えば一九八三年五月〔高等教育改革案に反対する運動が高まりをみせた時期〕、街頭デモをする大学教授たちは、もう久しく講義時に着ることもなかった長いゆるやかな礼服をまとっていた。これは、農民のデモの際には、ほとんど戯画的なレベルに達していた。なぜなら、いみじくも組合の指令がいうように「パリジャンに、フランス農民の好ましいイメージを与えること」が大いに重要だったからであり、いい換えると、都市住民の農民に対するネガティヴな表象を変えるよう働きかけ、理解と共感を喚起することが眼目だったからである。

「好ましい印象」を与えようと案じるあまり、行進する農民たちは抑制と気遣いの「行き過ぎ」におちいったほどであるが、それは通常の農民の抗議運動のなかにはらまれている潜在的暴力を打ち消すためであった。組合の代表者たちがメガホンで車を運転するパリジャンに謝っている、と何人かの記者がいささかの驚きをもって記している。

「私たちの怒りを分かって下さい。」FNSEAの一活動家はレピュブリック広場で公衆にむけ、こう訴えていた。「今日はご迷惑をかけ、申し訳ありません」(『ル・モンド』一九八二年三月二十六日)。「デモ隊列は、交差点に詰まってしまった車を、あちこちで先に通させている。この種のデモとしては珍しい気の使いようだ」(『ラ・クロワ』一九八二年三月二十五日)。デモのコースも、首都の東部〔比較的労働者・庶民の多い地区で、首相府、官庁、国民議会などからは離れている〕への非常に控えめな侵入に限られた。なお、市民に配られた若干のビラをみても、あたかもそれが自明でないかのように、この農民のデモは市民に向けられたものではありません、とわざわざ述べている。パリジャンに対する農民たちのこの「誠意」は、迷惑をかけないという心遣いだけに限られなかった。パリはおそらくもっとも完成した都市住民世界のシンボルである。その価値に対して、文化的被支配社会集団である農民は、自分たちの社会的アイデンティティを、支配者がかれらにいだく表象にもとづいて構築しがちであって、パリジャンに対しては、パリジャンにとっての農民モデルのように自己呈示をする傾向にある。(5)

農民、より正確にはかれらの組合の幹部たちは、エピナルの版画〔ロレーヌ地方のエピナルの町で十九世紀に盛んに製造された通俗的な教訓版画〕さながらの、偽造でもあり真正でもある典型的な特性のもとに、自分たちを呈示したのだが、それは「市民のための農民」として、さらには「市民に奉仕する」農民として、である。とりわけパリジャンに播かれたFNSEAのビラにみるように、こう描かれている。農民は動物を虐待したり環境を汚染するどころか、完璧なエコロジストであり、「自然の番人としての使命」を誤りなく果たし、都市住民の安全を田園において確保している。経済的に有能な生産者であり、安価な食品を生産し、ひたすら都市住民たちを「心地よい、心休まる雰囲気の中に」迎え、かれらのために「農場でのキャラバンのキャンプ、田園風自炊民宿、中継の休息地、客用の部屋」を準備しているのだ、と。

このような牧歌的な農民のモデルは、パリの街頭を行進した少なくとも一部の実際の農民たちとはズレを示すほかなかった。ふくろう用のピストルを手にし、鳩を追い払うガス弾を発射し、幾つかのショーウィンドーを壊し、舗道でタイヤを燃やし、市民や政治権力に対し辛らつなプラカードを振りかざすあの農民たちとは。行動の仕方で農民自身まで意見が割れていたというわけではない。肉体的力や男らしさの価値の崇拝があり、そこから暴力的行動の正統性がみちびかれる。それは、抑圧に抗する農民の叛乱という、受容され、さらには積極的に求められる伝統に根ざしているのだ。ところが、礼儀作法の規範にかなっていると市民に見えるようにという気遣い（「おれたちは野蛮人ではないのだ」）、そして他者に呈される自己イメージへのより大きな配慮から、かれらは少なくとも個人的には、行き過ぎで、いわれのない行為とみられがちな暴力的行動や略奪を非難するようになっている。

なお、農民的・労働者的暴力のなかに、単なる怒れる社会集団の盲目的・非合理的な感情爆発のみをみてはならない。そこでも、人々の耳目を集めるのに久しく肉体的力以外の手段をもたなかった者たちの、有効な、したがってそれなりに合理的な行動形式がとられているのだ。「あまりにおとなし過ぎる、われわれの望むことをパリジャンたちは分かるだろうか」と一農民は声を放つ。だが、暴力は排されるべきだということはかれも認める。「暴力を使えばパリジャンが許さないことはよく分かっているからね」（『ル・マタン』一九八二年三月二十四日）。『ル・モンド』の記者もこう指摘する。「かれらはよりいっそうの配慮、公正を求めており、『施し』を非難する。だからといって、……舗道で何本かのタイヤが焼かれ、労働センターの所で若干のショーウィンドーが壊されたことを除けば、デモは静穏だった。怒り、それはあったが、抑制された。『叛乱する農民たち、どっこいかれらは生きている』はまさに一個の板書せりふを思わせるものだった」（一九八二年三月二十五日）。『ル・クォティディアン・ド・パリ』の記者もある老ブドウ栽培農民の言葉を報じている。「見ての通りさ。混乱は一つもなかった。ウィンドー一つも壊されなかった。車一つ焼くでなかった。静かな力というやつだね。」「しかし、かれの青い眼のなかにはいくらかの無念さも読み取られる」と記者はコメントしている（一九八二年三月二十四日）。

代表および代表資格

自己呈示というこの作業は、あらゆる示威行動のなかに現れる。およそデモをする集団は一つの社会層の全体の代表者でありたいと欲するからである。本質的に重要なことだが、世論調査実施者は、最初から政治的代表資格の問題を排除してしまい、母集団からサンプルを構成するときには機械的に統計的基準に拠っている。もろもろの示威行動はすべてその複雑性という点で、政治的代表の問題、そして委任の問題を提起せずにはいない。FNSEAのデモのおおよそは、ほとんど純粋に代表資格の証明に還元されたのであり、同時に、このタイプの公に向けたデモ行動のなかに示されるものが何かを明瞭にしている。業界紙を読むと分かってくることだが、示威を行なう第一の理由は必ずしもつねに公式に言及される理由とはかぎらない。

当のデモ行動は、一九八二年二月のFNSEAの第三六回大会で決定され、組織されたのであるが、少なくとも全国レベルの組合リーダーにとってはその本来の目的は、一九八一年の社会党の政権獲得以降の農業大臣エディット・クレッソンによる組合間の離間の戦略に反撃を加えることにあった。FNSEAはかねて組合として独占的位置を保持していたが、第五共和制の初期、ゴーリスト〔ドゴール派〕権力はこれと政治的にうまが合わず、当時きわめて少数派の流れだったCNJAの何人かの若手の組合幹部のなかに対話者を求めたのだった。これら若手の組合運動家は一九六〇年代にはＦＮＳＥＡのトップに接近し、農業における共同管理の政策が国家によって進められ、徐々にＦＮＳＥＡを政治的装置の中心に置くことになった。そして後者には、農業およびあらゆる分野での排他的な交渉権を与えることになる。一九七〇年代になると、組合間の多様化がみられるようになるが（分裂によって、またはＦＮＳＥＡからの排除によって）、そのことはＦＮＳＥＡのもつ法外な権力を問題にすることになるから、公には認められない。社会党権力は、その改革案に対する同組合の反対の裏をかこうとした。農業世界を代表する対話者を多様化しようとし、複数の組合を承認し、その他の諸制度（農業会議所、農業協同組合など）にも農業界を代表する権限を与えた。結局、ＦＮＳＥＡが代表資格に関する大がかりなデモをすることで抗議したのは、このような試みに対してなのだ。

「全農民の総裁といった資格を気取る権利がいったいギョーム氏にあるか。否である。誇大妄想狂か、それとも農民の代表という権威的・絶対的権利を何としてもわがものとしたいという単なる奇妙な性癖ゆえか。組合活動の自由への根本的な蔑視である。」こう書いたのは、『ラクシオン・アグリコル・ド・フランス』の論説者である。同紙は、フランス農業連盟の組合新聞であり、同連盟はＦＮＳＥＡと競合する少数派組合であって、単純化していえばより「右寄り」の組合である。論説はさらに続ける。「各々の代表の資格を評価することは容易ではない。そして、ギョーム氏にとっては前政府によってとられた解決策がはるかに単純だというメリットがあったことは明らかだ。代表率を算出することもなく、ただ一つを選んで、一〇〇％の支持を集めています、というわけだから。」

政府から代表資格の公式の承認を取り付けたいＦＮＳＥＡと競う小組合は、示威行動を、およそ示威行動のもっとも重要な地盤の上に位置づけている。これらの組合は、農民という社会集団の少なくとも一部のスポークスマンであろうとし、そうした主張を証明しようと試み、そのためにデモを組織し、農民人口は均質で一つで、したがって唯一の組合で代表されうるということに異議を唱える。このデモの直前または直後に刊行された組合の新聞を分析すると、組合間の対立・葛藤の対象は、もろもろの要求の具体的・状況的な性質よりも――全組合がほぼ同じことを要求しているのだ――農民全体の代表の独占をめぐる問題にあることが分かる。ＦＮＳＥＡがこれを我が物とし、保持し続けているというわけである。「未曾有の示威行動のなかでフランスの農民たちは、かれらの組合組織の一体性と代表資格を実証したのだ」と、ＦＮＳＥＡの機関誌『ランフォルマシオン・アグリコル』（一九八二年四月、六ページ）はコメントしている。このように、自身が組織者となったこの「忘れがたい、農業史上前例のない人々の集合」を引き合いに出し、ＦＮＳＥＡのみが唯一全農民の名において交渉できる対話者であること、その他の諸組合は政党に比べても農民を代表する力が弱いこと、を主張している。これに対し、少数派組合は、その選択はまちまちであっても、少なくとも、ＦＮＳＥＡが享有している法外な不当な「特権」、その総裁の「誇大妄想」と「個人崇拝」、農業界の真の正当な不満のはぐらかし、を糾弾する点では一致している。そして、かれらがペリグー、クレルモン＝フェラン、ナント、ストラスブールで組織した競合的なデモが成功したことを自賛する。

「すべての農民を代表するなどと称するのは、まともなことでしょうか」とパリの一記者はフランソワ・ギョームに尋ねている（『レ・ヌーヴェル・リテレール』、一九八二年三月二五～三一ページ）。この問いは、おそらく「～を代表する」と称するあらゆる組織の責任者に対して提起されうるだろうが、しかし、すでに見たように農業世界では地理的・社会的多様性があるために、とりわけ直接的重要性をもつ。「すべての農民」を真の表看板とすることで、ＦＮＳＥＡはおそらくより鮮明に、このタイプの示威行動のなかにはたらく象徴的な行動様式を露わにしているといえよう。匿名の無秩序の、これといった政治的主張もない、にわかづくりの寄せ集め個人の単なる量的集計にすぎない群集とは異なり、カテゴリーの多様性のこの堂に入った演出は、示威行動を整然とした代表団の行進に変えることをねらっている。農民各々は、そのプラカードの後に続き、自らを、自分の地域または県のすべての農民の代表者の位置に置く。行進の可視的な構造化が行なわれ、農民たちは、記者が報じたように、見てくれといわんばかりに「地域ごと、県ごと、郡ごとに整列している」(『リベラシオン』一九八二年三月二十三日)。これは次のような考え方を押し付けることを旨とする固有に政治的な一活動の所産なのだ。すなわち、デモを繰り広げる具体的で可視的な集団は、自分自身以上のものを代表していて、いわば一社会的カテゴリーの全体の目に見える疑う余地のない縮図的モデルをなしている、と。要するに、組合の幹部は、単に活動家やデモをするグループのみを代表しているのでは断じてなく、行進するグループをさらに超えて広がる不可視の一グループのスポークスマンをもなしている、ということである。

一九八三年にＦＮＳＥＡによって編集された農業組合運動の百周年を記念する一パンフレットのなかに次の文言が読める。「かれらの多くにとって首都ははるかに遠い。にもかかわらず、また播種期の繁忙にもかかわらず、各地域、各県、各町村がその代表者を一九八二年三月二十三日、パリに送ってくれた。ＦＮＳＥＡの総裁がアピールを送ってからわずか三週間で、一万二千人の農民が、組合の一体性を示す歴史的なデモに『参加します』と答えてくれたのだ」[6]。この種のデモ行進の含意する二重代表の論理と、デモ参加者の誇示する林立するプラカードと掲げられる旗によって果たされる押し付けの機能を、これほどよく語りうるケースはないだろう。なお、かれらのうちの多くは組合活動家であって、そのため、自分を下部大衆――組合員であると否とを問わず――の正当な代表者と感じているのではないだろうか、と考えてみることもできる。

ＦＮＳＥＡは、デモの前日プレス諸機関に配布したコミュニケの中で、海外県を含めて一県あたり千人の農民がパリに上るとした(すなわちノール県、ソンム県、パリ盆地で二千人)。前以ってプレスにＦＮＳＥＡの代表する農民の地理的多様性の大きさを示すためである。翌日のある日刊紙は、「あらゆる県からやってくる農民の上げ潮がパリに侵入した」とコメントする。

多くの新聞は、デモの組織化そのものによって巧みに演出された多様性にほとんど言及しないではすまないので、この側面が強調されるわけだが、それはある種の地域的ステレオタイプを再現するもので、ここでもしばしば民俗調の描写が避けられない。「頭の上に納まったベレー帽やハンチング、しわの刻まれた顔、寒さのなかでの足踏み。パリ盆地の穀物栽培農民からミディのブドウ栽培農民を経てサヴォアの酪農家にいたるまで、フランスのあらゆる部類の農民がまさにそこにいた」（『ラ・クロワ』、一九八二年三月二十四日）。「かれらはフランスの津々浦々からやってきた。緑と黄のＦＮＳＥＡのハンチングのジェール県の若者、ワイン公団の創設にノーをいうために来たブルゴーニュのブドウ栽培者、作業服に黒い帽子のオーヴェルニュの農民、イル＝ド＝フランスとノール県の甜菜栽培農、ランドのトウモロコシ生産者、野菜栽培組合と野菜生産者」（『ル・モンド』、一九八二年三月二十五日）。『われわれのビフテキを守るためにここにいるんだ』と語るのはアルデンヌ県の農民。レユニオンとマルティニク〔いずれも遠隔の島嶼で海外県〕の農民は『われわれの作るサトウキビ、ジェラニウム、ベティベルソウ〔イネ科の植物で根から採る油は香水等の原料になる〕に正当な価格を』。……モーゼル県の農民は『スカンポのクレッソン』と記し、……。アコーディオン持参の一ブルターニュ農民はお馴染みのメロディ『かれらは丸い帽子を……』を奏で、オート・サヴォア県の若者たちはその牛の鈴を揺り動かし……。オーブ県の農民は伝統的な濃紺の作業着を身にまとい……。そして忘れてはならない、イル＝ド＝フランスの三五台のトラクターを」（『ル・フィガロ』一九八二年三月二十四日）、等々。

政治組織または組合組織の訴えに応じて多数のデモ参加者が行進するという点に、これらの結集の本質的に重要な点がある。なぜなら、その場にいるすべてのアクターによって、それは客観的で論議の余地のない一つのテストとみなされ、それこそが、抗議運動が存在するか否かを決め、自らを「代表者」と称する者が、交渉において代表するのだと称する諸集団の正統なスポークスマンであるか否かを決めるものとなるからである。街頭の示威行動は、抗議の平和的一形態となった。この純然たる数の表示が、政治権力に対し効果なしとしないからである。この政治闘争の形式を支配する不文律のルールについては、あたかも歴史的に徐々に打立てられてきた暗黙の一協定が存在するかのようである。たとえば〔一九八六年〕十二月二日の一周辺地域ラジオで、アラン・ドゥヴァケ〔シラク首相の下における当時の高等教育大臣で、高等教育改革法案の責任者。結局同法案は撤回される〕は学生・高校生のデモにふれて、こう述べる。「だれもが十二月四日を待っている。組合はかれらの力量が測られるのを待っている。政府はこれから起こることを見定めようと待っている。そして、このデモ当日の晩、そこから引き出せる結果を検討してみようではないか。」

象徴的行動はそれをそのようなものとして認知するように、またそれに敏感であるように傾向づけられた者にしか作用しない、とは至言である。デモ参加者の数は、これを決定的な基準と認める者には象徴的に作用する。いうまでもないが、「尋常でない大規模デモ」は、何らかのかたちで権力の考慮の対象とならざるをえない。権威的体制におけるように示威行動が禁止されるときには、これはほとんど少数派活動家か、政治権力に働きかけるのに身体的力しかもたないある種の怒れる社会集団に属する個人しか集めることができない。本物の身体的力の行使、これは社会的にも数の上でも例外的であって、危険であるから、きわめて選択的になされる。それに引き換え、承認ずみの平和裏のデモは、はるかに多数の参加者を惹き付けることができる。とりわけ、参加者の数の大きさがこのタイプの行動の決定的要素として集合的に考慮されるような場合にはそうである。いい換えると、そうした結集が実現するのは、量的に重要な示威行動が権力の譲歩を促すことができるのをだれもが知っているためである。

多数のデモ隊員に街頭を行進させるには、大いに高くつく動員の特有の作業（バスの予約、列車の特別仕立てなど）や、またその機会に活動家たちの無報酬で費やすエネルギーが要るが、この多数のデモによって自称の「代表」組織は、政治権力と交渉するための代表の権限を強め、拡大しようとする。デモする集団が多数であればあるほど、代表組織は、行進する具体的集団の彼方に一社会層全体を代表していると称することができるのだ。たとえば、一万人の農民がパリを行進するとする。政治－ジャーナリスト階級の目には、デモ隊員自身にとってさえ、これはもはやデモをしている農民ではなく、すべての農民と映るのである。というわけで、一九八四年三月、ヴェルサイユで八〇万人の者がサヴァリーの法案〔当時の国民教育相A・サヴァリーによる中学校、高等学校の改革法案〕に反対して行進した際、これは「全フランス人」が行進したこととみなされている（たとえば『フランス＝ソワール』は、「かれらは富裕な一六区のコレージュからも、労働者の住む郊外のCES〔中等教育コレージュ〕やLEP〔職業教育リセ〕からもやってきていた」と書く。なお、この同じ日刊紙はデモ参加者の社会的特質について、労働者は隊列の一％しか占めていないとする一調査を公にしていたのであるが）。

デモ隊員の数は、それが代表する象徴的目標物でもあるから、権力側と結集を呼びかける組織の間の論争の源となることは避けがたい。さもないとばかばかしくみえるが、内務省と警視庁の諸課がなぜごく早い時期にデモ参加者の数を正確に数える、客観的であろうとするテクニックを整えたのか、という理由もこれが説明してくれる。それはいくらか選挙の票を数えるのに似ている。たとえば『ル・モンド』の一記者は、私立学校擁護の一九八四年六月のヴェルサイユのデモについてこう書く。「政府が象徴的計数器の打撃をこうむらずにはいないここでこそ、数の力を示さなければならなかった。民衆・人道主義大作戦のラジオ司会者でもあるピエール・ベルメールは、壇上から、前もって景気付けをやっていた。時々刻々、かれの重々しい声が大通りに響きわたる。この戦闘的な司会者は、『確かな筋によると、われわれは現在四〇万人だ。』すると、喝采測定器が点滅した。『六〇万！　よしきた。われわれは八〇万だ』。」

ジャーナリストたちの表象

すでに見たように、タルドは十九世紀の末以来、政治的事件の構築と示威的行動の「反響」をもたらす上でのプレスの役割を指摘していた。こうした確認の背後に、現実に対応しない意識的で計算ずくの操作の哲学そのものがあることに気づくのはたやすい。出来事について何が語られ、何が見られるか。それは実際には、外目に観られるように自己呈示をする集団の特性と、ジャーナリスト集団のつくる社会的であり政治的でもある認識カテゴリーとの出会いの産物として規定されてくる。

示威行動は、プレスがこれについて語ることではじめて全面的に政治ゲームの中に入ってくる。記者たちのデモの報道や批評はしばしば矛盾している。というのも、対象となっているのは集合的な複雑な行動であるのに、ジャーナリズム世界ではこれがまったく投射テストとして機能しているからだ。政治家たちのもろもろの反応と、新聞記事の内容は、往々にして、政治界を構造化している大きな分割線のどちらにその新聞が位置しているかというその位置から、ほとんどみちびかれている。当の抗議運動のアクターたちがつくろうとする外見にもかかわらず、ほとんどの示威行動は、その性質からして、明瞭・明白な社会的行動をなしてはいない。事実としていえば、一個の示威行動とは、その結集の組織者によって多少ともよく整合化され統制され、デモの警備担当によって多少とも効果的に機能せしめられる数千の個人の行動の集合にほかならない。大きな、または小さな「突発事」が生じることがあっても、しばしば隊列は非常に長いので、どこにいるかによって、参加者、観察者または見物人の認識カテゴリー（特に政治的な）の如何によって、その出来事は隊列についての大いに異なる像をみちびく。客観的にみればデモの隊列は、しばしば非常に異質な要素を含んでいるものである。参加者は、デモのごく一部しか見ていない。それでいて、ベンチの上に乗ったり、街灯によじ登ったり、さらにはその場で飛び跳ねたりして、自分の参加しているデモの全体像をつかもうと懸命に試みる。

かれらはアクターであり、見物人でもあり、何かのイベント――予想通りかまたはそうでない、望んでいたかまたは恐れていた――を期待するわけであるが、それはきまってそれ自身が「イベント」であろうとする一行為から生まれてくる。人は何かよく分からないままに何かを見ようとするものであり、参加者のなかには、隊列の端っこで集合ができたり、崩れたりするがままに、隊列の中をあちこち移動する者もいる。

一九八六年の学生デモ〔政府の高等教育改革法案に反対するもので、特に高校生の参加が多かった〕に因んでよくいわれるが、参加者各々はいくらかワーテルローのファブリス〔スタンダールの『パルムの僧院』の主人公の青年貴族。ワーテルローの戦いに参加するが、戦況も自分の位置も分からぬまま翻弄され、負傷し、離脱する〕に似ている。展開されるデモのごく一部の状況しかつかめず、自分の周りで起こったことしか分からないという意味においてである(「僕はデモの先頭にいて、全体を見ることができなかった」)。そして、自分の見たことすべてが必ずしも理解できるわけでもない。参加者は、隊列の中をかけめぐる多少とももっともらしい噂すべてに感じやすくなっている。

記者たち自身は、職業的な見物人であり、その仕事はまさしく「イベントの取材をする」ことにあり、組織によって提供される情報のほかに、出来事の展開をより完全にたどるための技術的手段を手中にしている(オートバイレポーター、カメラマン、ビデオ、機動的なインタビューチーム、ラジオ電話、等々)。また、「鳥瞰」的にながめる手段ももっている(ヘリコプター、行進を上から見下ろすためのクレーンの据え付け)。しかし、そのかれらも、すべてを見、すべてを把握することはできない。この種の出来事は、多少ともよく整合化され統制されている幾千という行動の所産であるだけに、そうである。組織された行進でもそうなのだから、より自然発生的な示威行動ではなおさらである。この出来事の客観主義的な記述も、この種の集合的行動のもっとも特徴的な目的の一つを捉えそこなってしまう。それは、全体化しえない本質からして、その出来事の一つの見方の押し付けのための――特にデモ集団とプレスの間の――闘争のなかに潜んでいるものである。一九八六年の高校生・大学生デモのケースがそれだったが、運動がそれ自身不透明で、複雑で、単純な意味作用をもたないとき、デモの単なる報告の中にはたらく主な目的は、まさしくその捉えがたい運動について一個の解釈を押し付けることである。

記者たちはたいてい真面目に、実際に出会った光景、出来事、人物、巨大な人々の結集から実際に集められた言葉から選びながら、自分の新聞の政治路線に沿うように方向づけられた報道記事を書く。だが、ゲームの余地はまだ大きい。ただし、それはもはや事実についてではなく、そのような社会運動の意味と解釈についてである（デモ参加者は何を望んでいて、かれらの実際の団結はどうなのか。抗議運動の組織は正確にはいったい何を代表しているのか。その示威行動は「成功」とみてよいか、「失敗」とみてよいか。起こった出来事の重要性はどの程度か、等々）。おそらく、言われうること、書かれうることについては一定の限界があることだろう。多くの場合最低限の信用度をもって主張しうることも、なお、この上なく対立的な記述、分析を生み出す。その目的や展開において、きわめて対立的な見方を生む、固有の意味での象徴闘争の余地を残さないようなデモもある（たとえば、賃上げの獲得のようなルーティン的な組合デモの多く）。しかしまた、意表を衝く、是認はできなくとも、ひとしく多くの解釈の余地を残すような、そんなデモもある。

ある程度の規模をもった示威行動の多くはそうしたもので、一九八二年の農民たちの示威行動もそうだったが、ただし、あまり波瀾なく展開されたものである。したがって、この示威行動のジャーナリスト界による認識は左翼‐右翼の対立軸をめぐってかたちづくられ、この対立が諸紙をうながして、多少とも明白な「政治路線」にもとづいて、観察された事実のうちから若干の特質を選択させている。

『リュマニテ』（一九八二年三月二十四日）にとっては、このデモは「失敗」であり、破廉恥な出来事を生じるものだった。「昨日、農民たちの一示威行動がパリで展開された。約六万人がナシオンからパンタン門まで行進したが、主催者が予期したのは一〇万人だった。きわめて正当な要求をもつ多くの家族経営農家が、経営困難を生じる原因となった者たちの後に従《つ》いて行進するのを潔しとしなかったのは理解できる。」労働センターの近くで犯された「許しがたい行為」については、同紙は、「これら軽蔑すべき行為と、CGTに死を、という叫びは、ファシスト的方法に属する」というCGTのコミュケを掲載した。この共産党系日刊紙は、「行進中の若干の参加者と責任者の行動は、農民の諸問題への市民の理解を高めるといった性質のものではなかった」と結論している。これとは逆に、『ル・フィガロ』(三月二十四日)はデモ主催者を支持し、その言葉を伝えているわけで、同紙にとっては、デモはその参加者数からいっても、パリの人々のそれの迎え方からいっても、大成功だった。その記者が数えるには、「平和的にデモを行なった農民は一〇万人を超え」、「パリ市民との交流も上々だった。」

『ル・モンド』と『リベラシオン』ではどうか。付随するコメントの中ではともかくとして、非難されないよう心がけるデモ行進の記述自体の中にその政治的路線が表現されることは少ない。両紙とも、パリジャンたちがデモに比較的無関心だったこと、またデモ参加者が攻撃性を隠しもっていたことを指摘している。これに対し、『フランス＝ソワール』と『パリジャン・リベレ』は、出来事をどう扱ったらよいか、どう明瞭な政治路線のなかに組み込んだらよいかつかみかねているようだ。前者は、もっぱら「責任ある」示威行動というステレオタイプに囚われている(「農民たちは状況の深刻さにあまりにも自覚的である。かれらがここにやって来たのは楽しむためでも、壊すためでもない」)。ところが後者は、一般の物見高い傍観者の視点を採っている(「雰囲気は上機嫌ぶりを伝えており、(農民たちは)単に自分たちが実存していることを告げたいと欲していた。万事冗談めかしながら、楽しみながら。」「これら陽気なデモ隊員連中を、パリジャンたちは好感をもって迎えた。バルコニーからも舗道からも、行進に拍手が送られた」)。

なお、プレスのそれぞれの支持によって出来事が政治的に構成されていくこうしたプロセスは、ジャーナリストたち自身にはよく知られている。かれらは、破壊者の画像を描く際これを楽しみ、また非難している（さまざまな同一の事実が、『リュマニテ』流、『ル・モンド』流、等々に語られる）。けれども、認識の固有に社会的なカテゴリーにもとづいて作用する、視点の選別のより根本的なプロセスが覆い隠されている。ちなみに意識的な政治戦略は、ジャーナリズム世界とデモをする社会集団の間に打立てられている特有の社会関係と無関係ではない。

たとえば、パリの農民デモについての地方紙の記事は、社会的近さ、そしてこれらの新聞を農民デモ参加者、とりわけその地域からの参加者に結び付けている客観的な共謀関係をのぞかせている。新聞は、パリでの農民の行進を激励し、支持しているからだ。たとえば『ウエスト・フランス』（一九八二年三月二十四日）は、この農民とパリとの出会いの「友愛に満ちた」側面や、「パリジャンの冷ややかな愉しみぶり」、「根無し草ぶり」を強調するとともに、「これら男女の健忘症ぶりに気づいて驚いている。」それに反し、パリのプレスは、この示威行動について揶揄的な扱いをしたらよいか、真面目な扱いをしたらよいか、でもっと割れているようだ。とはいえ、パリの新聞の多くは一致してこのデモ行進をある一定の諧謔心のなかで紹介していて、そのことは、パリのジャーナリストを農業世界から隔てている距離をのぞかせるものである。デモ主催者たちは、農民のパリ行きを、「自分たちの尊厳の回復の意志」、「わけてもパリの人々にフランス農業がどうなっているかを説明しなければ」という思い、によって説明したがるが、記者のなかには、それに対して戯画的風刺やユーモラスな見出しで答えている者もいる。「トラクター都に入る」（『ル・マタン』、三月二十四日）、「農民、パリを耕す」（『リベラシオン』、三月二十四日）、「緑の大群」（『ル・パリジャン・リベレ』、三月二十四日）。パリのプレスでは、公式スローガンや合言葉を超えてデモの真の争点をなしているのは何かについて、おそらく農業部門の専門記者たちがより適切に語ることができるだろうが、かれらの書く記事は、こうした「イベント」に各紙が充てる大量の記事中に埋もれてしまっている。

じっさい、太字の大見出し、クロッキー、「目撃情報」、風刺漫画、デモ体験記、いかにも偶然つかまえたかのような農民へのインタビュー、等々が、不案内な読者には決定的なイベント構築の効果を発揮しがちである。とりわけ、それらが、社会界一般の、および特定的にはデモをするグループの認識の固有の心的カテゴリーと合致するときには、そうである。それらはデモ参加者にあるイメージを与え、それによってかれらを代表すると称する責任者たちにもあるイメージを付与するが、この付与は、一新聞がその読者と共有しがちな一集団または一社会界についてのステレオタイプのイメージを活性化することによって行なわれる。

あらゆる職業的示威行動はコーポラティズム的であるとはいえ、ジャーナリストから観て、あるものは他よりも容易に普遍化しうるということはあり、大いに異なる扱いを受けることがある。待遇と労働条件の改善をもとめた看護士たちのデモ（一九八八年）は、たとえばロレーヌ地方の鉄鋼労働者のデモ（一九七八年と一九八四年）よりも、はるかにジャーナリストへの説得力をもっていた。「利害を超えた」「愛他的」とみなされる活動（苦痛の世話をし、これを和らげる）に関係していたからである。ただし、鉄鋼労働者のデモの目的は、かれらの雇用の確保と一地域全体の経済生活のために戦うことにあったから、よりラディカルだった。この両極との関係でみると、農民はその中間に位置付けられる。もっと正確にいうと、しばしば同時に両極のあいだを行ったり来たりしている。農民は、人々を養う存在であり、および／または、こっそりとお金を貯めこむ輩である。「よき自然」の守り手であり、および／または、（文化と対立する）自然の粗野な所産である。というわけで、たとえば『ル・マタン』は、政権にある社会党に近い新聞として、農業大臣に明らかに反対するこの農業デモの信用を失墜させようと、意識的にか否かあらゆる手を使い、この農民たちが読者にはあまり共感できない社会集団であることを示そうとする。

同紙は、インタビュアーに、「代表的な」一農民として、「de の付く名の」〔貴族の出であることを仄めかす〕農民を選び出したが、かれは「尋ねられた多くの農民と同様に」総選挙ではシラクに投票していた。なお、『ル・マタン』は、特派員の一人が農民たちに同行したバス旅行の旅行記も載せている。「ロ・エ・ギャロンヌ〔南西フランスの県の名〕のバラード」というそのタイトル自体がすでに意味深長であるが、この旅行のスケッチの中心は、農民の「悪しき側面」にもとづく記述である。すなわち都市住民にとってはほとんど「上品」とはいえない側面、要するに、「陽気な楽天家」ではあるが「俗悪」でもある、『ル・マタン』の読者にはとうてい「感じがよい」とはいえない振る舞いにもとづく記述である（一九八二年三月二十四日）。

出来事が大きな政治的広がりをもつようになると、新聞では、農業専門記者はいてもデモの固有に政治的な意味について語る権利は――少なくとも一人だけで語る権利は――失われがちで、代わりに、新聞の政治部門編集者または論説委員がかれらの「観点」を提示するか、または一面の記事を執筆することになる。たとえば、『ル・クォティディアン・ド・パリ』の論説委員のジャン・ラボルドは、「農業問題」には一家言ももたず、おそらく示威行動をめぐる政治の実情には暗いだろうが、それでも、同紙の中に占めていた地位の上下関係からして、何かを書くように求められた。同時にそのことは、ジャーナリストたちがどうしても行なわなければならない象徴的押し付けの活動を、はからずも示すことになった。それはここでは単に、農民世界についての市民の見方のステレオタイプと、市民についての農民の見方のステレオタイプとを交錯させて示す、という形をとっている。

「農民‐パリジャン。かれらが互いに語り合えること」という見出しの下、同記者は以下のようなつくりものの会話を思い描く。「これこそ、パリジャンの車の交通を妨げるため不意に首都に大挙上陸した農民たちだ。同じことをかれらの可愛らしい小さな村の中で、かれら同士の間でできなかったのか。……トラクターに別れを告げた連中が、交通を妨げられ、ハンドルを手にした運転者たちの鼻先を行進する。こうした考えは想像がつくというものである。『この百姓たちは決して満足することがなく、お天道様にも、雨にも、ジスカールにも、ミッテランにも、クレッソンにも、メニューリー〔政治家、社会民主中道派CDSの代議士〕にも、イギリスやイタリアにも、モグラやアライグマにも、すべてに不満をいう。けれども、かれらのなかにひもじい者はいない。日に二度か三度、食卓にでんと腰を据えて食べている。たっぷり煮こんだスープがかれらの日々の活力の源だ。うまい空気、自然、単純かつ無償の楽しみ、これらをかれらは独占している。ストレスなど縁がない。次いで、その台所を覗いてみる。テレビ、洗濯機、冷蔵庫と全部そろっていて、冷房つきの部屋まであり、暑さのきつい日には羊をすべて押し込めることができる。』……。ということは、昨日行進した頑丈な男たちとその美しい同伴者たちの戦線の背後にあるものを読むのは、造作もなかったということである。『あのパリジャンたちもまんざらじゃないみたいだ。一日中、車の中でラジオかカセットを聴きながら、あちこち走りまわっている。一緒の可愛い女の子のことも忘れずに。そうしている間は大して疲れない。たしかにわれわれは食べるほうはよろしくやっている。しかし、消費社会はそこまででおしまい。旅行、すてきな外国探訪、ちょっとした外出、みごとな衣装、文化、その他となると、われわれの内の何人に手が届くだろうか。』……このように昨日、日がな一日、檻にとじこめられた運転者と、首都の汚れた空気をわざわざ吸いに来た農民は、それと知らずに対話したのだ。要するに、このデモ行進が、パリジャンにも農民にも絶対の幸福はパリにも、小ぎれいな田園の部落にもないことを悟らせたとすれば、それはすでに事実上の相互理解の第一歩だろう」（『ル・クォティディアン・ド・パリ』一九八二年三月二十四日）。

示威行動への見方がこのように対照的であるということ、それはジャーナリストの政治的・社会的認識の乖離した構造がここで、それ自体異常なほど拡散した一現実に出会ったということなのだ。『ル・パリジャン・リベレ』は、読者に圧倒的に庶民層が多いため、代表的農民として、西部の一伝統的農民を選んでいる。「格子縞の上着、頭に山形模様のハンチング」、「大気によって皺の刻まれたしかめっ面の顔」。一方、カードル層に広く読まれている『ル・クオティディアン・ド・パリ』は一青年農民を選んでいるが、「かれはきっと、鼈甲ぶち眼鏡、ウールの服装、政治学院式髪型の学生たちのデモの中にいても場違いではなかっただろう。」そして『リベラシオン』は、「裕福な左翼農民」を選択しており、「その装いは周囲の目を惹きつける。ジーンズ、バスケットシューズ、非常に鮮やかなブルーの上着」。

フランソワ・ギョームは、その振る舞いやいでたちを頻繁に変えるが、これは、単なる逸話的なものとはほど遠く、このようにまちまちに分化した一カテゴリーの代表としての自己呈示の複雑なもろもろの戦略をうかがわせるものである。すなわち、農民と共にデモ行進する午前には、下部の一般農民のように、とっくり首に皮のベストとスリップオンシューズ。午後、(テレビカメラが回るなかで)農民に演説を行なう時には、端正な背広姿にごくテレビ映りのよい真っ赤なネクタイ。これは、責任ある交渉者としてのブルジョア的なうやうやしさを印象づけるものであり、その言語や上品さは都市市民のそれに何らひけをとるものではない(7)。

おそらく今日、農民ほど、その内部構成だけでなく、その行動と抗議の様式において多様化している「社会層」もないだろう。「農民」なるカテゴリーは、一部歴史の産物であり、今日なお政治・社会制度の結晶化された形式の下で、政治的なたぐいの戦略によって行動している。それゆえ多様性をはらんだ人々がこの単一名称の下に括られがちである。だが、農民は、生産様式(および生き残りと発展のチャンス)からみても、生産そのもの(ブドウ栽培、酪農、穀類、野菜栽培など)からみても経済的におそろしく多様であり、地理的にも国土全体に散っている。このように複合的な一人口集団が、マルク・ブロックのいう、なお根強い「農業個人主義」と、より広範な連帯をさえぎる遮蔽幕である依然として強力なローカルな絆の存在にも拘わらず、なぜ動員が可能で、統一性と連帯という外見すべてを提示することができるのか。おそらく農業組合運動が、このように原子化された人々の行動を結び付けるのに必要な「全国的連結器」の役割を一部演じているだろう。けれども、マルクスによれば、「農民という社会階級」について語るには、不可欠の一要素として強い「利害の類似性」がなければならないが[8]、これがあるかどうかはそれほど確かではない。いずれにせよ、示威行動は、行進する集団の一体性の問題、社会的結びつきの問題、したがってその政治的願望の問題を提起せずにはいない。

ジャーナリスト「好みの」示威行動

現在のそれのような形式をとっている示威行動は、実はプレスの中で大きく検証されるにいたらなければ、それを目指して組織された効果を生じることはできない。今日、これが政治界で認知されて政治問題として存在するためには、活字、音声、テレビ放映のプレスが必須の通過点となっているからである。少々強い表現だが、今では次のようにさえいえよう。激しい自然発生的なものであれ、平和的で組織されたものであれ、そのデモの繰り広げられる戦略的な場は、単に目に付く空間としての街路ではなく、むしろ（広義の）プレスなのである、と。示威行動参加者は、プレスおよびテレビのために行進するのだ。そして記者たちは、行進にずっと着いて歩いても、特別にかれらのためにしつらえられたプレス専用室に座っていても、デモについて報道記事を書けると思い込んでいる。自分がほとんど映画作法的意味で製作に参加していることに必ずしも気づかずに、である[9]。

「整然と」および「気品をもって」という主催者が必ず参加者に与える指令は、デモ参加者が「テレビに映る」ようになって以来、ぐっと増えてきた自己呈示の活動の一環をなす。これは参加者だけに向けられるのではなく、プレスが大きく報じてくれるようにと、プレスにも向けられている。行進中のデモの報道は、しばしば時々刻々のラジオのニュース・フラッシュで伝えられるから、聴取者の反応を呼び起こし、遅ればせの中途参加を促すこともある。[10]「イベント」に先立っては記事がプレスに掲載されるが、これがまた組合幹部に周知の一役割を演じさせる。かれらは前もって通信社に、当のイベントの予定されている展開についての有用なすべての「情報」を提供する。もちろん記者たちは主催者の言葉をしばしば借用しながら、まだ起こっていないことを確実なこととして紹介し、事前にさえイベントを構成する。それも、イベントがそのように起こることを援けるためである。

「本日パリに一〇万人の農民と三〇台のトラクター。」これは人々が集まる前に『ル・パリジャン・リベレ』に掲げられた見出しである。内部のページには、具体的に「巨大デモがパリジャンやフランス人に、農業界はその所得と未来を保護する決意をしていることを示すはずであり」、「フランソワ・ギョーム氏によれば、デモは『かつてない歴史的出会い』となるだろう」（一九八二年三月二十三日）。『ル・フィガロ』の見出しは、「本日、一〇万人がパリの街頭をデモ」であり、このデモの意味をわざわざフランソワ・ギョームに語らせている（三月二十三日）。『ル・モンド』（三月二十日）と『リベラシオン』（三月二十三日）は、より慎重で、より多くの引用符を使いながらではあるが、同じアナンス効果にくみしている。「ＦＮＳＥＡの賭け――一〇万人の農民が三月二十三日のパリに」が『ル・モンド』の見出しで、それに対し、『リベラシオン』は「農民たち――フランソワ・ギョームはパリに一〇万人のデモを」と告げている。これは、おそらくより目に付く形ではあるが、全国的ストライキ挙行日を報じるプレスの記事と同じであり、その曖昧さのため、かえって一部その成功に力を貸すのである。一九八四年三月八日の『リュマニテ』は、公務員のストライキを報じるのに「公共部門がストに」との見出しを付したが、他のプレスは、「公務員、不満をぶつける日の到来」（『リベラシオン』）、「公務員の叛乱」（『ル・フィガロ』）、「それがよく働かない」〔Ça ne fonctionne pas.「公務員」fonctionnaire と「働く、機能する」fonctionner の言葉の類似を利用した語呂合わせ〕（『ル・クオティディアン・ド・パリ』）、等々としている。

新聞の第一面またはテレビニュースは、希少性をもった目に付きやすい空間であり、社会集団とその代表者にとっては、政治界に働きかけるために争って求める戦略的な場をなしている。記者たちは自分の語ることを単に第一面で語るだけで、それを公の、また同時に重要な出来事とし、ローカルな問題を「全国的問題」に、政治的に二義的とみられる問題を「緊急かつ優先の」問題に変容させる、等々の一連の態度選択のプロセスを開始させる。プレスが日々かきたてる強いられた会話の当事者たちがいて、かれらが引き起こさずにいない多少とも現実的、持続的な意見の運動があるが、そうした運動は、今日では「世論の支持」なるものに代表される付加された力にもとづいている。近年、地方的な社会層（鉱山労働者、鉄鋼労働者、そしてもちろん農民）が「パリで」組織するデモが増えているが、パリのプレスというこの特殊な地域プレスの「第一面」を占めようという戦略[11]が少なくとも一部とられていることを知らなければ、このことは理解しがたいだろう。またなおさら、たとえばトラック運転手スト（一九八四年二月）のような自然発生的行動が、首尾よく予想外の方法でメディアの注意を引き、政治界内での態度決定をうながしたわけだが、プレスによって始められ、運動を持続させる一種の循環的因果関係を知らなければ、こうした自然発生的行動にストップをかけるのが一般にむずかしい理由は、理解しがたいだろう。つまり、プレスが「それについて語り」、運動に有利な動員の活動を生み出せば生み出すほど、運動は権力に対して、意想外の、そうすぐに得られないといぶかるほどの力を授けられると感じるようになり、とかくその要求を拡大し、すべてについての交渉を望むようになる。運動が強硬になって、さまざまな突発事を生むようになればなるほど、プレスはこれを報じる、等々。

しかし、自発的にせよ否にせよ、プレスによる支持は、ジャーナリスト界の機能の仕方の法則に従う。すなわち、果てしもなく続く社会運動を報じなければならない記者は、特に語るべき新奇なことがないと、読者を退屈させはしないかと恐れることがあり、メディアの論理からして終わってほしければ、その紛争は解決されるものだと考えがちである。たとえば、最初の機会をとらえ、「スクープ」の形で、交渉は「決定的な一歩」を踏み出したと宣言し、それによってプレスはもうその紛争には関心がないのだとデモ参加者に分からせる。そして実際にこれを終息させるのに貢献する。

一個の示威行動を「成功させる」こととは結局、特にジャーナリストの判断の自律性を尊重しながら、多くのプレスの支持のなかで「よい」記事を書かせることができることである。参加者はいわば審査員の面前を行進するわけで、審査員はその行進のとる形態を考慮に入れながら自分の「選択」を行ない、これを広く告げ知らせる。デモする側にとって誘惑は大きい。ジャーナリスト好みのデモをつくりたい、読者や視聴者に見せるべくそれを注視している人々の心を動かすか楽しませるような特別の演出をしたい、という誘惑がそれである。行進するグループは、自分たちを「代表する者」と感じていて、ゴフマンの用語を借りれば[12]、生じようとする効果に多少ともよく合致した、デモ参加者の「外面」を整えるのだ。

今日の示威行動はつねにより多くの観衆のために計画されるようになっており、観客の判断が待たれ、さらには期待される。それだけに、隊列の先頭に立つ人物が念入りに選ばれる。警備担当者は、参加者の「よき振る舞い」と与えた指令の遵守に眼を光らせる。仮装や、気の利いたスローガンやプラカードの文句によって、さらには特にメディアのためになされるパフォーマンスによって、観衆とテレビ視聴者の共感を得ようとする。

今日では、事実と事実の報告を切り離すこと、つまり街頭のデモそのものとメディアによって観られ、観せられるデモを切り離すことは、できない相談である。デモ参加者の行動の多くはすでに明らかに、プレスにおける報道を、したがって一般公衆への効果を生じるために計画され、演出されているからである。デモ参加者のなかには、携帯ラジオを持参し、隊列の中で、デモ行進に関するニュースのフラッシュを聴いてこれに反応している者を目にするのは、めずらしくない。多くの参加者は早々と、しばしばデモの解散の正式の言葉を聞く前にさえ、帰途に就いてしまうが、これはテレビやラジオ局の行なうルポを家で観る、または聴くためであって、チャンネルをくるくる切り換えてはさまざまな報道を比較する。記者たちの報道が速くて、街頭で起こったことがほとんど「即時に」知ることができればできるほど、参加者はその出来事に「ラベルを貼る」ようになる。そして、これら示威行動によって行使される特有の影響力の本質的部分が、街頭や、場合によっては作用する固有の物理的力関係のなかに見出されることはめったにない。

「メディア向き資本」

被支配者の意見は、それが表出されるためにはすでに組合組織によって形を与えられていなければならないが、今日では、理解されるチャンスを得るにはメディア向きの形式をも取らなければならない。あるインタビューのなかで一農業問題専門の記者はこう語っていた。「土地問題に関しては限られた地域の中で多数のデモが行なわれている。たとえば、土地の競売があると、これを妨げようと数百人がやって来る。この種のデモに男たちは難なく起ち上がる。しかし、デモはおびただしくあっても、人々の目に届かない。なぜなら地方紙しかこれを書いてくれないからだ。」

政治的にはしばしば致命的であるこのメディアの沈黙から脱するには、そして、いみじくもいうようにイベントを「時の問題という燈火の下」に置くその種の「魔法の輪」の中に入り込むには、ジャーナリズム界が通常「第一面にふさわしい出来事」とみなすものに類似した何物かをつくりださなければならない。多くのジャーナリストを惹きつけるような種類の「出来事」のなかには、通常のもの、習慣的なもの、日常的なもの、反復的なもの、一言でいうと陳腐なもの（ジャーナリストにとって）から断絶した事実のすべてが含まれる。「汽車が時間通り到着すればイベントにはならない。」ジャーナリストの認識のカテゴリーがあるので、一個の「イベント」と認められる何ものかを生み出すには、ジャーナリズム学校でのありふれた言葉、たとえば「鉄道線路を切断し……」を字義通りにとれば、しばしばそれですむ。

とはいえ、「観られる」だけでは十分ではなく、あらゆる利益を引き出すためには、「よく観られる」ことがさらに必要である。「とりわけ、破壊がないことが重要だ。フランソワ・ギョームは語ったことがある。『ただ一つの遺憾な行為でも、その日の利益すべてを失わせることがある』と」（『アグリセット』一九八二年三月二十六日）。あらゆる活動家が競ってデモ参加者に繰り返すこの指令は、ジャーナリストに観られているものはたいていプレスによって「認知用に準備されたもの」であることを物語っている。記者たちの多くが「未曾有のこと」に出くわしたと思っても、実は社会集団の成功した戦略をそこに見ているにすぎない。それら集団は、「かつて見たことのない」行動や人々の結集というその正真正銘の罠を、意のままに案出し、実現するだけの力をもっているということなのだ。

「パリジャンも未見、農民にとっても未曾有」、「記録的な人々の結集」「前例のない大示威作戦」、「世紀のデモ」、「目を見張るような力の展開」、「満ちてくる迫真の人間の潮」、「未曾有の歴史的現象」、「こんな大規模な動員は初めて」。以上はステレオタイプ化された見出しであり、これらは同じタイプのデモの多くに見られ、もっぱらそれらを生じることをねらう戦略に充てられている。農民の示威行動がプレスに、風変わりで、尋常でなく、前例がないと映るようにと、あらゆることがなされてきた。パリの選択も、大きな数の結集も、事実上「未曾有」であった。なぜなら、全国的規模で、これに類する数をパリに集めたいちばん最近のデモといえば、三〇年近く前（一九五三年六月十七日）に展開されたもので、組合幹部によれば、乳価および肉、ワインの価格の下落への抗議集会のために「冬季自転車競技場」に集めたものだが、参加者は二万五千人にすぎなかった。

プレスが独力でまったく恣意的、操作的なやり方で「イベント」をつくりだすと考えるのは単純すぎる。実際にはこれは集合的な生産の問題であって、そのなかでジャーナリストはもっとも可視的であるが、同時にまたもっとも目に付きにくい存在でもある。肯定的に語るにせよ、否定的に語るにせよ、ジャーナリストが信用というかれらの資本をあえて濫用して語らずにはいられないような「イベント」がある。しかし、といって、まさしくかれら自身の構成の力を失わせてまで、何ごとでも「イベント」として構成できるというわけではない。「イベント」が生み出されるのは、プレス界とその他のさまざまな社会界との関係においてなのだ。ジャーナリズム界の相対的に自律的な論理のなかでは、すべてはあたかも、ジャーナリズム的イベントが、諸社会集団の有する経済的・制度的・文化的ないし象徴的な資本の再変換の一形態であるかのように生じていく。一つのイベントをつくることとは、表現のもっとも広い意味では、ジャーナリストたちの面前で、政治的なそれであれ（大規模な集会）、物理的（たとえば長距離の行進、ハンガーストライキ）、「美的」なそれ、等々であれ、「パフォーマンスをつくる」のに成功することにほかならない。

こうした客観的で、しばしば主観的でもある共謀の関係がはっきり見えてしまうこともあるが、それはたぶん、このパフォーマンスが、純然たる「ハプニング」とか、記者の眼を引くための派手をねらった行動に堕しているような時であろう。農民のような被支配者の企てる行動は、ほとんど物理的暴力（お偉方の監禁）や場の壊乱（たとえば、鶏を汽車の中で放してしまう、卵を舗道に投げつける、など）を指す婉曲化された形式であって、行動は一般にその当事者にマイナスに跳ね返ってくる。被支配社会集団が怒りを現す時にとる剥き出しの行動は、その表現として物理的力しかもたないため、ふつう大多数のジャーナリストからは「よく見られない」のが実際であり、その場合後者は、それらの集団が自らの観点を押し出すときに付加的な障害物になってしまう。被支配者は、ほとんど暴力にしか頼れないが、これがいっそうプレスの受けを悪くする。プレス自身しばしば暴力の犠牲者、すなわち公安勢力の暴力（「機動隊の出すぎた行動」）の犠牲者であるからだ。

その逆に、中間階級や、さらにはまれな機会として、上層階級によって行なわれる行動（私立学校の擁護のデモ）は、強力な統合された文化資本による行動となる。かれらの行動は、その構造的親近性ゆえ、ジャーナリズム界の大きな部分によって「自然に」好まれるのにふさわしく、単に政治的にばかりか、より根本的な社会的な基盤において共感と理解を呼び起こし、宣伝型のキャンペーンにもかなり近いようなプレス・キャンペーンを始動させることにもなる。ジャーナリストたちは一つの傾向として、演劇や映画を批評するように示威行動を批評しがちであり、判で押したように繰り返される「陰鬱な」労働者デモよりも、「創意に満ちた」行動を好む。

この点で、医学部学生のストライキ運動がこのジャンルのモデルとなるだろうが、これは政治権力から勉学と病院実習の改革を勝ちとるためのもので、一九八三年にパリで始まった。このストライキは、本当のことだが、ある広報活動事務所の援けも得て、精巧に仕掛けられた数々の文字通りの「都会風ハプニング」を組織することで、メディアの共謀的な注視を数週間にわたって独占した。これは特別に高度な文化資本の作動を前提するものであったが、それには、医学部学生たちが直接の個人的な関係の利用も含め、ジャーナリスト世界から得ていた「共感という資本」も付け加わる。

『リベラシオン』は、その記者たちの社会的特性からしてこれら示威行動を解読するうえで特に都合のよい位置にある。同紙は、医学部学生のストライキによる運動についてこう報じている。「これはまず見事な分業だ。もっとも活動的な者のなかの中核分子は『役割』によって組織されている。その常置の場がＣＨＵ〔大学病院センター〕の総会である『交渉担当』と『政治担当』、さらに『行動委員会』および『プレス委員会』の行動要員たちといったように。」「精妙」、「こっけい」、「優雅さ」、「想像力」を前提する都会的スペクタクルの演出、要するに宣伝のセンスである。パーキングメーターの石膏固め、高速道路の封鎖、エッフェル塔と凱旋門の占拠、ロンシャン競馬三連勝式への不意の闖入、等々は、「行動委員会」によって発想され、実行され、「プレス委員会」によって称揚され、運動の「交渉担当者」には有利に役立つものであった。

ストライキ運動諸委員会間の分業は、社会的分化によって二重化される。「真面目な」交渉担当者に、行動委員会のメンバーが対立するが、後者のマージナルな性格と行動は、報道界のこれまたマージナルな一部分を魅了するものをもっている。「ジーンズ、半長髪、金のイヤリング、かれらはその仲間たちの平均のプロフィルと隔たっている。アンリは、この活動の専門化をまともに信じているわけではない。しかし、目的は共通だと思っている。『もちろん医学部にはまだたくさんの坊ちゃん、お嬢ちゃんがいて、自分のテニスとかウィークエンドのこと以外は考えていない。でも、かれらは、僕らのやり方が有効だと感じているから、やりたいようにやらせてくれる。今は、前よりはいくぶん僕らに一目置くようになっている。もっとも、それはたいてい利に聡い連中だけどね。』

行動の選択を行なう際、第一に考えるのは、「メディアに最大限のインパクトを与えること」だ、と「行動委員会」のメンバーの一人はいう。当人自身、たくさんの記事や写真が首尾よくプレスの中でとりあげられているのを見てびっくりしたという。これらの行動を生み出すこと、それは多くの点で、一製品を売るためにキャンペーンを行なおうとする広告業の活動と似ている。行動は「全体として人々の共感をよびつつ、しかもぱっと人目を引く、迅速な、非暴力の、何を言おうとしているかが分かる」ものでなければならず、その上、内容において医学部学生についての世論のイメージに対応するものでなければならなかった。小バリケードや、舗道の敷石をはがすやり方は、政治によって批判される行動になっていた。これらは、「医学生」風の伝統に合致しないからである。

大規模大衆デモ、これは、プレスによって、またはプレスにとって「仕組まれた陰謀」とつねに見られるおそれのある特別部隊による派手な行動の対極に位置する。(13)およそ操作というものを排するとみえるこうした印象的な人々の集合について、ジャーナリズム界の行為者は報じないわけにはいかない。ところが、この大衆結集はまた、おそらくより見えにくい、したがってより有効な形で、プレスのためにつくられる行動の種類に属している。すなわち、これについて語るジャーナリストがいてこそはじめて、少なくともそのような形式で存在すると思われる行動の種類に属するのだ。三月二十三日の示威行動についてフランソワ・ギョームはこういう。「コースの半分まで来ると、すでに勝ったも同然。われわれを前にしたテレビの新オーナーが躊躇しているからといって、われわれのデモに心動かされた現場記者たちの職業的な心の琴線を無視し去るわけにはいかない。……翌日の多くのルポルタージュは、デモの参加者と主催者が完全に一致していると報じていた。」

大規模大衆デモは確実に押し付けの効果をもっているが、またしばしば、より大きな制度的・経済的資本をも確実に働かせるものである。こうした戦略は、カトリック教会やもろもろの組合のように、およそ歴史のなかで蓄積された資本をもち、その下に制度のために活動する多数のプロ（専従職員）、そしてまたボランティア（「活動家」や「シンパ」）を擁しているような既成の制度だけが採れるものである。これらの制度はしばしば大きな動員力を代表し、特に、状況によって公然の示威行動に誘われるような多数の一般の会員・組合員を代表している。ＦＮＣＥＡのような一組合の物的な力と動員力は、過去三〇年来職業の共同管理と結びついていて、経済資本と相当な関係を手中にし、非常に広範な基盤の上に動員を行なうことを可能にしてきた。そして、その成功は、集団のスポークスマンの信用資本とでもいうべきものの増殖、あるいは少なくともその強化に力を貸し、この資本自体は、資本はさらに資本を生むという論理にしたがって、組合の経済資本と制度資本を強化することになる。

組合の一般会員をできるだけ多数パリに上らせるため、あらゆる手立てが講じられた。ＦＮＳＥＡによると、一五〇〇台の貸切バスが当座の必要のため動員された。ロ・エ・ギャロンヌ県の『ル・マタン』の通信員によれば、「このプルーンを名産とする県は、二〇〇人の参加者をＦＮＳＥＡのデモに送ろうとして、二万フランで三台のバスをチャーターした。ロジェはいう。『必要なことはやらなきゃならない。大規模なデモはしたいが移動の費用はケチりたい、というわけにはいかないよ』」（『ル・マタン』、一九八二年三月二十四日）。情報としては、農業銀行《クレディ・アグリコル》の若干の地方支店による移動費の支払いをあてにするものさえあった。

もっとも非活動的な農民たちにパリ行きを決意させようと、あらゆる議論と圧力が用いられた。農業関係の週刊誌『アグリセット』の特派員は、シェール県で組合によって行なわれた動員の活動をこう語っている。「シェールは六〇〇〇人の農民を集めるが、これは二八の農業郡に対しバス一三台となる。」（ＦＮＳＥＡ会長は）一〇〇〇人を希望したが、かれも、『シェールでは動員はまあまあだ。ここでは、人々は穏和だからね』と認めている。三月の初めからかれは連盟の理事会の集まりでキャンペーンを開始し、次いで郡の会長に書簡を送り、そこから二一〇の市町村の会長にこれが伝達された。各郡がパリ行きを組織する。「中央集権ではないのである」（『アグリセット』一九八二年三月二十六日）。

なお、ついでにいうと、「公的空間」という観念は、メディア介在的な出来事がつくられる場を分析するにはたぶん最適のものではないことが分かる。特にこの表現が、実際には対立を含む協働関係のなかにある異なったカテゴリーの行為者を巻き込む複雑な構築作業の結果であるものを一与件として扱うような場合、そうである。だれにでも与えられ、開かれる「公的空間」というものはなく、存在するのは、公にしてもよい事実の世界に入るに値するものについての社会的定義をおびた行為者たちの、多少とも分化した一システムである。プレスについてよくいわれるフォーラムというイメージ、つまりあらゆることが公に討議されうる場というイメージほど人を欺くものもない。それを欲するすべての者に開かれているような空間など存在しない。存在するのは、多少とも広範で社会的には異質性を含む公衆に知らせるに値するものと、そうでないものを、ジャーナリスト界の機能の固有の法則にもとづき決定する行為者なのだ。

「公衆」の観念はそれ自体あまりに抽象的すぎる。公衆というものの範囲や構成をそれぞれのケースに応じ定義するのがより適切である。たとえば、近しい親族はすでに一小公衆をなしており、それは、労働仲間、講義の聞き手、群集、ラジオ番組の匿名の聴取者、テレビ視聴者などからなる公衆よりも、単に親密で限定されているにすぎない。[14]さまざまな社会集団は、自らの特有のメディア向き資本を踏まえて、多少とも速やかにこの空間に接近し、その特有の利益をめざす。この点では、新聞によって異なる、また「世論」に自己の存在を示そうとする社会集団によっても異なる「反応時間」がどう構成されているかを分析してみると興味ぶかい。つまり、公然の抗議行動の発生と、これがジャーナリズム界によって「イベント」とされる際の構成との間の時間である。かくかくのラジオ記者は事前にすでに、「本日の政治イベント」といった「プレス・クラブ」に一政治家を登場させてしまうことがある。そうかと思うと、しかじかの移民労働者のストライキがそれの行なわれる数週間前にパリの諸紙の「一面」を飾る、といったこともしばしばである。そして、次のようにいっても過言ではないだろう。ある種の公の行動、特に大そうな見せ場を伴う示威行動の多くはほとんど、ジャーナリズム界がこれを待っていて、今日支配的なジャーナリスト的政治の機能様式のなかに登録ずみであるために、行なわれるのである、と。

記者たちは、新聞・雑誌によって日々つくられ、日の目をみるニュースの相互間の序列を争う闘いというものを知っている。すなわち、一面を飾るもの、または週刊誌の表紙を飾るものが、内部の記事よりも周知度が高いということを知っている。[15]各紙が行なうもろもろの出来事の構造化とさまざまな読者層の期待の間には相同性《オモロジー》が打ち立てられる傾向があるため、一般読者はそれに対し、自分の新聞によって呈示され序列化された出来事については自明、そして「そうあって当たり前」という感情をもつのである。読者各々は種々の出来事を知っている。だが、ジャーナリスト界がそれら出来事をつくるために行なう固有の活動についてはおそらくあまり知らない。新聞・雑誌も、眼鏡と同じように、それを出発点として世界が見えてくるような見えざるものを設定するのだ。

とはいえ、ジャーナリストたち自身は、かれらを対立させる見かけ上の亀裂（情報か意見か、左翼か右翼か、等々）を超えて、第一面にふさわしい出来事をなす事実は何かという点では一致をみる。出来事の客観性についての感情――すなわちそれがそれ自体で存在し、ジャーナリストのつくった「イベント」ではないと思われること――は、「イベント」をつくる日刊紙が増えるにつれて、ジャーナリズム界自体の内部では強まっている、とほぼいえよう。示威行動の主催者がつねに多くの新聞の加担をあてにし、デモを報じてくれ、新聞の欄のよい場所をこれに充ててくれることを期待するのは、記者たちが出来事の社会的定義において一致すれば、それだけ出来事はかれらとは独立に存在するようになると思われるからである。つまりこういうことである。『リュマニテ』（または『ル・フィガロ』）の一面だけを獲得すると、これでは政治的なたぐいの〔たとえば左翼か右翼かというつながりでの〕謀議や配慮の関係があるのではないかという疑いの余地を残す。『フランス＝ソワール』または『ル・パリジャン・リベレ』の「一面」の見出しを獲得するだけでは、こうした新聞が日常的に庶民読者向けに販売テクニックとして行なっている「センセーショナリズム」の追求とみられるおそれがある。以上に対し、農民デモや公務員の全国ストとしてパリの一連のプレスの第一面を獲得するなら、記者たちの間においてさえ、これらの出来事はそれ自体で確かに存在し、記者によって単に一から構成されたものではないのだ、という感情を強めずにはいない。

「意見の法廷」

デモ参加者の行動が街頭の物理的空間内に、およびデモの場所そのものに打ち立てられている力関係の中に限定づけられていたかぎり、衝突がこの行動の本質をなすことになり、これは往々にしてきわめて激しいものとなった。プレスへの政治的統制と検閲はまさしく、これらの行動をそれが展開される場そのものに厳密に封じ込めることを狙いとした。力の行使が限られた衝突の場をこえて拡大されることのないように、そしてデモをする集団がその大義を直接に関係する集団の範囲を超えて知らしめる（「通俗化しながら広める」）にいたらないように、である。要するに、「世論」の動員から生じる（デモをする人々に同情する運動の創出による）この特有の政治勢力の創出を阻むこと、いいかえると、統御しがたいより複雑な一種の政治的エネルギーの創出を阻むことが眼目だった。

今ではデモ参加者自身も、結局は世論調査機関のコントロールの下に置かれていることになるが、それは、後者が、街頭で公に表明された意見に対する世論のさまざまな反応を「記録する」ことによって、である。デモする集団にもたらされる人々の支持、または一つの抗議運動がよび起すことのできる「共感」（世論調査によって測られる）は、闘っている行為者の意志には通じないように思われる。不幸な一個の突発事、またはメディアによって大きく取り上げられコメントされる一リーダーの不適切な発言、こういったものがあれば、しばしばそれだけで世論調査機関の調査実施者に表明される「意見」もくつがえってしまう。「世論」を味方につければ、それは、デモを行なう者にとって固有の政治資本をなすが、しかしこれは特に不確かな資本である。このため、発展し予想外の規模をもつにいたった何らかの重要性をもった運動のなかでは、幹部たちはしばしば不安をいだく。偶然のいたずらのようなほんのわずかな不祥事があっても、営々と蓄積してきた動員と共感の資本が失われる恐れがあるからだ。

合法的な物理的暴力を独占する政権の座にある政治当局はほとんどつねに、集会の禁止や現場での衝突の規制、あるいは示威行動をするグループの削減をたくみに行なっている。狭義の物的な力関係は必ず既成権力に有利であり、この権力のもつ行動手段は、デモを行なう者たちがもつ行動手段と共通のモノサシでは測れない。街頭では最後通牒を発するのはほとんどつねに権力の側である。

それに比べ、象徴的な型の闘争はより不確実である。これに参入してくる行為者ははるかに多く、多様性にとんでいるからだ。デモを行なう者によって掲げられる大義が正当と感じられ、これに対しようとする権力の用いる抑圧手段が怒りを引き起こすことはありうることである。私立学校擁護のデモや学生デモがあったとき、そこでの真のねらいが「世論の獲得」にあったことは周知の通りである。この時、社会党政府はどうだったか。自分たちの支持者を動員しようと努めたが、無力を露呈し、改正法案に反対する組織された平和的な大衆デモ行進はいよいよ数を増した。「左翼」のプレスが紹介しようとした同法案のうたう具体的措置は、デモ参加者の多くには知られていず、後者の大多数は、政治的動員における固有の凝集の論理に従い、法案への反対よりも、「社会党への反対」によって行進した。

メディアと世論調査技術の発達は、「示威行動の一般的経済」、より広くは政治ゲームの経済とでも呼びうるものを変えた。物理的衝突はまったく消滅したというのにはほど遠いが、しかし、特にメディアのために考えられた種々の行動にとって代わられていく。各新聞は、その読者たちに先在している諸性向を強化するものである[16]。しかしまた、ジャーナリズム界は、それ自体で、政治界全体に作用するものでもある。そのいくつかのメカニズムは、ジャーナリズム界のこの効果を強めるように働く。たとえば、プレスのある独特の読み方がある。それは、「プレス評論」とか「プレス要録」といったものを通して、すべての新聞・雑誌にあたるというもので、まず第一にはジャーナリストたち自身によって行なわれているやり方であり、次いで、政治に関わるスタッフ、より一般的にはすべての「決定を執り行なう者」によっても行なわれている。

この読み方は、経済および直接に政治的な一定の拘束の下にある一ジャーナリズム界があって、その下で行なわれるものであるが、新しいものではない（「プレスのアルゴス」〔アルゴスはギリシャ神話における百眼の巨人で、目利き、監視者の意。マスメディアの内容、番組を審査する機関〕は、一世紀前、プレスの自由に関する法律に少し遅れて創設された）。

ジャーナリストの多くは毎日、自分の仲間たちの書くものを注意ぶかく読んでいる。読むことで、かれらには扱うべき主題が与えられる。なぜなら、「他の」ジャーナリストがそれについて語るからであり、それによって主要な文化生産界の論理との関連で、かれら各々の依存を強めていくからである。[17] 新しいことは、おそらくこうしたやり方が大メディア（ラジオ、とりわけテレビ）の機能を通じて、見手、聞き手全体に一般化してきたことだろう。ただし、そうしたメディアの場合、見手、聞き手が性質上社会的にも政治的にも同質ではなく、リスクが避けられないため、しばしば、プレス全体によって「扱いずみ」である主題を取り上げるほかはないことになる。経済的競争の必要から差異化が求められるにも拘わらず、テレビのニュースは互いにどこまで似通っていることか。これを確かめてみるのも興味ぶかい。[18]

大メディアの記者たちは、望む望まないに拘わらず、同じ三面記事的なものにも飛びつかねばならず、同じ小さな政治的発言にもコメントしなければならず、同じ記者会見で押し合いへし合いしなければならない。要するに、是非の別なくこの界の論理のみちびくところへ赴かなければならないのだ。逆説的にも、大メディアは、とりわけ政治において象徴的閉鎖の一効果を行使している。すなわち、「重要ニュース」というと、これらメディアの報じる事柄に限定しがちであり、自らの語ることに法外に重要性を与え、したがって語らない事柄については無視同然の扱いをする。[19]

ジャーナリズム界は、出来事の〔重要度の〕序列を政治界に押し付ける。政治界は、この序列をつくるのに協働しているだけに、これを受け入れ、承認する。とはいっても、あらゆる権力の例にもれず、プレスの権力もある限界内でしか働かない。記者たちは、自分たちが操作される操作者だということをいちばんよく知っている。

政治界とジャーナリズム界は今日初めて相互依存関係のなかにあるが、この相互依存関係はかつてよりもはるかに複雑である。政治記者は、政治家を前にして、正真正銘の「世論の法廷」となることを諦めてはいない。だが、正統化の回路はいわば引き伸ばされている。かれらは久しく自分の読者の名においてしか自分の意見を表明しなかったが、「オピニオン・リーダー」、つまり世論をつくるのに強く貢献する行為者であるにはどうすればよいかを心得ていた。ところが今では、世論調査機関のおかげで、「世論」全体の名において語ることができるようになり、他者と並ぶ一意見の構成要素にとどまることはなく、政治家と同じく世論調査を引きながら自分の考えを正当化しようとする。自分がこうこうだと押し出すのではなく、つまり意見の形成者となるのではなく、プレスとは関わりなく存在する一意見への単なるコメンテーターとして自分を呈示する。ジャーナリストたちはまったく本心から眼を開けているつもりでいて、眼を閉じている。すなわち、自分たちが「イベント」として構成したある事実に読者・視聴者の関心を惹きつけ、これに長々とコメントをくわえ、政治家や専門家たちに「これについてどう考えるべきでしょうか」と尋ねるといった具合に。次いで、世論調査によって、何がもっとも重要な出来事か、それについてどう考えるべきか質問をさせるわけであるが、それはかれら自身の立てた問題への「民衆」の考えにコメントするためである。

ラジオ、テレビ視聴者の反応とは、前もって世論のプロたちよって公に表明された意見の、変形されたしばしば表面的な反響物以外の何ものでもない。このプロたちは、かれらのものの見方を課する闘いのなかにあるが、しかし、自分たちが少なくとも語るべきことと語るべき方法については互いに一致していることに、つねに気づいてはいない。

現実の集団と集合的行為者

街頭の示威行動は、久しく政治的考察についてまわってきた代表（représentation）に関する古典的問題を実際的な仕方で提起する格好の機会をなしている。事実、政治というものは大部分、だれがだれの名において語る権利をもつかをめぐる闘争である。いい換えると、発言および語る技術をめぐる集団間の闘争なのだ。近代諸社会は、その形態の規模からして、「集団」の考えることを語ることを任とする公認のスポークスマンと代表者を必要とした。ただしその集団は、諸個人の実際の総体というよりはむしろ、これまた政治的形而上学に属する実体である。ある行為者が、自分がその代表者なのだ、と称する集団の性質を考えてみれば、このことがよく分かる。デュルケムはすでに、構造化された職業集団と、互いに面識もなく投票箱の前を一人一人通り過ぎていく原子化された個人とを対置していた[20]。

政治ゲームの本質的部分はまさに、多少とも均質的でリアリティのある政治集団の社会的構築というまぎれもない作業のなかで行なわれると考えてもよいだろう。すなわち、正統に政治闘争に参加でき、その発言が政治的と認められるような、いい換えると単なる個人的発言ではなく一集団の発言として認められるような集合的行為者の産出の作業のなかで行なわれる、ということである。「示威の権利」を認める、そしてプレスの中で示威行動について報道する、それは実は、単なる表現の自由の承認をはるかに超えるものである。〔一九八九年のいわゆる「天安門事件」の際〕中国当局はこのことをよく分かっていて、学生の運動の代表資格をすべて前もって否定し、「ストライキ派の学生によってつくられた三つの独立的細胞組織は、不法である」と宣した。他方、逆に「北京大学構内の音声システムからは運動の共闘のためのコミュニケが流され、体制の組織と競合するこれらの組織の合法、不法の性格を決められるのは裁判所の決定だけである、と反論していた[21]」。正統に語ることのできない、またはその術をもたない者たちの名において正統に語る権利を求めるこうした闘争は、われわれ自身の社会をも絶えず捉えている。

組合諸機関のルーティン化、すなわち自らが代表する被支配者の利益よりも機関の利益を表明しがちだという傾向、これがある以上、新しい形態の示威運動が伝統的な組合機関の周辺部に、または組合機関に対抗して成長してくるのは理解できる。たとえばフランスの状況に触れると、最近のデモの際に現れたさまざまな「共闘」（学生、看護士、鉄道労働者などの）のなかにこれが見てとれる。それはしばしば若干の混乱を伴っているが、自らを抗議運動の真の代表機関と考えようとしている。他方、政府機関のほうは、どれが何を代表しているか、自分を対話者だと主張する機関をどれだけ重視すべきか、どれだけ信用すべきかをつかみあぐねている。

「フランス人は……のように考えている」と世論調査機関は声高にいい、「農民たちは……を望んでいる」とブリュッセルに集う農業大臣たちは主張する。「ボース〔パリの南方に広がる大平原でフランス一の穀倉地帯〕の穀物生産者は……を要求しており」と生産者組合が支持を行ない、「かくかくの村の小農たちは……を好み」と小農村のしかじかの底辺農民は説明する。一見したところ類似しているこうしたさまざまな文言の間には実は相違があり、それは単に量の違いや程度の違いといったものではない。これらの命題の主体をなす集団は、同じ性質の社会的実在ではないからである。では、共通のものとして何があるか。

「農民」とは、この種の観念の多くがそうであるように、現実の集団にではなく、政治によって、また政治のためにつくられた集合体に振り当てられたものである。社会的世界についての思考は、自然発生的には実体論的であって、日常会話の中でさして矛盾なく機能しうるだけのもっともらしさ、不明確さ、曖昧さを同時に呈する社会的に産出されたこれらの実体に、まったき実在性を与える。たとえば、「農民」というカテゴリーの背後に、各人はこうこうであろうというもの（一定の限界内で）を思い描く（伝統的小農、近代化された青年農業者、直接接触可能なある人々、または単なる読み物から引かれた人物たち、等々）。そしてそれは、対話者によっても、論じられる問題によっても、当人にこのカテゴリーが想起させる具体的な個人のタイプによっても、異なる。また、各社会的行為者の生い立ち、読書傾向、職業、年齢、等々も考慮されなければならない[22]。

さらに、多くの日常の議論は（科学的議論でさえも）もっぱら、これら集合的実体の背後に個人が考える不安定な内容にもとづいて、また当の議論が含意し、維持する多少とも無意識の誤解において、成り立っていると考えても間違いではあるまい。それ自体としてではなく、社会的信念として存在する「世論」の存在様式についていわれてきたことも、これらの観念に関係する。それゆえ、マックス・ウェーバーのように、まさしく「農業の利害」という表現について「災いを招いたのは、主として『生の言葉』から借用された集合態概念であった(23)」と述べるだけでは十分ではない。なぜなら、ここでの問題は、論理的に混乱した概念の批判よりも、概念の存在、そしてこれまた大いにリアリティに富む社会的効果を生じる社会的に生み出された集合態《コレクティーフ》の存在を、一個の事実として登録することの是非にあるからだ。ウェーバーが「曖昧な名辞」と慨嘆したものは、単なる「明確で鋭い概念によって確定すること(24)」によって取り除かれるものではない。その曖昧さは、まさしく、社会的行為者が身を投じる闘争からの社会的に必然的な産物だからである。これら行為者は、当の集合態の生産または再生産に関与するか、またはその集合態についての定義ないし限定づけを――考えられる諸他の定義のなかから選択し――押し付けようとするわけだが、この闘争は、それ自体で存在しない、したがってその限界が科学的に明白な具体性をもって現れることのない集合的実体の定義をめぐっての象徴闘争であるだけに、終わりなき闘争となる。

示威行動、ミーティング、行進、これらは伝統的に戦略的動員の形式を示すものであるが、それは、現実の社会集団と、社会的カテゴリー（社会的につくられたカテゴリーという意味で）としてしか存在しない政治的集合態の間の媒介集団をなすかぎりにおいてそうである。現実の集団は、こういってよければ、実在性をもつ。というのも、名目的な集合態と異なって、同一の空間の中で集まる諸個人の具体的で目に見える編成をなすからである（たいてい、少なくともある一つの関連の下にかれらは集まるのだから）。それに対し、名目的集合態は、抽象的な全体化の所産である。もしこれが社会的な存在に近づくとすれば、それはもっぱらそうした全体化を机上で行なう社会的行為者がいるからである。たとえば国家の統計専門家たちがそれで、かれらは、「農業政策」の策定を可能にするデータを提供するため、あらゆる「農民」を一つのカデゴリーに括る。またはすでに見たように、世論調査機関は、集計を発表することによって、私的意見を（ほとんどの場合）全体化し、「公的意見〔世論〕」に変える。先のような個人の結集は、つねに現実集団としての堅固さを備えるわけではない。なぜなら、その編成は限られた、一時的な、しばしば一様性を欠くものとなっており、さらに、参加者たちの「モチベーション」は、たいていの場合曖昧さを呈するからである。

デモの主催者によって掲げられるスローガンは、最大多数者に受け入れられるようにと曖昧になっているが[25]、これは、社会的行為者のなかに刻まれている客観的な共通の属性と出会うとき、かつてないほど強力で持続的な動員力を発揮する。いい換えると、結集の成功とは、大まかにせよ集団への編成が客観的に可能であることを前提とするのである。このことが、たとえば失業者のデモがつねに失敗に終わる理由を説明してくれる。失業者の組合の責任者は、二〇〇万人以上の者〔一般にいわれるフランスの失業者数〕を潜在的に動員可能と考えてきたが、それは間違いで、繰り返しデモの組織化を試みたにもかかわらず、失業者の各々は実際には、多少とも暫定的である失業者の状態によりも、その所属集団に立ち返っているのである。しかし他方、示威行動は、集団をそれ自体可視的にすることで固有の効果を行使し、集団を生み出す、ないし強化する傾向がある。すなわち、しばしばそれとしては知られていない社会的属性を共通にする個人の集合を、対自的な利益集団に、すなわち自らをそれに数える自覚した集団へと変容する。またそうすることで、示威行動の生み出す集合行動によって、さらには示威行動が引き起こすよりもより広範な集合体への所属感情によって、諸々の集団を存在させるのに寄与することもある。

示威行動がその参加者たちにおよぼす影響は直接的であり、基本的に重要なものである。集団が自ら展開する成功を博したスペクタクル、それまで抽象的にしか存在しえなかった、空間的結集のおかげで可視的な明白な実在となる集合態のしばしば印象的な姿、これらは基本的には、闘争のなかにある諸個人の「モラル」や「決意」と呼ばれる政治的エネルギーの固有の産物である。見渡すかぎり果てしもなく続くデモ隊列の光景は、何物もあらがえないかに見える力の感覚と一種の興奮、そして真の熱狂を引き起こす。この点についての証言はそれこそ枚挙にいとまがない。運動それ自体は、より幅広く連帯の感覚と活発な相互行為を生み出すことになり、社会集団をより強固にする。こうした結集の記憶は、記念行事や記念写真によって巧みに保存され、デモ参加者の一時的なグループ形成（デモ組織者としてもこれを再生産できるかどうかは全く定かではない）を超えて、それが永続するのだ、という必要な幻想をさえ提供できる。

農業デモの際、ＦＮＳＥＡは、生産者の非常に多様なカテゴリーの部門ごと、地域ごとの、相互にしばしば無関係な不満を「全国化し」、うまく利用するにいたったが、それは、これを一社会的カテゴリー全体〔農民〕の不満に仕立てるためである。そしておそらく一部、あらゆる農民たちのなかにこれを活性化することができたからだろう。政治権力と支配的な都市的価値を同時に代表する町としてのパリ。そのパリに特にデモにやってきて、歴史によってつくられた反‐都市住民、反国家という基調がそこになお埋め込まれているのがわかる。[26]じっさい、スティグマ化された民族を襲うそれと同じ論理に従い、農民各々はたとえ成功者であっても、つねに最弱者に同一化し、ついでに当のカテゴリーに社会的に向けられる軽蔑も身にこうむってしまう。とすれば集団全体に共通する劣等性の感情は、いささかでも支配者への反発力となるならば、容易に動員原理として作用しうる。解散集会でフランソワ・ギョームは「パリの友人よ、君の子どもの頃に歌われたこの詩に含まれている恐ろしさを思い出してほしい。『兄弟よ、自分でパンをこしらえたまえ、もう君を養うことはしない』」と語り、「農民は、収入もだが、それに劣らず尊敬を欲している」と付け加えた。

この反‐都市住民という基調――それはここでは、政治界そのもの（ただし、別の時代の）に由来し、一部小学校で伝達されるステレオタイプをもっぱら活性化させるだけに、効果的なものであるが――を超えて、あちこちで内部の反対や利害紛争が現れていて、それらは多様な人々に影響を与えずにはいない。『ラ・クロワ』紙の一記者は次のように報じる。「農民たちは、会話に加わった通行人に、自分の組織の要求を説明するのだが、割に早く個人的な観点へと移ってしまう。ボースから来た一農民は進んで認める。『ミディのブドウづくりの連中のとった立場〔二二〇ページをみよ〕をぜんぶ擁護するわけにはいかない。』また、ブルターニュの一酪農民は、『かれらの不安は、イル・ド・フランスの穀物栽培者の不安とその深刻度が違う』という」（一九八二年三月二十五日）。だが、こうした避けがたい対立はあっても、デモ主催者にとっては直接行動するような集団をではなく、印象をあたえるような集団をつくることだけが眼目である以上、対立が〔具体的な〕帰結をもたらすことはめったにない。内部でコンフリクトが訪れると、これらの多くのまったくの「見かけ上の集団」は、共同行動の試練に耐えることはできず、より限定された、しかしよりリアリティのある多くの利益集団に解体されてしまう。

農民世界、これがしばしば言及されるようになっているのは、ほかでもない、この社会層が、大革命以来、代表の関係を操作するために案出されたもろもろの形式の一つの見本を、縮図的に、ないし拡大図的に提供しているからである。一九八一年五月〔ミッテランの下に左翼政権が成立する年〕以前、FNSEAは、農民層の権利の代表者を体現していた。また、この表現がもともともっていた意味での[27]政治権力の「選挙」パートナーをも体現した。その代表の独占には抗議もあったため、FNSEAは、制限選挙制〔もちろんここでは過去の歴史的制度を表す語をアイロニカルに使っている〕を再考案した。すなわち、フランソワ・ギヨームは、たとえば「代表資格は、得点に応じて測られる」と宣言し（『レ・ヌーヴェル・リテレール』一九八二年三月二十五〜三十一日号）、FNSEAは特に数量的代表資格の演出を組織したのだった。

街頭のデモ、つねに演じられるはったりやこけおどしの部分に対して、政治権力は当時、今日の政治界で機能しているような代表資格の純然たる量的な考え方に拠って、投票箱の評決にこれを委ねた（農業会議所の会員選挙〔一九二七年以来の制度で、各県の農業会議所で任期六年の会員が農業従事者の普通選挙によって選出される〕）。この数の法則には、もう一つの諮問形式が付け加えられた。「諸階層会議《エタ・ジェネロー》」がそれである。これは今日あまり用いられないが、非常に複雑な、また権力によって緊密にコントロールされた諮問によるもので、下部からの「真の」苦情・不満を受け付けるものとされる[28]。しかし、投票であれ、派手な大々的デモであれ、農民に直接発言させる諸手続きであれ、これら表面上は競合しているものも、その対立を超え、何事かを考え欲している「底辺」が存在するとみる点では一致する。

「メディア向き」の示威行動

「集団の規模が大きくなればなるほど、集団の目標は明確でなくなる」と現代の大規模な群集集合現象を研究している当代の一歴史家が書いている[29]。サンペ〔一九三二年〜。現代フランスの風刺漫画家〕のデッサンをご存知だろう。要求を大書した旗がデモ隊員によって誇らかに掲げられているが、一つのプラカードには利己的で私的な三行広告〔一般に求人求職広告や車の売買広告など〕が記されているといった具合である。

現代の多くのデモでは、参加者の状態は実際には、主催者がこれに付与し要求するようなまとまりからはほど遠い。調査によって捉えられた世論に影響を与えるため集まる参加者たちは、完全に独立した行為者であるよりは、筋書きが必ずしも分かっていない一スペクタクルに参加する単なる無自覚のエキストラといったところである。かれらすべてが一独立人として、公式にプラカードに掲げられ組合式の合言葉で叫ばれる理由のためにそこにいるわけではない。ある者は、組合の規律だから、義務だから、組合幹部に従わなければならないから、という信条だけで、そこにいる。また、より恵まれない者との連帯のためにやってくる者もいる。そのほか、「見物のため」、友人や仕事の同僚に連れられて、請願に署名したため、他の人と一緒に行動したいため、等々の理由で参加する者もいる。

　参加者たちは、異質な諸要素からなる、皮肉にも意見をもたない全体を形成する。その参加は選挙民の論理に従うもので、したがってかれらは行進の主体であるよりは、その参加に与えられた解釈に沿った戦略に多少とも同意している冷静な客体である。時として、自分がなぜデモ行進しに来たのか、なぜストライキをしたのかさえ分からず、日が経つうちに、特に新聞を読んだり、参加者同士で議論したりして、ストライキを行なうもっともな理由を構築していくこともある。これらの示威行動の多くはまったく人工的な結集体というわけではない。代表者は、かれらの代表資格を正統化してくれる集団を自由に意のままにつくりだすわけにはいかず、現実の個人を、つまり、少なくともデモをすることに利益をみる諸個人を、実際にデモ行進させることができなければならないのである。

　イベントを人工的につくっている、とか、ある集団またはある主義主張に偏った宣伝をしている、とプレスが絶えず非難されるのは偶然ではない。これは、さまざまな社会的カテゴリーの代表者が政治界に働きかけるその自己主張の戦略において、プレスが戦略的な位置を占めているためである。このことは、政治家たちがよく知っている。かれらは政治界に働きかけるのに、社会的集合態を現実的でしかも目を引く華々しさにおいて映じるようにするのだが、その社会的リアリティの大きな部分を、デモ隊列に沿って歩く記者やカメラマンに負っている。このように政治行動とは大部分、これらまったく「見かけ上の集団《フォー・グループ》」をつくりだす能力からなっている。この「見かけ上の集団」とは、行動する集団というよりは表象の集団であって、要するにこれを組織する人々を選り出すことのみに役立つのである。政治とはある程度まで、人々の結集によって生み出される独特の社会的エネルギーを利用する技術からなっている。

　おそらくこれら可視的な抗議集団の参加者は、次のような表現が許されるなら、かれらの生み出す集合的エネルギーの一部を、「自己消費」できるのだろう。とりわけ、束の間の「共にあることの喜び」や、「道徳的再武装」というより持続的な形式において、である。けれども、そのエネルギーの最大部分は、これらの集団の代表者によって、政治権力との交渉を、とりわけ交渉者を押し付けるために費やされることになっている。[30]

ジャーナリズム界の行為者たちにとって、「政治」とは何だろうか。それは、主として、互いに相手との関係で自分の立場を決め、しばしば無から、プレスとの多少とも無意識の共謀によって「政治イベント」をつくりだす、代表者とスポークスマンのプレス向きの声明のやりとりに同一視される傾向がある。もっぱらラジオのマイクまたはテレビ・カメラの前でのかれらの声明のみによって、である。今日では、ジャーナリズム－政治界については、活字・音声・テレビのプレスと政治が緊密に結びついている、と述べるのがおそらくより正確だろう。

ジャーナリスト自身によって確かめられた、ある種の傾向を極限化した例がある。ある週刊テレビ情報誌は、数年前、エイプリル・フール向きに悪ふざけをたくらみ、ある会社のサービスを考案した。それは注文しだいで、パリの街頭を行進し、それによって要求を支持するデモ行進者（お望み次第で、労働者やカードルや学生や農民の扮装をした）を提供いたします、というものだった。じっさい、諸個人を純然たるメディア向きの目的のために集めるという点では、メディアはより効果を発揮する。世論調査機関が見せかけの世論の運動のほとんどをつくっているが、これと同様、現代メディアは、メディア上でしか存在しないような集団を生み出すのに力を貸すことがある。

現代コミュニケーション手段（ラジオ、特にテレビ）は、デモ行進者の行動の論理を、聴取者やテレビ視聴者を「支持者」に変えるためかれらに働きかけようとするものへとシフトさせた。示威行動は、対メディアのその効果を完全に発揮するように、全国的大メディアにおいて他の示威行動によって圧倒され、影を薄くするといったことのないように、主催者たちによって「計画化」される傾向にある。一九八六年の学生デモや、もっと最近の北京のデモ〔いわゆる天安門事件前後の〕のような運動は、半月以上にわたって毎日ほとんどのメディアを動員したわけだが、これは別につくられていた「コミュニケーション計画」を完全に狂わせてしまった。映画とかシャンソンのような娯楽産業で、自分の作品の「売り上げ促進」に本来の芸術活動よりも時間をかけなければならないと不満を述べるアーティストが多数に上る。これが、かれらの芸術活動にとって不可欠になったことは認めた上で、である。[31] 政治においても今日似たような変化が見られる。すなわち、自分の思想や擁護する主義主張の「売上促進」のためのノウハウももたなければならない。ある者がより乱暴にいうように、「自分を売り込む」術を心得なければならないのだ。この表現は政治では聞こえがよくない。政治とはすぐれて無私無欲の誇示と道徳性の支配する分野だからである。ともあれ、この表現は、政治ゲームのこの変容が政治の定義そのものの相伴う変容なしにはありえなかったということを、一部説明してくれる。

「底辺の民衆」、それはジャーナリスト的存在にとって、いちばん接近しにくい層である。あるテレビのプロデューサーは、社会的世界の慣れ親しんできた見方を逆転させ、「テレビはいちばんリアルに思えるから、テレビがいちばんうまくいく」と述べている。じっさい、匿名で、多様で、雑多で、よく分からない、矛盾にみちた底辺民衆は「うまくいかない」が、ただ、例外はテレビだというのである。この民衆は、時間のかかる高価な作業を要とし、四六時中緊急事態と人目を引く出来事に支配されているプレスの機能とほとんど相容れず、ほとんど活字プレスのジャーナリストの関心を引くことがない。それに対してスポークスマンはつねに記者たちのマイクの範囲内にいて、その上コミュニケーションのプロとして――特にプレスと「良好なコミュニケーションを行なうこと」を学んでいるので――コミュニケーションの専門家に対して自己呈示をし、自己表現をすることができる。いい換えると、他者の代わりに自ら現れ、語ることができる。代表者たちは、全国的な代表者であれ、地域の代表者であれ、実際の集団の代表者であれ、抽象的な集合態の代表者であれ、ジャーナリストにとってはもっとも近道をなしている。なぜなら、底辺民衆に接近するもっとも速い、もっとも経済的な道だからである。かれらは底辺の代理をするが、底辺の情報提供者とも解され、しばしば底辺自身のためにそれをなす者とされる。

街頭の示威行動、これはもともと、すぐれて被支配者の政治行動の様式であった。すなわち数の力以外に何物ももたず、万一の場合でも、支配層によって送られる抑圧勢力の合法的暴力に反撃するのにおのれの肉体の物理的力しかもたない人々の行動様式だった[32]。

十九世紀を通じてずっと、組合組織が底辺民衆の表現を一部独占してきた。ここ三〇年来は、テレビ、世論調査、政治ゲームの論理がこの組合の独占を破るのに貢献してきたが、しかし、といって、より真正な表現の仕方を可能にしているわけでもない。そして皮肉なことに今日では、デモはあまりにも強力な行動様式になったので、支配層もこれに関心をもたざるをえなくなり、ひとり被支配者に委ねておくわけにもいかなくなっている。と同時に、この行動様式は、もっとも強く支配を受けている者たちにとっては次第に有効ではなくなりつつある。なぜか。右のようになって以来、社会諸集団は、示威の方法において競争の状態に置かれていて、したがって暗に、かれらの要求の基調においてばかりか、メディアを前にしてのパフォーマンスにおいても、少なくとも同程度に審判を受けるからである。

有効なデモを展開すること、そのためには、いよいよ大きな経済的・社会的・文化的資本が要求されるようになっている。伝統的な組合デモの費用は、参加者自身によってまかなわれていた（組合費や公道献金）。今日の多くのデモは、直接にせよ否にせよメディアの「スポンサー化」のなかにある。この章では、一九八二年の農民デモを長々と分析してきたが、このデモはその形式において比較的「古典的」なものにとどまっていた。章を閉じるにあたり、今ひとつの農民デモを語ることができる。この非常に新しいデモは、政治空間に及ぼされる一般的な変容を、あまりにもといってよいほど完璧に例示している。

それは一九九〇年六月二十一日に繰り広げられた「大収穫祭《フェト・ド・ラ・グランド・モワソン》」である。パリのシャンゼリゼ通りに、パレット上に配した小麦畑を据え、パリの観衆の面前で刈り取りを行なったのだ。この作戦は、青年農業者全国センター

〔ＣＮＪＡ〕によって計画されたもので、農業の今日的問題を知ってもらうためである。そのいくらか普通でない側面では、これは、二〇年来小農村で増えている「時代祭り」(33)〔伝統的な衣装や、古い農機具・脱穀機などを使い、往時を再現する催し〕よりは、むしろフランス革命二〇〇周年記念の宣伝専門家ジャン＝ポール・グードが企画した大スペクタクルの行進に似ている。大収穫祭は、テレビ（アンテヌ２）によって生中継され、セヴェンヌ地方出身の一作家（ジャン＝ピエール・シャブロール）がコメントし、地方なまりそのままに大地および農民の知恵の価値を礼賛した。「示威行動」は事実上、単なる宣伝作戦となったのだ。これは街頭では、デモする者よりも見物人を引き付けている（シャンゼリゼ通り上の麦畑を見に一〇〇万人近くが訪れた）。費用は非常に高くついたが、一部はパリ市、およびＣＮＪＡと提携したテレビのあるチャンネルが「スポンサー」になってまかなわれた。スペクタクルに姿を変じたこの示威行動は、反人種差別の大合唱のように、前もって「テレビに映るように」手はずが整えられ、チャンネルの番組計画にも載せられていた。その成功は、テレビニュース、ラジオ局、活字プレスにおけるルポルタージュにも負っている。問題は、この示威行動が、農村というものの社会的表象に及ぼしたインパクトの測定であろう。いずれにせよ、一記者からインタビューを受けたある農民は、都会のど真ん中に据えられたこの畑とこのスペクタクルを見に訪れた群衆を目にして、ＣＮＪＡ製の一バッジが叫ぶように「農民であることの誇り」をこれほど感じたことはない、と語ることができた。

　底辺の被支配者と、その座にある政治権力を直接に対峙させたジャックリーあるいは叛乱農民から、今やわれわれは遠く隔たっている。現代のテクノロジーは、効果的な政治行動とは何かという定義について、その変更を可能にした。以来、闘争せる社会集団のあいだには特有の関心・利害をもつ多数の行為者が介在していて、かれらがその特有の流儀でいささかの社会的エネルギーを吸収していること、そしてそのエネルギーは、より多様化し拡大された政治空間の中で、拡散し、薄められてもいることが明らかとなった。しかしながら、こうした物理的暴力の減少は、象徴的暴力の強化によってあがなわれている。象徴的暴力、すなわち、多少とも幻想には属するが、頭の中にしっかり住み着き、支配のなかでのいわゆる物理的な暴力の使用の必要性をまさしく減じる、新たな信仰の押し付けがそれである。ただし、これを認識するのはおそらく容易ではなく、したがってそれと闘うことも容易ではないだろう。

結論

世論にどのような価値があるのかと問うとき、この問いに答えるのをむずかしくしている障害がある。もしこの障害が社会的なものでなく、知的なものだったなら、世論の価値を厳密に科学的に論じることは特にむずかしくなく、議論は早々と片付いていたことだろう。結局は単純であるはずの問題がいっぺんに複雑になってしまうのだが、それは、「世論」についての科学的論議が政治の地盤に移ってしまって、このため、自分たちの世論の定義を押し付けようと争う当事者たちのいわゆる社会的な能力によって議論の決着が付けられがちだからである。政治においては、外見が外見をもっともらしくしてくれる。なぜなら、ものを信じさせるのに成功すれば、そのことが、そのものを存在させるのに貢献するからである。

社会学者も含めてだれもが一致して、調査機関の産み出す「世論」は「実在する」、と認めれば、調査実施者は自分が科学的に勝利したとみなすことだろう。たとえ社会学者にとってはもっぱら社会的現実を確認することが重要であるとしても。「世論」をめぐる討議では、調査実施者に理があるとみえることはある。しかし、それは当人の考えるような理由からではない。かれらは一つの現象を客観的に測定することを考えるが、実は、その現象に特殊な歴史的形態を与えてきたにすぎないのである。

科学と政治

実は世論調査機関のもつ社会的な力は、その活動が科学と政治の間に位置していて、その地盤を意のままに変えることができるという点にひそんでいる。厳密に科学的観点から、調査業者の行なう速成の粗略な、不要なまでに反復的な調査に批判をくわえる社会科学者に対して、前者は、政治的な種類の議論を引き合いに出して答える。自分たちはデモクラシーの論理のなせるところに従ったまでである、と。今日、自らの調査手続きを正当化するためにかれらの押し出す、多くの専門家が決定的議論に代わりうるものとみなす、そうした議論について、一つだけ例をあげる。

世論調査のために書かれた著作の中で一有力調査機関の幹部（ミシェル・ブリュレ。ある周辺的ポストにいるコラムニストで、自分の調査機関が「フランス人のモラル」について行なった世論調査にコメントしている）は、本書の頭のほうですでに言及したピエール・ブルデューの批判を俎上にのせている。ブルデューは、意見調査は、すべての者がすべての事柄に一個の意見をもっていて、あらゆる意見は価値をもち、同じ社会的な力をもっている（特に、あるパーセンテージに加えたり引いたりする明らかに技術的な単なる事実による）ことを前提している、と述べたが、これらの批判にブリュレは「反駁した」。「ある所与の主体を前にしての意見分布の測定が、なぜすべての意見が等価であると前提することになるのか、理解に苦しむところだ。……（原子力発電所問題に関して）フランス電力公社のエンジニアの回答と、一般の都市ガス消費者の回答が同じ質の情報にもとづいていないことはいうまでもない。それでも、二人ともその選択が自分に関係してくる市民なのであり、自分の立場を知らせる権利を持っていることに変わりはない。その点でかれらは、専門的認識眼よりも、むしろ常識に拠っているのである。それに、専門家たちのこうした問題への意見が一致しているかといえば、とんでもない。ある重要な投資が問題となるとき、単なる納税者がその予算項目について意見もってはいけないというのだろうか」[1]。

ブリュレは、常識からの些末な証拠をあげ、「すべての意見が等価ではない」という点で一歩譲っているというが、しかしかれが思い付きでコメントするため選択した例は、社会学的分析についてのまったく一面的な理解を示すものである。「すべての意見が等価ではない」と社会学者が観察するとき、実はそれらの意見の知的価値について個人的判断を述べているのではない。そんな個人的判断は、一個の価値判断であろう。「市民」のもろもろの意見にどう判断を下すべきかについての政治的な一意見であろうし、それらに政治的にどれだけウェイトを置いたらよいかについての意見であろう。ある政治的観点を遺憾とする、あるいは是とすることはだれにでもあるが、社会学者は単に、さまざまな社会集団の意見のもつ社会的な力は、非常に異なること、さらにいえば、それらの集団の手中にする社会的な力のいかんによることを確認しているにすぎない。

ちなみに世論調査実施者は、科学的地盤にずっと留まることはなく、早々と離れて、いきなり政治の地盤に移行してしまう。すなわち、数行前に述べたことを公式化すべきだ、と明白に唱えるのである。なぜなら、ブリュレは、世論調査の妥当性をもっぱら民主主義的価値という観点のみから正当化し(「納税をする市民は、すべてその予算項目に発言する権利がある」)、ついでに暗に社会学者を、民主主義の普遍的な価値を認めない、容認しない、として非難するのだ。

調査実施者は、事実として存在することと、かくあるべきであるとして規範的に提起されていることを混同している。社会諸科学は、それ自体として「民主主義的」でなければならないわけではない。もっとも、だからといって社会学者は民主主義的価値を支持しえないということではない[2]。政治は、政治独自のやり方で、実際上の必要に迫られ、具体的な制度(例えば選挙、レフェレンダム)の手続き枠組みの中で、形ばかりの同一性を示すような諸意見を合計しては、さまざまな種類の社会的人工物をつくりあげる。社会科学の専門家は、これら独自の価値と固有に政治的な効力しかもたない政治的人工物を科学的に正当化することを任とはしていない。政治学者の立場は、実は、社会学的観点からみて社会学的に完璧に理解できるような一個の虚偽の理解の上に築かれている。これはほとんど政治学者の見方と同質的であり、科学的と自称する著作のなかによりいっそう強く現れているのが分かる。たとえば、権威があるとされるアラン・ランスロの論文にみるように。ランスロは、技術レベルの問題を検討することもせず、いきなり「世論調査に対する数々の常套的批判の原理があるが、それらは普通選挙への批判としても使われている」と書く。そして、世論調査の論理でもあるアマルガムの固有に政治的な論理に従い、世論調査を批判するようなことは一切言ってもしてもならない、という。いわく、「世論調査への批判、それは民主主義への批判にほかならない[3]」と。

政治家たちは、制度によっては想定されていなかった、科学の権威とともに政治を行なう世論調査というこの新しいアクターの政治ゲームへの侵入に対し、これを糾弾できる格好の位置にあるが、そのかれらに答える際には、調査実施者は逆に、自らいうところの厳格に科学的な地盤に身を置く。政治家がかつてもっていた技術よりもよりよく「人民意志」を測定できる、ということを言うにとどめるのだ。それでいて、調査実施者とこれに支払う者〔政治家たち〕は事実上、政治界の機能の仕方そのものを根本的に変えたのだった。一九六〇年代の末に世論調査の実施が一般化した際に法律家、とりわけ公法専門家の行なったコメントがそれを示すのだが、かれらは、世論調査が選挙にとって代わってしまうのではないかと懸念した。そして、専門諸雑誌の中で、「世論調査」、「レフェレンダム」、「選挙」を比較し、その違いを指摘し、特に世論調査を制度的にきわめて周辺的な位置に閉じ込めている。六〇年代末頃には、すべてについて、何事かまわず世論調査が行なわれるようになり、いっそう激しい拒否反応を引き起こす。それは、すでに弱まっている政治家の思考（または活動）の自律性をさらに攪乱するような新しい競争相手の登場をそこにみた、政治階級のある部分においてそうであった。

今日では、投票意図の調査は年がら年中行なわれていて、技術的にはほとんど異論を引き起こすこともないが、しかし部分的には合法的に得られた結果が問題ありとされることもある。調査の実施が科学的な関心を呼ぶことはまずなく、高い政治的効率はもつが、しかし代議制の政治システムそのものに反し、政治を「恒久的選挙」の状況に置くことになる。なるほど代議士たちは相変わらず五年おきに選ばれてはいる。が、今ではいよいよ、かれらの正統性はほとんど月ごとの選挙世論調査と人気評点にかかっている。統治者たちも、その立法期《レジスラテュール》〔議員の法定の任期のことであるが、議院内閣制の下では政権の任期と対応する〕の間に「腕を証明し」、「実績に応じ」評価してもらうということにならず、一種の日々の評価に委ねられることになるが、これはかれらにとって「基礎」の評価であるとは限らない。プレスに大々的に発表されコメントされ、政治参謀のところで分析されるさまざまなグラフ曲線（「政府の施策への賛否」「政府の信任」「左翼－右翼関係」の変化、等々）によって表現されるのは、なお大部分が政治のプロたちの操作的戦略の結果であって、プロたちは一般人から、かれらの生活の文脈から切り離された、自分たちの利益に照らして再解釈された回答をゆすり取る。選挙はもはや、人気度または投票意図のグラフ曲線の中で、他と並列される点にすぎなくなっている。(4)

世論調査が頻繁に行なわれるようになり、より問題となったのが、選挙によって打ち立てられる委任の関係である。世論調査は、論争も議論も抜きに、原子化された、多くがろくに知識・情報ももたないような個人によって、時の重要問題や、政治階級の内なる関心から出てくる問題に直接断を下させようというものだからである（死刑を廃止すべきか否か、移民労働者の統合に賛成すべきか否か、次の大統領選では左翼にとっての最良の候補者はだれか、右翼にとっての最良の候補者はだれか、等々）。政治家たちは、「人民意志」が何であるべきかを事情をよく心得た上で検討するようにと選出されたわけであるが、今や世論調査機関という競争相手をもつようになっている。

後者は日々、「市民を代表するサンプル」に尋ねることで、一種の「直接民主主義」を可能にしているようにみえる。これら世論調査の存在自体、そして政治‐ジャーナリズム界のアクターたちがこれに寄せる信頼は、「政治という活動」の部分的な地位移動を引き起こしていないとはいえない。もっぱら政治問題を取り扱う能力のために選出されたと考えている人物たちは、今日、コミュニケーション補佐者の援けを借りて分析と考察を行なって後、特別なエネルギーを費やし、自らの主張する措置が市民多数派が自発的に望んでいる措置と一致すると信じなければならず、また人にそう信じさせなければならない。

これらミニレフェレンダムの結果は、定期的に発表されても、おそらくその効果は多くの場合なお限られているだろう。政治に従事する者たちは、選挙にもとづいて与えられた権力を放棄するという心の状態にはない。それでも、科学的客観性をもつそれらのデータの存在自体が、伝統的定義における代表の機能（すなわち、ほぼ法律的な）に影響しないわけではなく、議員の審議の自律性を制限する。かれらの審議は意識的というよりはしばしばより無意識に、世論調査からみちびかれる「人民意志」に一致しようとするからである。特に、何者かのために「人民意志」に先んじようとはしない時には、そうである。

政治学者たちは、民主主義を進めるのだといい、全体主義体制下では世論調査機関は存在しなかったということに言及する。だが、今日民主主義を脅かしているのはおそらく、政治学者がおぞましいものとして挙げる全体主義よりも、むしろ世論調査がそれに反してきわめて直接に助長するデマゴギーと冷笑的態度であろう。選挙前に実施され、投票の数週間前に発表される候補者相互の優劣関係とこれを支持する社会層は、さまざまな候補者の運動戦略の一定の合理化を可能にするかもしれない。けれども、それは、すでに政治的論理によって強くかきたてられている操作的態度にさらに味方する。仮に選挙民が何を望んでいるかを知らしめる意見調査がなかったなら、政治家は少なくとも自分の信念のみに頼らねばならず、これが自分にとっての「内面の羅針盤」の代わりをなし、個人的心理的再保険と政治プログラムの代わりとなっただろう。

政治学者と調査業者はそのサーヴィスを売り込み、今日、意見調査によって経済的マーケッティング専門家式に有権者たちの間に「受けのよい」テーマを探す。それは政治家たちが選挙運動時にしか妥当しないような政治的言説を練り上げるのを援けるためであるが、その際、選挙民を魅了するのに心を砕き、世論調査によってつかまれるがままの政治的提供物への要求に優先性を与える。政治学者たちは、政治論争を明確にし真の政治問題を現出させるどころか、むしろ互いに似たりよったりの選挙運動をつくりあげている。理由は、それら選挙運動が同じ調査をもとにして練られ、同じ関心によって発想されているからである。

そして結局、世論調査は選挙民の諸層を政治への関係でよりよく理解させてくれるよりも、かれらにより巧みに「罠をかける」ことを教えるにすぎない。これらのデマゴギー的行動へのプレス自身による定期的な非難も、要するに、民主主義にとってはるかに危険なデマゴーグたちの跳躍台となる隠れた反議会主義に力を貸すにすぎない。

といって社会諸科学も政治の埒外にあるわけではないが、しかし政治の科学であるべきで、すなわち、狭義の政治闘争に「巻き込まれる」のではなく、政治闘争をよりよく理解させる科学であるべきなのである。社会諸科学は、政治界ではなく科学界の固有の至上命令にしたがって、そこに参加する。われわれにとってしばしば非常に馴染み深いものであるため真に見ていないようなものを、社会学的分析は別様にみるようにさせ、あたかも外部から捉えるように、政治ゲームを発見させるものでなければならない。社会学は、社会的世界についての容易ではない反省的見方を徹底させ、政治についての固有に社会的なわれわれの認識のカテゴリー自体を対象とさせるものでなければならない。

「一般化された」支配

政治においては、支配のシステムがいよいよ複雑となる傾向にあるだけに、社会学的分析が欠かせない。このように次第に確立されてきながらだれしもがそれとしてはっきりと理解も欲求もしなかったものの力は、これを生み出している多数の交錯する支配諸形式のなかに宿っている。周知のように、民族学者は、婚姻という交換について、限定的交換システム（部族Aはその女性を部族Bに与え、見返りに、部族Bは部族Aに自分たちの女性をあたえる）を、一般化された交換システム（部族Aはその女性たちを部族Bに与え、部族Bはこれを部族Cに与える、……等々）を対置している。後者の女性の循環のモデルは事実上、社会的世界の他の種類の財の流通にも応用されうるきわめて一般的な一モデルをなしている（プレスにおける礼賛調の書評、ページの脚注における自己満足的な引用、サービスの交換、世代間での財の循環、社会保険制度と退職制度、等々）。

一般化された交換、または別の分野でいえば正統化の回路の延長（AはBの財について語り、BはCの財について語る、……等々）は、その規模が大きすぎるために限られた若干の社会行為者では全体的に制御しえないような社会空間を産み出すことで、支配様式を変容させる。けれども、この交換は支配の分業を打ち立てるのであり、分業は、あまりにも集権化された、可視的な、拘束的すぎて持続しがたい支配よりもはるかに効率的である。ノルベルト・エリアスは書く。「計画と人間行為の相互浸透は、かつていかなる個人も企て、創造しなかったような変容と構造をもたらすことができる。……人間間の相互依存は、独特の秩序を産み出す。これを主宰する個人の意志や理性よりもいっそう絶対的、拘束的な秩序を、である」(5)。

この交換の拡大は、明らさまな検閲を自己検閲に置き換えていく。すなわち、しばしば自認し、同意しながら、社会的世界の匿名の法則に服従していくのだ。右とのアナロジーによって、「一般化された支配」とでも呼びうるものは、この新しい様式の支配であり、これは広がっていく傾向にあり、そのなかで支配階級は、強度に分化しており、その各部分は諸他の部分よりもいくらか強く支配しながら、同時に全体として強い相互依存関係にある。支配者たちをとってみると、すべてを支配している者などいない。支配しているのは、権力に参与しているさまざまな界《シャン》が所与の一時点で形成する独特の連係態にほかならない。

この支配の様式はおそらく支配が特定の一グループに独占されている場合ほど露骨ではないだろうが、しかし強力であることに変わりがない。なぜなら、この支配のかたちは、どこにも位置づけられないが、その代わりに没人格的に、多様に受け入れられ、かつ被るというかたちで至るところに遍在するからである。また、スケープゴーツ化という非常に意味深い転移の論理（「これはプレスのせいだ」「これは世論調査のせいだ」）をとらなければ、これは、まちまちで、つかみどころがなく、はっきり名指しできる支配者もみえない。だから、各人はここでは、その小さな部分として、意識すると否とに拘わらず全体の支配に貢献することになる。要するに、これは、社会的世界のいや増す分化、そしてとりわけ相対的に自律的な、つまりそれ固有の追求目的、法則、機能の論理をもった社会界の拡大（政治、経済、ジャーナリズムの各空間、知的空間など、それら自体がさらに高度に分化している社会諸空間）の所産なのである。

次のようにいい換えることもできよう。この新しい政治－ジャーナリズム空間内を支配しているのは、政治学者でもなければ、メディア人でも、オーディマット〔個々の番組の視聴率を測定するために無作為に抽出された視聴者に配布されたボックス状の測定器〕でも、コミュニケーション顧問でも、調査業者でも、また政治家ですらない。たとえばオーディマット。これはもっぱら、チャンネル数が増えて、それらを広告収入でまかなうことが文化的・政治的なタイプの世界で必須になってはじめて、経済的性質の競争関係を支配するようになる。この競争関係はテレビが受信料でまかなわれる一つのチャンネルにとどまっていた時には、政治の論理に取って代わられていた。人格化された検閲者の論理の代わりに、統計的で匿名的な市場の論理がはたらくのである。

社会空間が分化すればするほど、それだけ社会的行為は、多様で矛盾に満ちた要請の間の交渉や駆け引きの集合的所産となっていく。各々は、所属する当の社会空間に固有の拘束を課しながら少しずつ他を支配するのであるが、それ自身がまた、他者に代表され、交渉しなければならない、一連の拘束によって支配されている。社会的行為者は、かれらの界《シャン》の論理を体現するとき、はじめてそれに応じた支配を行なうことになる。つまり、その界の論理がかれらを支配すればするほど、その界が要求しプラスに裁定するものを達成すればするほど、かれらは一個の界をそれだけ支配下に置くのである。

たとえば、メディアがなければ、政治学者は、地域的モノグラフィーのための資金調達を求める選挙社会学の影の薄い専門家にすぎないだろう。それが今日、政治ゲームにおいて強力で支配的な位置を占めている。ひとえに、かれらがメディアと世論調査機関の経済的・政治的要請（売れる製品をプレスと政治組織に提供すること）を引き受けているがためである。そのような政治学者の一人は、「見積もりの仕事」は二〇年来変わった、と書いている。「この仕事の変化は、引き受けなければならない課題が複雑化したことと関係する。予算を組むのが大変になった。さまざまな資金を組み合わせること、パートナー関係を築くこと、そのためには交渉がいっそう重要となる。並行して、見積もりの責任者はメディアとの関係も一部引き受けなければならない。なかでも、選挙開票速報の番組づくりを按配し、たとえば技術陣と共に、いよいよ精巧になる技術にしたがって選挙結果のヴィジュアル化の方策を考えなければならない。」なお、「今日では、製作という仕事とコメントという仕事を同時に引き受けるのは、容易ではない。だから政治学者の間では分業が行なわれている。かつてラジオで放送が行なわれた時代には、製作者がコメンテーターであることも可能だった。なぜなら、テレビの場合のようにスタジオのセットの中にいる必要などなかったからだ」[6]。

ジャーナリストの側でも、同じことがいえる。かれらは政治学者を必要とする。その能力、そして「プロフェッサー」という肩書きが意味があるわけで、その権威によって、第一面に掲げられ、読者を惹きつけるとみなされる、実は前もってつくられている新事実が正統化される。けれども、少なくともその種の調査から出てくる数字には、たとえ当の新聞の政治的路線に都合がよくなくても、従わなければならず、数字に関する政治学者のコメントはしばしば受け入れなければならない。同じく、政治家もプレスを必要とし、プレス自身も政治家を情報源として必要とする。あるいは、発行部数を上げるのに貢献する「スキャンダル」の時評コラムをしばしば成り立たせてくれる公人として必要でさえある。なお、ジャーナリストが「イベント」を仕立てることができるのは、当人のつくる出来事がメディア向きの定義に合致する場合に限られる[7]。

しかし権力がもはや直接にはテレビのチャンネルのなかに介入しなくなって以降、記者たちは自由を感じている。議員に対する気遣いや敵意の関係はなくなる傾向にある。情報部門のある長は、「支持してくれる新聞を撒くことは不可能になった」と述べている。記者たちはもう自分たちのルポが権力を喜ばせるのか、それとも不快にさせるのか、ということを考えない。政府によって厳しく統制されていたテレビにおける旧支配に比べ、今ではテレビの番組製作者は、「自分の」番組に招きたい政治家を選ぶ自由をもっていると考えることができる。テレビの舞台上でジャーナリストは、相対する政治家に対して、後者の発言がつまらないと思えばこれを遮ったり、尋ねた質問に答えていなければ批判するなどして、自分の土俵の中に政治家がいないことをはっきり知らせる。じっさい、支配の様式は変わったのであり、権力の座にある強者への服従は、経済市場の非人格的・匿名的な法則への服従にとって代わられたのだ。この法則は、チャンネルの製作責任者がテレビ局に掲げる視聴率という客観的形式の下に表現される。

製作者は、番組に政治家を招く際、合法的に選出された政治諸勢力が公平に代表されるかどうかを監視しなければならないが、それだけでない。チャンネル間の競争にも応え、「スター」、つまりはメディアの論理にあらかじめ適応している政治家を招待するほかないのである。たとえば「真実の時」〔一九八二年に始まったアンテヌ2の番組で、有力政治指導者間の討論番組〕のプロデューサーのF－H・ヴィリューは、『リベラシオン』（一九八七年四月）にこう告白している。「番組には三重の目的が課されている。スターを呼ぶこと、時の問題に密着すること、ある種の政治的バランスを尊重すること。……私はよくスター性を特別視するが、それは『真実の時』の呼び起こす興味を支えなければならないからである。この番組は、最大限の視聴者を求める『プライム・タイム』に置かれている。厳しい競争の時期に入ると、視聴率を支えなければならない。もしそれができないと、いずれは、より限られた視聴者向きの時間帯に移るようにもとめられる。であればこそ、知名度のすでに高い人物を招待する必要があったのだ。」

要するに、ジャーナリストは、同じく強力なもう一つの拘束である、聴衆の課する拘束に服している。たとえ、それがあまり拘束的と感じられない暫定的なものであっても、である。高い視聴率を挙げている一テレビ・ジャーナリストが、「すべてを考えあわせてみて、私は、権力の独裁よりも、視聴者の独裁のほうをよしとする」といい放っているように(8)。

活字プレスおよびテレビの諸企業は、その製作物を売りさばくために競争をする経済企業でもある。この競争は、もちろん、「スクープ」や独占的発表に走ったり、あれではなくこれを支持するという形の差異化、区別をすることに現れるが、しかしもっと日常茶飯のこととして、競争相手の企業の取り上げた人物に緊急にアプローチしなければならないこともある。少なくとも政治－ジャーナリズム世界では日常の会話の主題とせざるをえない人物となっている者に対しては、である。この新しい支配は、これが生み出すさまざまな過剰のなかに見てとられる。オーディマットの圧力がもたらした一つの帰結は、だれが望んだかも分からないような政治のお粗末な結果として、デマゴーグ的人物がたびたびメディアに登場してくることかもしれない。この圧力は、ジャーナリストによって、またはジャーナリストのためにつくられたものを、「過ちにまで」「瞞着にまで」「やらせにまで」もっていってしまう。メディアの暴走の例を挙げるのはたやすいことであり、これら暴走の一撃（これまた非常にメディア向きになされるが）があって後のジャーナリスト自身による非難の例を挙げるのも、これまた容易である。

なお、世論調査を定期的に発表する日刊紙の記者たちの筆の下に、世論調査の過剰を難じる批評が書かれるのを目にすることとさえある。『ル・フィガロ』の一記者は最近（一九九〇年六月一日）、こう書いていた。「世論調査のこのインフレーションは今や滑稽なまでになっている。新聞を開けば、ラジオのスイッチを押せば、きまって、ミッテラン氏は勝っただの、点を下げただの、フランス人は人種主義者だの、いやそうではないだの、ル・ペン氏〔極右の「国民戦線」の党首〕は上昇しただの、下降しただの、と聞かされずにはいない。何に比較して、他の何の世論調査に比較しての得点なのか。どのように尋ねられた設問と比べてなのか。世論調査とは、情報をつくる怠惰なやり方であって、事に通じたジャーナリストなしでも行なわれてしまう。さながら、ステレオタイプから意見を捏造する愚昧化の一試みといったところである。」

見え透いた明らかな操作を非難することは必要ではあるが、これは一個のリスク含んでいる。およそ現実とは、テレビの存在そのものと日常茶飯に行なわれる世論調査によって密かに巧妙に形づくられていること、そのことに目をふさいでしまう危険である。真の問題は、世論調査やメディアに対して「賛成」か「反対」かでも、「メディアの仕組む」出来事への民衆的な叛乱に味方することでもない。だれも欲しないのに張り巡らされていく囲いをいかにして打ち破るかを考えるべきである。芸術界、知識人界にみられるように、もろもろの「界《シャン》」の自律化の論理は、閉鎖の効果をもたらしている。芸術界、知識人界は、極端な場合、これらの界に属する行為者たちのためにのみ機能することになる。世論調査はしばしば政治界の一般民衆への見せかけの開放でしかないが、果たしてそれは支配者の昔ながらの例の夢を実現させるという点にその力を負っていないかどうか。その夢とは、すでにマルクスが述べた「プロレタリアートなきブルジョアジー」という夢、またはより最近ではベルトルト・ブレヒト〔一八九八～一九五六年。ドイツの劇作家・詩人。戦後は東ドイツに住む。厳しい現実批判と社会風刺に満ちた作品を残す〕のいう「民衆の解散」という夢、つまり民衆に代わって、民衆の名において語っている政党に民衆が同意できないという事態を指す。

政治とは、民衆が世論調査（特に電話による）の形式でしか存在しない、内輪喧嘩の論理のみに従う政治世界のもろもろの種族に「民衆の名において」委ねられている闘争を民衆がただテレビで眺めているだけといった、サイエンス・フィクションにのみ値するようなそんな小宇宙であってはならない。政治は、それ以外の何ものかでなければならないのだ。

原　注

＊ *ARSS* と略記されている雑誌のフルタイトルは *Actes de la recherche en sciences sociales* である。

新版への序文

（1）以来、この本の若干の側面を、さまざまな論文で深めることができた。特に次のものを挙げたい。Du singulier à l'universel : l'exemple de "Opinion publique", in CURAP, *Droit et politique*, Paris, PUF, 1993, pp. 217-225 ; La loi des grands nombres. Mesure de l'audience et représentation politique du public, *ARSS* , no. 101-102, mars 1994, pp. 3-22 ; De la doxa à l'orthodoxie politologique, *ARSS*, no. 101-102, mars 1994, pp. 23-24 ; Le sondage, le vote et la démocratie, *ARSS*, octobre 1995, no. 109, pp. 73-92 ; Opinion publique et débat public, in Isabelle Pailliart (sous la direction de), *L'espace public et l'emprise de la communication*, Grenoble, ELLUG, 1995, pp. 17-36.

（2）『世論をつくる』は、一九九七年に、モスクワのソシオ－ロゴス出版社から露訳で刊行された。

序　章

（1）H. Mendras, *La fin des paysans*, Paris, A. Colin, 1967 ; H. de Virieu, *La fin d'une agriculture*, Paris, Calmann-Lévy, 1967 ; M. Gervais, C. Servolin, J. Weil, *Une France sans paysans*, Paris Seuil, 1965 ; M. Debatisse, *La révolution silencieuse*, Paris, Calmann-Lévy, 1963.

（2）この政策は、ＣＮＪＡの若い農民の協力によって練られたものであるが、ＦＮＳＥＡによって推奨されてきた、当時生産者に無差別に補助金を与えていた伝統的な価格支持政策に対立する。より選別的に農民に援助を与え、経済的に収益を挙げうる家族経営の近代化を援けるものである。この点については、Muller, *Le paysans et le technocratie*, Paris, Economie et Humanisme-Editions Ouvrières, 1984 を参照。

（3）県会議員選挙では、投票箱が壊され、電話線が切断された。モルレー市〔ブルターニュ地方の西端のフィニステール県にある町〕は、農民であふれ、郡庁舎は占拠された、等々。

（4）社会学のこの専門性なるものは、アンリ・マンドラによってアメリカから導入され、政治学院で教授されたが、実は、これは理論的に構成された対象というよりも、実践の具体的諸領域を指し示す実際的な対象切り取りの所産である。

（5）「群衆がひとりの人間または人格によって代表されるとき、もしそれが、その群衆の各人すべての同意によってそうなるのであれば、その群衆は『一つの』人格となる。なぜなら、『一つの』人格をなすのは、代表者の『単一性』であって、代表される者のそれではないからである。そして、人格、しかも唯一の人格をになうのが代表者である。それ以外には、群衆のなかに『単一性』を理解することはできない」〔ホッブズ、永井道雄・宗片邦義訳『リヴァイアサン』（世界の名著二三）中央公論社、一九七一年、一九〇ページからの引用〕。

（6）P. Bourdieu, L'opinion publique n'existe pas, *Les Temps Modernes*, 318, janvier 1973, pp. 1292-1309〔なお、これはブルデュー（田原音和監訳）『社会学の社会学』藤原書店、一九九一年、二八七〜三〇二ページにも収められた〕。

（7）P. Bourdieu, Un jeu chinois, Notes sur une critique sociale du jugement, *ARSS*, no. 4, août 1976 ; P. Bourdieu, Question de politique, *ARSS*, 16, septembre 1977, pp. 55-89。〔後者の論文は、ブルデュー（石井洋二郎訳）『ディスタンクシオン』Ⅱ、藤原書店、一九九〇年の二二七〜三三四ページに加筆され、収められている〕。

（8）「回答を生み出す際の論理は、階級のエトスであるかもしれないが、また、体系的な政治『党派』であるかもしれず、さらには」一政党への委任にもとづく、および採る政治路線の決定作用による「二段階の選択の所産であることもある。」Ｐ・ブルデュー『ディスタンクシオン』Ⅱ〔前掲、二六四ページ、ただし訳文はこの既訳通りではない〕。

（9）P. Bourdieu, Les doxosophes, *Minuit*, 1, novembre 1972, pp. 26-45 ; P. Bourdieu et L. Boltanski, La production de l'idéologie dominante, *ARSS*, juin 1976, 2/3, pp. 3-73. ; P. Bourdieu, Remarques à propos de la valeur scientifique et des effets politiques des enquêtes d'opinion, *Pouvoir*, 33, avril 1985, pp. 131-139〔P・ブルデュー（石崎晴己訳）『構造と実践』藤原書店、一九九一年、二九一〜三〇二ページにも収められている〕。

（10）この点については、Ｐ・ブルデュー監修『写真論――その社会的効用』〔一九六五年〕、〔山縣熙他訳、法政大学出版局、一九九〇年〕を参照。

（11）政治界の理論については、P. Bourdieu, La représentation politique. Elément pour une théorie du champ politique, *ARSS*, 36-37, février 1981, pp. 3-24. また、Décrire et prescrire. Note sur les conditions de possibilité et les limites de l'efficacité politique, *ARSS*, 38, mai 1981 pp. 69-73 ; La délégation et le féticisme politique, *ARSS*, 52-53, juin 1984, pp. 49-55. も参照。また、同号の中の Espace social et genèse des "classes" もみよ。

（12）特に『文明化の過程』第二巻〔一九三九年〕を参照。エリアスは特に、基礎的政治単位（封土、公国領、国家など）の「対外政策」が、武力と戦争によって特徴づけられるのに対し、「対内政策」は平和的な手続きによって行なわれることを明らかにしている。このため、基礎的政治単位が拡大されればされるほど、通常の政策から物理的・軍事的政策は姿を消していく。競い合う領主たちの絶えざる戦争によって荒廃して、地域に平和的な大国家がとって代わるのである。

（13）M. Pialoux, Chronique Peugeot, *ARSS*, 52-53, juin, 1984, p. 94.

（14）社会構造と心的構造の諸関係については、Ｅ・デュルケム、Ｍ・モース「分類の若干の未開形態について――集合表象研究のための試論」〔一九〇三〕〔小関藤一郎訳『分類の未開形態』法政大学出版局、一九八〇年〕、およびＥ・カッシラーの『言語』〔生松敬三・木田元訳、岩波書店、一九八九年〕を参照。

（15）農業世界出身で離農していく若者たちについては、P. Champagne, La reproduction de l'identité, *ARSS*, 65, novembre 1986, pp. 41-64 をみよ。この象徴的次元はきわめて一般的なもので、社会構造に働きかける多くの運動に説明を与えてくれる。労働者的生活条件の外にいる知識人は、一個の社会的地位は、少なくとも現にその地位を占める者によって占めるに値するとみなされなければ存在しなくなることに気付かない。過酷だったり、この上なく危険である仕事において特にみられる職業的使命感（鉱夫、冶金労働者、農民など）は、必要からその仕事を行ない、自分の子どもにも行なわせなければならない者が提示する自尊心にほかならない。冶金産業の危機については、M. Pinçon, *Désarrois ouvriers. Famille de métallurgistes dans les mutations industrielles et sociales*, Paris, L'Harmattan, 1987 を参照。また、初等教育教員の採用の危機については、たとえば、F. Charles, *Instituteurs, un coup au moral*, Paris, Ramsay, 1988 をみよ。

（16）Ｊ・シュンペーター『資本主義、社会主義、民主主義』〔中山伊知郎・東畑精一訳、東洋経済新報社、一九五一～一九五二年〕。

（17）独裁者はしばしば本気で自分が「繁栄している国」に生きていると思っているが、そうした思い込みが可能なのも、自分が公式に見ることのできる国は「繁栄している」からである。たとえばルーマニア〔チャウシェスク統治下の〕では、公式旅行の際には、「指導者《コンドゥカトール》」は決められた唯一の道を行くようにみちびかれ、かれが休暇を過ごす地域では、到着前に蚊が跡形もないように駆除されていた。また、どこでもそのために駆り集められた民衆が歓呼の声をもってかれを迎えたことは知られている。この点については、すでに引用したミシェル／モニク・パンソンをみよ。

(18) この側面は、J.-P. Mounier, La publicité est entré en politique, *Projet*, janvier 1977, 111, pp. 66-78 によって分析されている。

(19) この同じ政治マーケッティング顧問は、過去一五年来、「外見」とコミュニケーション技術の重要性を強調してきて、今日では、政治の「メディア化の過剰」を批判している。じっさい、かれらは技術に対する政治家たちの倦怠感を先行させただけであり、この技術なるものは、これら専門家たちが説いたほどには有効ではなかったのだ。かれらは自らを、いずれにしても避けがたい新しいモードの職人、「あまり弁舌を揮わない」「政治スペクタクル」目的の職人とし、この市場で生き残るために、コミュニケーション戦略における政治への回帰の職人としている。

(20) この点については、D. Gaxie, *Le sens caché. Inégalités culturelles et ségrégation politique*, Paris, Ed. de Seuil, 1978, および Soffres, *Opinion publique 1984*, Paris, Gallimard, 1984 をみよ。

(21) 前出の P. Bourdieu, Un jeu chiois, 参照。また、筆者のコメントについては、P. Champagne, R. Lenoir , D. Merllié et L. Pinto, *Introduction à la pratique sociologique*, Paris, Dunod-Bordas, 1989, pp. 193-200 をみられたい。

(22) これがおそらく現在のテレビにおける人形劇「ベベット・ショー」〔しばしば時の大統領、首相、話題の政治家などに扮した人形が登場する〕を成功をさせたものだろう。なぜなら、これはその他のいわゆる「政治番組」よりもよく観られているからである（またおそらく、羨望と同時に軽蔑の対象である政治階級に対しある種の嘲弄を表しているためだろう）。

(23) モノグラフィー・アプローチと統計的アプローチのより体系的な比較のためには、P. Champagne, Statistique, monographie et groupes sociaux, *Etudes dédiées à Madeleine Grawitz*, Paris, Dalloz, 1982, pp. 3-16 をみよ。

第一章

(1) モナ・オズフによれば、"opinion publique" という表現がこれ自体として最初に一辞典に登場するのは一七八九年のことである。

(2) この点については、P. Bourdieu, *La noblesse d'Etat*, Paris, Editions de Minuit, 1989〔藤原書店近刊〕の特に pp. 545-548 をみよ。

（３） L'Ange, *Plaintes et représentations d'un citoyen décrété passif aux citoyens décrétés actifs*, Lyon, Imprimerie de Louis Cutty, 1790, 30p.

（４） この点については、D. Memmi, Savants et maîtres à penser : la fablication d'une morale de la procréation artificielle, *ARSS*, 76−77, mars 1989, pp. 82-103 および P. Bourdieu et R. Christin, La construction du marché. Le champ administratif et la production de la "politique du logement" *ARSS*, 81-82, mars 1990, pp. 65-85 を参照。

（５） 知識人がその受託者かつ保証者であろうとするこの形式の世論は、今日もなお維持されているといえよう。威信ある知識人が、公然と要求したり、立場表明をする形で表現されるもので、ゾラの「私は弾劾する」〔ドレフュス大尉の有罪を維持しようとする軍の策略をあばき、糾弾した一八九九年の作家ゾラの新聞紙上の声明〕が絶対的なモデルをなす。この点については、C. Charle, *Naiassance des intellectuels*, Paris, Ed. De Minuit, 1990（Coll. "Le sens commun"）〔藤原書店近刊〕をみよ。

（６） G・ビュルドーの *Opinion Pubilique*, Paris, PUF, 1957 の中の論文。

（７） 先に引いた著者も述べるように、最貧困者は、単に被選挙権をもたないばかりでなく（かれらは「公事に携わることの不可能性」のなかにおかれた）、少なくとも自分たちを代表する者を選ぶこともできなかった。「その上、労働する者の貧困に侮辱を浴びせなければならなかったのか。貧困はいったい、自分たちに適切なものについて審議をこらす能力もないと思わせるほどにわれわれの悟性を貧しいものにするのだろうか。」L'Ange, *op. cit.*

（８） 制憲議会議員によれば、「選出される議会における政治は、富める者が自分たちの意志にその運命が結び付けられている者の票を利用することがないように、財産の均等を必要とする。……代議士たちは、奴隷的な使用人の境遇は市民としての尊厳と両立するにはあまりにも卑しすぎると考える。……貧者は、富者よりも有能な者の誘惑に囚われやすい。……財産なき者は、もしかれらの労役に支払い雇う個人と異なる意志をあえて表明するならば、その境遇および生存の確かさをも危地にさらさずにはいない。」L'Ange, *op. cit.*

この問題は、十九世紀全体を通して存在しつづけ、投票用紙記入台〔通常、外から全く見えないように黒幕で覆われている〕の考案の根底をなすことになる。この点については、A. Garrigou, Le secret de l'isoloir, *ARSS*, 71-72, mars 1988, pp. 22-45 も比較参照せよ。

（９） A. Cochin, *L'esprit du jacobinisme*, Paris, PUF, 1979

（10） 『リベラシオン』一九九〇年五月十四日におけるインタビュー記事。

（11） ヘーゲル『法の哲学』〔藤野渉・赤澤正敏訳『世界の名著』三五、中央公論社、一九六七、五七五ページ〕。

(12) この点については、幕で覆われた投票台の設置に関するアラン・ガリグーの前出論文、および一九六八年「五月革命」直後にジャン＝ポール・サルトルによって書かれた "Elections, piège à con", *Les Temps Modernes*, 318, janvier 1973, をみよ。

(13) この点については、たとえば、論文 M. Offerlé, Illégitimité et légitimation du personnel politique ouvrier avant 1914, *Annales ESC*, 4, 1984 をみよ。この蔑視は、よりおだやかに表現されるにせよ、今日なお続いている。テレビで今日みることのできる民衆階級出身の共産党リーダーたちの模倣的な文章や物言いは、しばしばかれらの教養のなさや文化的な気負いを重く戯画化して表している。

(14) 十八世紀半ばには、「マニフェスタシオン」という言葉は、単に一個の感情や意見を表に現すことを意味していた。それが一八五七年頃に、一集団ないし一党派の要求を公にすることを目的とする民衆の集合という意味をもつようになり、一八八九年頃にはさらに、だれかを称えるため、または何かを記念するための公開のセレモニーという意味ももつようになる。この点については、*Dictionnaire des trésors de la langue française* をみよ。

(15) ハーバマス『公共性の構造転換』〔細谷貞雄・山田正行訳、未来社、一九九四、三三〇ページ〕。「世論の概念」〔訳書では、「公論の概念のために」となっている〕に充てられた第七章は、この「世論」の二形態の対立をみごとに記述しているが、ただし抽象的にであって、価値判断によって特徴づけられる（公共空間と宣伝空間の頽落と同様に、世論の頽落も起こるのだ）。

(16) 『世論と群集』〔稲葉三千男訳、未来社、一九八九年〕。

(17) タルド、前掲、四五ページ。

(18) 同上、四五ページ。

(19) 十九世紀末におけるフランスの地理空間の国民化の過程についての最近の歴史的分析としては、E. Weber, *La fin des terroirs*, Paris, Fayard, 1986 を参照。

(20) 日常の会話の主題の源泉としてのテレビに関して、類似の分析が現に行なわれている。D. Boullier, *La conversation télé*, lares (Université de Rennes 2), 1987 をみよ。

(21) *Ibid.* P. 82. 十九世紀末にフランスを二分したドレフュス事件におけるプレスの役割は、タルドにとっては、おそらくプレスの法外な権力にあたるなにものかであろう。

(22) このような分析は、一九六〇年代初頭にエドガール・モランがテレビの「マス化権力」について行なった分析（*L'esprit du temps*, Paris, Grasset, 1963）を思わせるものがなくはない。この点では、分析が、当時の人々も進行中の変容を経験しえたという、ある程度根拠のある見方を提供していることは興味ぶかい。プレスとコミュニケーション手段の発達によって生じた政治的効果についての分析は、異なる社会諸集団がこれらのプロセスに対してもつ非常に多様な関係にはるかに多くの注意を払うべきだろう。

(23) タルド、前掲、五七ページ。

(24) その約四〇年後、J・シュンペーターは明示的に、市場の経済モデルにもとづいて民主的政治体制を分析することになる。同『資本主義、社会主義、民主主義』(中山伊知郎・東畑精一訳、東洋経済新報社、一九五一〜一九五二年)をみよ。

(25) ドミニク・レイニエ (Dominique Reynié) がその「序」の中で指摘するように、意見についてのこの定量的な見方は、哲学からの離脱を決定的にし、社会諸科学によるその再定式化を準備する。たとえばジャン・ステゼルの論 (*Théorie des opinions*, Paris, PUF, 1943) が明白にタルドを引いている。

(26) 例えば以下をみられたい。J.-J. Becker, L'opinion, in R. Rémond (sous la dir.), *Pour une histoire politique*, Paris, Seuil, 1988 (Coll. Univers historique), pp. 161-182 ; J.-B. Duroselle, Opinion, attitude, mentalité, mythe, idéologie : essai de clarification, *Relations internationales*, 1974, 2, pp. 3-23. ; P. Laborie, De l'opinion publique à l'imaginaire social, *Vingtième siècle*, avril-juin, pp. 101-117 ; P. Laborie, Opinion et représentation. La Libération et l'image de la Résistance, *Revue d'histoire de la deuxième guerre mondiale et des coflits contemporains*, 131, 1983 ; J. Ozouf, Mesure et démesure : l'étude de l'opinion, *Annales ESC*, Mars-avril 1966, 2, pp. 324-345, et L'opinion publique : apologie pour les sondages, in *Faire de l'histoire*, ouvrage collectif sous la direction de J. Le Goff et P. Nora, tome 3 (Nouveaux objets), Paris, Gallimard, 1974 (Coll. "Bibliothèque des histoires"), pp. 220-235.

(27) 以下を参照。Peyrefitte, Les premiers sondage d'opinion, in R. Rémond, et J. Bourdin, *Edouard Daladier, chef de gouvernement*, Paris, Presses de la FNSP. 1977.

(28) R. Rémond, préface à J.-J. Becker, *1914, Comment les Fraçais sont entrés dans la guerre*, Paris, Presses de la FNSP, 1977.

(29) この点についてはすでに引用したD. Cardon et J.-P. Heurtin のほか、Tartakowski, Stratégies de la rue. 1934-1936, *Le mouvement social*, 135, avril-juin, pp. 31-62 をみられたい。

(30) これは、人民戦線下の工場占拠の際に大きく作用した、所有の取得の象徴と相通じるものである。

(31) 後にみるように、デモをする集団を指すのにカッコで括るのは、それが政治向けの示威行動の側でつくられた独特の呼称だということを示すにすぎない。これらの行進の狙いの一つは、政治的空間のなかにそのタイプの集合態を存在させることにある。「カードル」というカテゴリーの生成については、次を参照。L. Boltanski, *Les cadres. La formation d'un groupe social*, Ed. de Minuit, 1982.

(32)『世論』〔一九五六年〕〔寿里茂訳、クセジュ文庫、白水社、一九五七年〕。一九七九年の最終版でもある第七版までで、約五万部が刊行されている。以来、長年品切れとなっていて、再版はされていない。

(33) かれは、前世紀初頭にビネによってなされた「知能」(intelligence) の定義に暗に言及している。ビネは、自分が考案したテストによって測定されるもの(「ＩＱ」)を約束上「知能」と呼ぶとした。

(34) E. Landowski, *La société réfléchie*, seuil, 1989, pp. 21-51.

第二章

(1) 政治学自由学院の成立・展開および自律的ディシプリンとしての「政治学」の分析としては最近の労作、D. Damamme, Genèse sociale d'une institution scolaire : l'Ecole libre des sciences politiques, *ARSS*, 70, novemble 1987, pp. 31-46, および、P. Favre, *Naissances de la science politique*, Paris, Fayard, 1989, (Coll. « L'espace du politique ») を見よ。中立性のイデオロギーについては、P. Bourdieu et L. Boltanski, La production de l'déologie dominante, *ARSS*, 2-3, juin 1976, pp. 3-73 を参照。また、グラン・デコールのシステムにおける同校の位置、さらに政治界における位置については、P. Bourdieu, *La noblesse d'Etat*, Paris, Ed. de Minuit, 1989 を見られたい。

(2) 社会学と政治学の間のこの相互無視には触れないとしても、その間の断絶は、一九八一年刊行のジャン・ステゼルに捧げられた著作 (*Sciences et théorie de l'opinion publique*, Paris, Retz) の中にはっきり現れている。同書には社会学者(ブードン、ブリコー、ジラール、アロン、カズヌーヴ、バランディエ、ロートマン、トマ)、心理社会学者(メゾヌーヴ、ダヴァル、ルーセル、フラマン)、統計学者および歴史家(ドゥサビー、シュヴァリエ)が書いているが、一人の政治学者も含まれていない(ミシュラが例外だが、かれは出身分野からいうと、政治学者であるよりも心理社会学者である)。すでに一〇年余来、「世論」をつくってきたのは政治学者たちであるにもかかわらず、である。

(3) ＩＦＯＰとステゼルが参加した人間科学領域の調査には、家族(とくに出生に関するもの)、居住、移民、生活費の認知などを対象にしたものがある。J・ステゼルは、A・ジラールと協働し次のものを刊行している。*Français et immigrés*, Paris, PUF, 1953 ; *Les revenus et les couts des besoins de la vie*, Paris, PUF, 1976。そのいちばん新しい刊行物、すなわちヨーロッパの多様な国における価値（道徳、宗教、家族、政治など）に関する心理社会学的な標本調査、*Les valeurs du temps présent*, Paris, PUF, 1983 (Coll. "sociologies") でも、なお政治学者の手になる意見調査とは区別される。

（4）世論調査機関と協働して行なわれた政治学の最初の仕事を示すものとしては、G. Michulat, *Les enquêtes d'opinion et la recherche en sciences sociales*, Paris, L'Harmattan, 1989 (coll. "Logiques sociales"), pp. 95-112 をみよ。

（5）この点については、Michel Brulé, *L'empire des sondages : transparaence ou manipulation ?*, Paris, 1988 における著者の回想をみよ。

（6）たとえば典型的な次の著作をみよ。E. Deutsch, D. Linton et P. Weill, *Les familles politiques aujourd'hui en France*, Paris, Ed. de Minuit, 1966.

（7）たとえば、A. Girard, L'étude de l'opinion publique, *Encyclopédie française*, 1960, tome XX, J. Stoezel, Opinion (sondage d'), *Encyclopedia Universalis*, 1968, vol. 12.

（8）Aain Lancelot, Le sondages dans la vie politique française, *Encyclopedia Universalis*, 1981, pp.144-148 et A. Lancelot, Le marketing politique, *Encyclopedia Universalis*, 1968, vol 12.

（9）知られているように、たとえば一九六九年にはドゴール将軍の突然の辞任の後、上院議長のA・ポエールが、〔臨時大統領代理を務めた後〕選挙戦前の世論調査で大きくリードしていたという理由だけで、大統領選に立候補している〔ただしG・ポンピドゥーに敗れる〕。一九八八年の大統領選へのレイモン・バールの立候補もこれと同じで、選挙戦に先立つ数カ月の間、世論調査ではトップの辺を「跳ね回っていた」のである。逆のケースがフランソワ・ミッテランで、選挙の数カ月前には世論調査の結果は思わしくなかったのに、一九八一年、一九八八年の二度にわたり選ばれている。

（10）G. Grunberg, Mémoire d'estimer, *Politix*, 5, hiver 1989, p.49. ありうる誤解を除くために、ここで問題にしている「政治学」が、この名称の下に制度的に指示されるもの内の小部分——メディアの中に登場し、世論調査機関において協働している——であることを明言しておくほうがたぶんよいだろう。

（11）一九八四年以来、毎年、Ｓｏｆｒｅｓによってまとめられている編纂物のような。

（12）J.-M. Cotteret, R. Moreau, *Recherches sur le vocabulaire du général de Galle*, Paris, A. Colin, 1969.

（13）J.-M. Cotteret, C. Emeri, J., J. Gerstlé et R. Moreau, *Giscard-Mitterand, 54774 mots pour convaincre*, Paris, PUF, 1976.

（14）伝統的な選挙分析の作業も加速され、今日では印刷物が選挙の数カ月後に刊行されるまでになっており、政治的アクターたちが投票について下す判断に影響をあたえようとしている。たとえば、E. Dupoirier, G. Grunberg, *Mars 1986 : la drôle de la défaite de la gauche*, Paris, PUF. 1986. を参照。

(15) 調査業者はこの法を「反民主的」と猛烈に非難し、すべての可能な情報を与えずに選挙を歪めるものであるとするが、調査の実施というかれら自身の利害関心がそこに顔を覗かせている。結局はきわめて限定的であって、調査業者が最初にいったように公表が選挙民に何の効果も及ぼさないため、政治家たちを安心させてくれるこの禁止に、なぜ逆らうのだろうか。同法の準備過程と、世論調査機関の立場については、M. Brulé, *op. cit.*, pp. 125-156 をみよ。

(16) 明白な行為としての検閲は「政治的スキャンダル」となり、非難を呼び起こすが、それは検閲の全体のプロセスのごく小さな部分にすぎない。しばしばもっとも重要な検閲の形式をなすものは、より目に付きにくくとも、あらゆる種類の審査員のメンバーの指名の過程またはその選択を通して行なわれるものである。(特に知識人界の) 制度の再生産を目立たせず、拘束もなく達成するには、占めるべきポストにもっともよく適応している行為者を前もって選択するのがよい。「よき」候補者ないし「はまり役の人物」を選択すること、それは制度の欲することを、制度の側が望んだり要求せずとも、要するに「全く自由に」、行なうような人物を補充することにほかならない。

(17) ギ・ミシュラは最近、こう回想している。創立まもないＩＦＯＰは一九三九年、まだ投票についてあえて直接に質問を発するにいたらなかった。それは迂路を経て行なわれ、たとえば「仮に今選挙があるとしたら、あなたは一九三六年の時と同じように投票しますか」と問い、「いいえ」と答えた者には、「では、より右翼の側に投票しますか、より左翼の側に投票しますか」と尋ねていた。*Les enquêtes d'opinion et la recherche en sciences sociales*, *op. cit.* p. 97

(18) 次を参照。J.-P. Grémy Les expériences françaises sur la formulation des questions d'enquête. Résultats d'un premier inventaire, *Revue française de sociologie*, XXVIII, 1987, pp. 567-599.

(19) ここでは、世論調査機関によって行なわれた諸調査は明らかに社会学にそれ自体分析に値する興味深い材料を提供しているといいたい。調査業者と社会学者のあいだの乖離は、わけても、回答の解釈のレベルに位置づけられる。

(20) 例として、この調査機関によって発せられた設問を取り上げた。というのも、この調査機関は、調査における科学的な要求を強く求めており、職業へのモデルとして役立つからである。けれども、いうまでもなく、他の有力調査機関の質問紙の中にも同タイプの多くの設問がみられる。

(21) 筆者はこの方法論的問題を、以下の中でくわしく分析した。P. Champagne, R. Lenoir, D. Merllié et L. Pinto, *Introduction à la pratique sociologique*, Paris, Dunod-Bordas, 1989, pp. 168-210. また、次をも参照されたい。D. Gaxie, Au-delà des apparences.... Sur

quelques problèmes de mesure des opinions, *ARSS*, 81/82, mars 1990, pp. 97-112.

(22)「多数決原理」についてはP. Favre, *La décision de majorité*, Paris, Presse de la fondation nationale des sciences politiques, 1976 を参照。

(23)『ル・フィガロ』(一九八四年十二月十八日)におけるP・ヴェイユとJ・ジャフェの記事。

(24)『ル・フィガロ』(一九八四年十二月二十六日)。

(25)『レヴェヌマン・デュ・ジュディ』一九八六年六月。

第三章

(1) J. Stoezel, Faut-il brûler les sondages ?, *Preuve*, 13, janvier, 1973, pp. 15-22.

(2) F. Bon, *Les sondages peuvent-ils se tromper ?*, Paris, Calmann-Levy, 1976 (Coll. "Question d'actualité").

(3) この信仰は、経済市場ではコストをもたらす以上、測定することができよう。ここ約二〇年来の世論調査実施のために支出された総額の推移は、この信仰の状態を測る一個のよき指標であろう。

(4) Paris, Seuil, 1989.

(5) 政治的世論調査の管理、実施またはそれへのコメントに携わる者たちはたいてい互いに顔見知りである(キミ、ボクを使い、ファーストネームで呼び合い、政治学院の同期生だったりするなど)。

(6) かれらの多地位性と果たしている諸職能については、L. Boltanski, L'espace positionnel. Multiplicité des positions institutionnelles et habitus de classe, *Revue française de sociologie*, XIV, 1973, pp. 3-26. をみよ。

(7) 一九八七年以降、『ル・モンド』紙の一記者が——完全に同紙の記者に留まりながら——テレビのあるレギュラー政治番組(アンヌ・サンクレールの「家庭での質問」)に出演することに同意したことは、政治界の、および政治ゲームにおけるテレビのウェイトの根本的変化を示していて、興味ぶかいものがある。

(8) その多数がどちらかといえば能力を欠いている諸個人(いずれにせよ、パリジャンの政治評論家に比べると能力の低い)を代表するこれらのサンプルから集められた「意見」は、実際にはこれら評論家によってきわめて曖昧に扱われている。規範的視点を採用して、それら意見の統計的分布を「人民意志」の表現とみるかと思うと、純然たる事実的・社会的たらんとする視点に立ち、それらの意見を「社会を代表するもの」(誤っているにせよ、適切にせよ、所与の一問題について人々の考えていること)とみなし、その政治戦略において考慮に入れるようにと政治家に奨めている、といった具合に。

（9）よくあることとして、新聞・雑誌（特に政治週刊誌）の経営者は、定期的に協働している世論調査機関の幹部に、部数を増やすための「よいアイデア」を見つけてほしいと頼んでいる。テレビの多くのチャンネルが日々行なっているミニテルによる世論調査は、主に経済的な利益のためになされている。「投票」するテレビ視聴者がアクセスするたびにテレビ局にお金が入るわけだが、特に、このアクセスで、各局がミニテル上で紹介している経済的にはもっと儲けになるさまざまなサーヴィスを視聴者に発見させるのである。この場合、世論調査は一種の「アクセスの産物」にすぎない。

（10）J.-F. Kahn, *L'Evénement du jeudi*, 31 mars 1988.

（11）この調査は繰り返し行なわれ、ル・モンドのJ–M・コロンバーニによって、Sofres, *Opinion publique 1985*, Paris, Gallimard, 1985, pp. 11-29 の総括（recueil de synthèse）の中でくわしくコメントされている。

（12）二つの設問は次のようなものである。

「全体としてみて、政治階級は非常に優れていると思いますか（二％）、まあまあだと思いますか（一六％）、可もなし不可もなしだと思いますか（三八％）、やや凡庸だと思いますか（二三％）、非常に凡庸だと思いますか（一一％）。」

「フランスの政治家についてしばしば次のような意見を聞きます。それぞれについて賛成か、反対かを述べてください。

かれらはあまりにテクノクラート的である（どちらかといえば賛成六八％）

かれらは書類によく通じている〔仕事に有能である〕（同四五％）

かれらの出身は政治学院、ＥＮＡと、あまりに画一的である（同六五％）

かれらは弁が立つ（同七六％）

かれらは自分のキャリアしか考えていない（同七七％）

かれらは人々にとって身近な存在である（同二二％）

かれらは教養を欠いている（同二二％）。」

（13）調査実施者が用いる晴雨計（あるいは写真）という比喩が適切を欠く理由も、この点にある。人が天候を変えることはないが、こと世論調査については、もっぱら結果の数値分布に影響を与える諸手段をよりよくもつために記録することが行なわれる。しばしば世論調査機関自体が、結果を記録するとともに、政治家に助言し、「かれらのスコアを改善する」ための方策を提案したりする。

（14）おそらく、アメリカの〔フランクリン〕ローズベルトの「炉辺談話」がモデルだったと思われる。

(15) 次のことは逆説的である。経済分野では政治論争はしばしば「数字のけんか」になってしまうので、このため数字を使う議論は——もっとも真面目な議論でさえ——すべて相殺されることにもなるのに（討論の際、ジャーナリストが「数字を引用しないでください」と宣しても正当とされる）、政治家は逆に、世論調査機関の行なうきわめて馬鹿げた質問へのきわめて異常な結果に対しても、社会学者を面食らわせるようなまともさでこれを受けとる。かれらは初め多少とも粗略な、調査機関に容易に一蹴されてしまうような議論で世論調査に批判を加えたが、今日では、世論調査をまるごと受け入れ、もっぱらそれに対して自分を位置づけることしかしないようである。

(16) なお、この循環的メカニズムはまったく一般的に認められる。社会的ゲームにおける新しい機関の出現は、このゲームを変容させ、このゲームに適合した諸戦略をある種の行為者のなかに生じさせる。たとえば、テレビの文化を考えてみるとよい。これは当初は、志願者たちの文化をテストするものとみなされていたが、次第に正真正銘の「文化的ゲームのための文化」の始まりとなり、これらゲームの志願者は文化変容をとげ、ゲームのなかで要求される文化の特有の形態に同化することで、これに適応する。たとえば『クイド』や『レコードブック』や『ムシュー・シネマのカード』はそのもっとも目に見える所産である。より複雑だとはいえ、文学界でもこれと異なるところはないと考えられる。そこでは文学賞の出現が、「文学賞のための文学」という特有の形式のもとになっている。

(17) P. Boggio et A. Rollat, *L'année des masques*, Paris, Olivier Orban, 1988, pp. 103-104 のなかの言葉。

(18) C・レヴィ＝ストロース『構造人類学』〔荒川幾男他訳、みすず書房、一九七二年、一八四ページ〕。

(19) たとえば論文、S. July, Sur l'impopularité de François Mitterand；A. Duhamel, L'image des présidentiables, Sofres, *Opinion publique 1986*, Paris Gallimard, 1986 をみよ。

(20) P. Boggio et A. Rollat, *op. cit.*, pp. 106, 109.

(21) *Ibid.*, pp. 110-112.

(22) *Ibid.*, pp. 113-114.

(23) もちろん、このことは全く虚偽というわけではない。数票の差で選挙が決まることもあり、多数決原理の選挙システムでは、数千票の移動によって与野党の入れ替わりが起こることもある。

(24) T.-H. White, *The Making of The President, 1960*, New York, Atheneum House, 1961.

(25) J.-M. Cotteret, C. Emeri, J. Gerstlé et Moreau, *Giscard d'Estaing-Mitterand. 54774 mots pour convaincre*, *op. cit.*, p. 153. フランソワ・

ミッテランの勝利についてのこのやや際どい説明では、候補者の成功の理由を二回目投票に先立って行なわれた討論の中に見ている。しかし単に、一九六五年以来この候補者への投票が着実に上向いていて、一九七四年には多数にほんの一歩というところまで接近していたという事実も指摘できよう。

(26) J.-F. Tarnowski, Mitterand/Barre : le duel, *La Revue du cinéma*, 437, avril 1988, pp. 81-90.

(27) J. Séguéla, *Hollywood lave plus blanc*, Paris, Frammarion, 1982.

(28) C. Ockrent, Duel, *Comment la télévision façonne un président*, Paris, Hachette, 1988, (Coll. Le libelle).

(29) R・ホガート『読み書き能力の効用』〔一九五七〕〔香内三郎訳、晶文社、一九七四年〕。

(30) この点については、N. Nel, *A fleurets mouchetés. 25 ans de débats télévisés*, Paris, La Documentation française, 1988 を参照することができよう。

(31) 周知のように、ドゴール将軍は一〇年間にわたりテレビにおける自己表現を独占してきたのであり、コミュニケーションの専門家でさえ認めるように、かれはテレビを効果的に使うすべを心得ていた。にもかかわらず、それはここ一〇年のあいだに選挙民の票が徐々に野党に移ることを阻むものではなかった。

(32) Bourges, H., *Une chaîne sur les bras*, Paris, Seuil, 1987, p. 118.

(33) P. L. Séguillon, *Portraits à domicile*, *op. cit.*, p. 148. Les indications qui suivent sont également tiré de cet ouvrage.

(34) ロラン・ファビウスは、コミュニケーション助言者の意見に逆らい、明るいグレーのスーツで討論に臨んだ。これは数日前のトゥールーズの社会党大会に着ていたもので、活動家たちに「大いに受けた」ものだったからである。スーツの色の選択を支配する原理、これは魔術の範囲に属し、心理的再保険の機能をもっている。

(35) *Ibid.* p. 123.

(36) P・ブルデューの分析、Le hit-parade des intellectuels français, ou qui sera juge de la légitimité des juges ?, *ARSS*, n. 52-53, juin 1984, pp. 95-100 および筆者のコメント、P. Champagne *et al.*, *Initiation à la pratique sociologique*, *Op. cit.*, pp. 181-185 et 202-204 をみよ。

(37) 芸術の分野での受賞者名簿の作成および造型芸術家の聖別の独占維持の闘争については A. Verger, L'art d'estimer l'art. Comment classer l'incomparable ?, *ARSS*, 66/67, mars 1987, pp. 105-121 を参照。

(38) もしも討論が遅い時刻に行なわれ、前もっての予告がなかったなら、したがって視聴率が低かったなら、世論調査もたいした意味をもたなかっただろう。

(39) ここで、部分的にもせよ視聴者をつくりあげる機関(「観るべき」ないし「見逃せない」番組を前もって選別するテレビ専門紙、かくかくの番組を観るように奨めたり奨めなかったりする日刊紙、等々)を考慮に入れることなしに、テレビ番組をそれ自体において分析することはできないことがわかる。

(40) 一政治評論家(『リベラシオン』におけるセルジュ・ジュリ)は、この討論についての自分の意見を世論調査から出てきたと思われるものに調整するため、論説を書き直すことさえ迫られた。最初の緊急の論説では、ファビウスを、敵をノックアウトした「殺人者」と形容したが、翌日には文章を書き直し、「けんか腰」のファビウスが、そのために討論で負けたと説明している。

(41) ロラン・ファビウスによるテレビ討論の提案は、「真実の時」の番組の中でなされた。この番組ではＳｏｆｒｅｓが、三人のジャーナリストの質問に答えるよう招かれた政治家たちの「メディア・インパクト」と呼ぶものを番組の終わりに測定し、これを、番組の前と後における「テレビ視聴者を代表するサンプル」の意見と比較している。つまり同番組では、世論調査がきわめて重要な役割を演じている。

(42) 「ご自分の政治的意見は考えずに、あなたは次の政治家のうちだれがもっとも説得力があると思われるかおっしゃって下さい、等。」世論調査機関によって発せられるこうした型の設問は、質問を受ける人間よりも、質問をさせる側の人間について語っている。じっさい、被質問者にそのように回答をさせるのに、「自分の政治的意見を考えずに」答えよ、といえば済むのだろうか。質問された人びとが自分たちの意見を考えずに政治家たちに判断を下した、とどうして知ることができるのか。特に考えてみるべきである。いったい、政治学者や政治のプロ以外にだれが、自分の政治的信条は括弧にくくって、一政治家によって示される光景の質に技術的とみえるような判断を下すなどということができるのか、と。

(43) いかなるプレス媒体も、このテレビ討論を観た人口の構造について数量的指標を提供してくれなかった。討論のすべて、または一部を観ているのは視聴者の二人に一人だけがあり(これ自体は一種の記録ではあるが)、質問を受けた人々、つまり審判に見立てられた人々は、投票年齢にある人口を厳密に代表してはいなかったということである。

第四章

(1) 学校という領域と同様、「個人的意見を」もつ力ということにも事実上の不平等があり、これは考慮に入れなければならない。事実上の文化的不平等を無視し、単に平等を叫ぶだけでは、これらの不平等を強めるという効果しか生まない。

（2）　たとえば、Serge Collet, La manifestation de rue comme production culturelle militante, *Ethnologie française*, octobre 1984, pp. 89-104 が行なっているように。

（3）　フランスにおける抗議行動の形式の長期的な研究として、シャルル・ティリィ（Charles Tilly）の労作、*La France conteste : de 1600 à nos jours*, Paris, Fayard, 1986（"L'espace du politique"）および Les origines du répertoire de l'action collective contemporaine en France et en Grande-Bretagne, *Vingtième Siècle*, octobre 1984, pp. 89-104 を参照。

（4）　この型の示威行動については、Martine Berlan, La parole de l'action, in R.-M. Lagrave (ed.), *Celles de la Terre. Agricultrice : l'invention politique d'un métier*, Paris, Editions de l'Ecole des hautes études en sciences sociales, 1987.

（5）　この点については、P. Bourdieu, Une classe objet, *ARSS*, 17-18, nov. 1977, pp. 2-5 を参照。

（6）　*100 ans de syndicalisme agricole*, Paris, Agriculture information (plaquette réalisée pour compte de la FNSEA), 1983, p. 115.

（7）　農業リーダーたちの自己呈示戦略については、S. Maresca, La représentation de la paysannerie, *ARSS*, 38, mai 1981, pp. 3-18 および *Les dirigeants paysans*, Paris, Ed. de minuit, 1985 をみよ。

（8）　「分割地農民たちのあいだに地方的な結びつきしかなく、その利害が同一なことがかれらのあいだにすこしも共同関係や全国的結合や政治組織をうみだしていないかぎりでは、かれらはなんの階級もなしていない」（K・マルクス「ルイ・ボナパルトのブリューメール十八日」〔『マルクス＝エンゲルス選集』第三冊、大月書店、一九五五年、一五五ページ〕）。

（9）　ある農業ジャーナリストは、三月二十三日の示威行動について、農民デモでこれほど多数のジャーナリスト、カメラマンを見たことがないと報じ、洒落として、農民の数よりも多かったくらいだ、と付け加えている。

（10）　デモ参加者と周辺ラジオ局の一九六八年五月〔五月革命〕における関係があまりに緊密だったため、政治権力は記者たちの無線電話の使用を禁じねばならなかったほどである。

（11）　たいていの場合、パリのジャーナリストの注意を引くためには、かれらの眼前をデモすればよいのであるが、なにもパリに来なくとも同じ効果を達することができる。それは農民たちが一九五〇年代にはじめて理解したように、国道に障害物を置いてパリジャンたちがバカンスに発つのを阻止することである。

（12）　自己呈示の戦略については、E・ゴフマン『行為と演技――日常生活における自己呈示』〔石黒毅訳、誠信書房、一九七四年〕を参照。

（13）　人質をとること、それはテレビの普及と結びついた最近の政治行動の一形式である。これを行なうテロリストたちは細心の注意を払ってプレスを分析し、このメディアに適合した諸行動をとるすべを知っている。テレビ記者たちはそうお人よしではない。テロ行動の増加を前にして、ジャーナリストたちのなかには、まさしくプレスが報道することでこれら少数集団の要求を広く知らせるようにと犯されるそれら暴力的行動をもはや報道しない、ということを考えた者もいた。だが、この提案が採用される可能性は、構造的にみて低いものであった。なぜなら、それは、競争状態にあるすべてのメディア媒体が例外なくその報道をやめるということが前提となるからである。

(14) この点については、ジャーナリストが読者の手紙を公表する、しないを決める暗黙の、または明示的な基準についての、リュック・ボルタンスキの分析、L. Boltanski, Y. Darré et M-A Schiltz, *La dénonciation*, *ARSS*, 51, 1984, pp. 3-40 を参照。

(15) たとえば、P. Simonnot, *"Le Monde" et pouvoir*, Paris, Les Presses d'aujourd'hui, 1977 の特に pp. 101-124 を参照。

(16) あらゆる点から考えて、ジャーナリストの社会的属性とその読者たちの社会的属性のあいだには一つの相同性があると思われる。多くのジャーナリストは自分が読者として読みたいと思う新聞をつくる。新しい新聞の創刊はつねに一部、「ドゥー・イット・ユアセルフ」の論理の中での活動である。

(17) これは外部の公衆によりも仲間内の者に依存する限定された生産界を特徴づけるものである。周知のように、創造行為の自律性を保持したいと欲する知識人界、芸術界の創造者には、競争相手のつくるものは読まない、観ないと決めている者もいる。

(18) 変わるのは特に、呈示の技術である（登場するのが一人のこともあれば、複数のこともあり、座ることもあれば、立っていることもある、等々）。これに対し、どのチャンネルをとっても、主題の内容、その提示の順序は似たり寄ったりである。ラジオ局についても同様である。

(19) たとえば、「アポストロフ」のような文学番組よってつくりだされる溝について考えてみるとよい。これは、番組に登場する者およびその他という二つのカテゴリーの著者を生んだのだ。

(20) E・デュルケム『社会学講義』〔一九五〇年〕〔宮島喬・川喜多喬訳、みすず書房、一九七四年、一七八ページ〕。

(21) 『ル・モンド』一九八九年四月二十八日。

(22) 「労働者」、「カードル」のカテゴリーについても同様であるが、しかしまた「若者」や「高齢者」、等々についてもいえる。

(23) M・ウェーバー『社会科学と社会政策にかかわる認識の「客観性」』〔富永祐治・立野保男訳、折原浩補訳、岩波文庫、一九九八年、一五一〜一五二ページ〕。

(24) 同右、一五三、一五六ページ。
(25) 数の上できわめて大きなデモは、しばしば非常に異質な参加者を集めている。そのまちまちの意見は、主催者によってわざと漠然と定式化されたスローガンによって相殺される。
(26) これら一時的な集合は、カメラマン、とりわけ組合の公認カメラマンによって永遠化されることになる。集団の記憶を維持させ、それによってある種の一貫性を与えるのだ。ＦＮＳＥＡは、一九八二年三月二十三日のデモをフィルムに収め、集会の機会を捉え、大幅な抜粋を繰り返し上映している。他方、パリでのデモ隊列を撮った数多くの写真は、雑誌や刊行物のなかで「農民の一体性」という、ＦＮＳＥＡの指導部において再度支配的になったテーマをうまく例示することになる。
(27) 歴史家の示すところでは、十七世紀まで、élection とは、後のような限られた法的な意味はもっていなかった。“élu” とは、たんに権力によって選ばれる、または任命されるということであって、近代型選挙手続の場合のような、自由投票や多数法則を意味として含んでいなかった (R. Chartier, La convocation aux Etats de 1614. Note sur les formes politiques, in *Représentation et vouloir politiques*, Paris, EHESS, pp. 53-62.
(28) 「農業発展に関する諸階層会議」(一九八二年五月、一九八三年二月) の展開およびそこで行なわれた操作の巧妙な形式については、Charles Suaud, Le mythe de la base. Les états généraux du développement agricole et la production d'une parole paysanne, *ARSS*, 52-53, pp. 56-79 を見られたい。
(29) J. B. Duroselle, Opinion, attitude, mentalité, mythe, idéologie : essai de clarification, *Relations internationales*, 1974, 2, p. 21.
(30) より厳密にいえば、ここで用いられる「集団」の観念がなお帯びている実在主義、実体主義を逃れるには、きわめて多様な集合態の集合と構成の諸原理について語るべきだろう。これらは、それ自体きわめて多様な社会的凝集の度合いを示す。このことについては、P. Champagne, Statistique, monographie et groupes sociaux, in *Etudes dédiées à Madeleine Grawitz*, Paris Dalloz, pp. 3-16.
(31) この変化はひとしく知識人界にも及んでいる。「新しい知識人」(この表現は、宣伝的発想によるものだが、それだけでも示唆的である) は、しばしば自分たちの時間の多くを自著の売り上げの作業にあてている。
(32) 労働者の記憶は、晴れがましい事柄ばかりでなく、警察との厳しい衝突とか機動隊の攻撃への抵抗をもその内にとどめている。その闘争は、労働者世界の男っぽい価値および肉体的力の礼賛が表明される一地盤のうえに位置していた。
(33) これらの祭りの分析としては、P. Champagne, La fête au village, *ARSS*, 17-18, novembre 1977, pp. 73-84. をみられたい。

結　論

（1）M. Brulé, *L'empire de sondages. Transparence ou manipulation ?, op. cit.*, p. 204. おなじ意味方向のものとして、A. Max, La république des sondages, Paris, Gallimard, 1980,（coll. "Idées"）も参照。

（2）この誤解は非常に一般的に見られる。なぜなら、社会学は、専門家たちの狭い範囲を大きく越えて読まれるからである。例えば「正統的」文化について語ることは、社会学者が個人的にその文化が正統であるとみるということではなく、単に、可感的な社会的現実において客観的に観察でき、測定できる文化的正統性のさまざまな度合が存在するということである。同じく、共和国イデオロギーが唱える学校を前にしての権利の平等を示すことが、必ずしも事実としての平等を生じるわけではなく、事実上の不平等を聖化し強化する天与の才のイデオロギーを可能にしさえする。また、大学進学の「機会の平等」に肯定的か否定的かの態度決定をさせるものでもない。社会学者はしばしば自らに逆らうという外観を呈する。かれが社会的世界がどうなっているかを語るとき、つねに存在するものを正当化する者とみられるリスクを冒すことになるからだ。

（3）以下の二つの原型的な論文を参照。A. Lancelot, Sondages et démoctatie, in Sofres, *Opinion publique 1984, op. cit.* pp. 257-267 ; Sondages d'opinion et suffrage universel, *Commentaire*, 10, été 1980, pp. 214-219.

（4）この点で見逃せないのは、選挙結果へのコメントが、過去の選挙ではなく、それまで行なわれた世論調査をとりあげて獲得スコアを比較していることである。この論理においては、「よい」結果とは、世論調査機関の立てる予想を上回る結果ということになる。

（5）N・エリアス『文明化の過程』〔(下) 波田節夫他訳、法政大学出版局、一九七八年、三三四―三三五ページ〕。

（6）G. Grunberg, Mémoire d'estimateur, *Politix*, 5, hiver 1989, p. 49.

（7）「イベント」の構築に関する分析の一例としては、E. Veron, *Construire l'événement. Les médias et l'accident de Three Mile Island*, Paris, Ed. de Minuit, 1981 を見られたい。

（8）パトリック・ポアヴル・アルヴォルの言葉。Laurent Greilsamer et Daniel Schneidermann, La tranquillité des chaînes de télévision (*Le Monde*, 29 mars 1988) からの引用。

若干の用語の説明（訳者）

界（場）（champ）

英語の「フィールド」（field）にあたる言葉で、「土俵」や「戦場」などを連想させる。ブルデューが重視したコンセプト。ある共通特性をもった行為者たちが相互行為をくりひろげる圏域のことで、そこには固有の規則、正統とされる目的・手段の表象などが暗にまたは明示的に定められていて、行為者はそれに従う。たとえばメディアの記者たちの位置する「ジャーナリズム界」では、政治家の位置する「政治界」のように、自己の政治信条を掲げてふるまうことは許されず、事実の伝達やせいぜい公共の利益の喚起の形式をとりながら行為する。また「芸術界」の行為者は、「経済界」で正統とされる収益性の論理に基づき行動すべきではないとされ、利害に恬淡とした態度をとらねばならない。この各「界」の相対的な自律性は本書で強調されるが、また行為者はしばしばどの「界」で行為すれば有利かという考慮を払う。たとえば記者が「国民の世論は〜だから、〜すべきだ」と語るとき、政治家の「界」に参入することになる。文学者でもある政治家が、「芸術界」の正統言語を使って自らの芸術観を語ることで、政治にあまり関心のない有権者の支持を得ようとする。このように社会における行為者たちの闘争や、自己の優位の確保をめざす行為の分析において、「界」の論理に着目することは有効である。

象徴闘争（lutte symbolique）

ブルデューにならって本書の著者も、生《なま》の力と力の関係を覆い隠すという象徴的のものの機能の重要性を認めている。政治闘争は究極的には物理的暴力をも用いて対抗者を自らに従わせようとするものであるが、象徴的なもの（正統視される言説や世界の見方、制定された法、双方の認め合う規則、「世論」という匿名の規範など）を媒介させることで、力の関係は見えにくくなり、闘争は形を変え、より効果を増す。とりわけ、民主主義下の多数決原理、世論調査の援用、メディアを通じてのイメージ形成などによって、政治闘争は象徴闘争の形をとるようになる。

大メディア（grands médiats）

「現代メディア」（médiats modernes）などとも言い換えられる。全国にネットワークをもつテレビ、ラジオを指す（とりわけテレビ）。伝統的メディアである新聞は地方紙または比較的部数の少ない全国紙から成る。それだけに受像機の急速な普及で全国メディアとなったラジオ・テレビの出現は衝撃的な意味をもった。しかし、それは規模の大きさだけではなく、広告料に拠る、脱政治ないし、政治的中立を標榜するメディアの登場という意味でも、大きな変化を意味する。それに伴い、ジャーナリズムのあり方も変わったことは本書でも触れられている。それら一連の変化を強調するため、「大メディア」という区別した言い方が行なわれる。

文化資本（capital culturel）

ブルデュー＝パスロンが『再生産』で使い、一般化していた用語。社会のなかにおける闘争や競争や種々の目的達成において、依拠することの可能な文化的有利さを指す。金銭的資本だけでなく、「文化」リソースもまた社会の中で行為者に有利さをもたらすという意味で「文化資本」というタームが使われた。既得の言語、知識、行為の型（ハビトゥス）などから成るが、シャンパーニュはより広く、利用可能な職業的経験・知識や人間関係なども文化資本に含めている。

左翼－右翼（Gauch/droite）

フランスの政治世界では、「左翼‐右翼」という言い方が用いられ、メディアの報道でも「地方選での左翼の進出」といった表現が普通に用いられる。大革命時の国民公会におけるモンターニュ派の議席の位置から「左翼」の言葉が生まれ、二世紀以上の歴史を持つ対表現。一般に社会党、共産党、緑の党（エコロジスト）を「左翼」、旧ドゴール派の共和国連合、中道諸政党を指して「右翼」と言い、日本の報道ではこれは「保守‐革新」と言い換えることが多い。与野党のイデオロギーや政策の隔たりが小さくなった今日、「左翼‐右翼」の表現は「時代遅れ」とする見方はある（R・レモン『フランス　政治の変容』）。しかし、フランス人の精神構造や歴史的記憶の中に刻まれている二元的見方（民衆的‐ブルジョア的、非宗教的‐カトリック的、労働者の権利の重視‐経済的自由主義、マイノリティへの態度など）にこの語法が根ざしていることも理解する必要がある。

代表と委任（représentation et délégation）

委任とは、*de lega*（法により）の語の意味するように狭義には法的・準法的行為（本人の署名、代表者の選挙、多数の決議などによる権限の委託）を言うが、現実の運動ではこうした手続きは踏まれがたく、これこれの集団やカテゴリーから委任を受け、代表するのだと自称して、形式面を整えることが行なわれる。デモの参加者を当該集団からできるだけ多く募り、代表の正統性を訴えるなどがそれである。農民や労働者の利害を代表すると称する組合が複数競い合っているような場合、その要求提示や交渉の際の正統性に関わるので、委任、代表をめぐる象徴闘争はさまざまな形で行なわれる。

FNSEA（Fédération nationale des syndicats d'exploitants agricoles；農業経営者組合全国連合）

数の上ではフランスではもっとも多くの農民を組織している組合で、約四〇万人といわれ、農業会議所の選挙でも平均して五〇％を超える票を集める。代表的な農民組合とみられ、国家との間には対立とともに、連携関係がある。

FDSEA（Fédération départmentale des syndicats d'exploitants agricoles；農業経営者組合県連合）

右記の組織に連携している県組織。

CNJA（Centre national des jeunes agriculteurs；青年農業者全国センター）

現在はJeunes agriculteurs（青年農業者）と改称。ＦＮＳＥＡの青年組織で、三五歳未満の組合員をもって組織される。加入者約五万五千人。

CDJA（Centre départemental des jeunes agriculteurs；青年農業者県センター）

右記の組織に連携している県組織。

FFA（Fédération française de l'agriculture；フランス農業連合）

より少数の組合で、政治的にはどちらかといえば保守的で、伝統的な農業の保護を求める。ＦＮＳＥＡとは対立的。

MODEF（Mouvement de défense des exploitants français；フランス農業経営者防衛運動）

少数の組合で、ロワール川以南の南フランスの諸県を主な基盤とする。小規模・零細経営の農民たちを組織したもので、どちらかといえば左翼支持。

訳者あとがき――『世論をつくる』について

本書と著者について

本書『世論をつくる――象徴闘争と民主主義』は、Patrick Champagne, *Faire l'opinion : le nouveau jeu politique*, Les Editions de Minuit, 1990 の翻訳である。底本としては、二〇〇一年の「新版」（改訂版）を用いた。

なお、著者の申し出でにより、原著に含まれていた付録1「『真実の時』――『代表的』な一政治番組」、および付録2「『社会的意見』から『世論』へ――ソ連の事例から」は割愛した。また、同じく著者から、「外国人読者に不必要なまでに負担を強いると思われるフランス的な特殊な記述は除きたい」という提案と、その箇所の具体的な指示があったので、これに従うことにした。本書の議論の大筋には関係のない箇所であるが、分量にして原著全体の一割ほどがカットされていると思う。

また、「序章」（Introduction）にはもともとタイトルがなく、タイトルは訳者が付したものである。凡例でも述べたが、訳文をつくるにあたって改行箇所を増やした。原著では改行が少なく、それにはそれなりの理由があろうが、読者に意味をつかみやすいように段落づけを増やしたほうがよいと訳者の側から著者に提案し、改行を増やしたものである。

著者のパトリック・シャンパーニュ氏は以下の略歴をもつ社会学者で、ピエール・ブルデュー亡き後、その流れを受け継ぐもっとも有力な、指導的な研究者の一人である。

・一九四五年パリに生まれる。
・パリ大学法学部およびパリ政治学院で、法律学および政治学を学ぶ。政治学博士。
・一九六八年以来、ヨーロッパ社会学センター（創立者ピエール・ブルデュー）に参加。
・一九七三年以来、パリの国立農学研究院（Institut national de la recherche agronomique）社会学教授。その他、パリ第一大学で政治学の教鞭をとり、社会科学高等研究院（パリ）でも指導を担当している。

▽主要著書

・*Initiation à la pratique sociologique*（en collaboration）, Dunod-Boerdas, 1989（『社会学的実践入門』、共著）。
・*Faire l'opnion : le nouveau jeu politique*, Edition de Minuit, 1990（本書）。
・*La misère du monde*, ouvrage sous la direction de Pierre Bourdieu, Le seuil, 1993（『世界の悲惨』、共著）。
・*La sociologie*, Edition Milan（Toulouse）, 1998（『社会学』）。
・*L'héritage refusé : La crise de la reproduction de l'agriculture française (1950-2000)*, Le seuil, 2002（『拒まれた相続——フランスの農業再生産の危機』）。

その他、共著書、論文は多数。

世論調査の盛行と背景

「世論なんてない」というピエール・ブルデューの一九七三年の『レ・タン・モデルヌ』誌論文（オリジナルは講演）に先導されて、世論、政治、メディアをめぐってのブルデュー派の研究が展開されるようになるが、その中心にはつねにシャンパーニュ氏がいた。

興味ぶかいのは、かれの関心のなかにはあたかも楕円における二つの焦点のように、これと並んで中小農民層の再生産のメカニズムについての分析があることである。農村社会学者でありつつ、世論やメディアを縦横に論じるという「二束のわらじ」を履くともみえるこの関係はやや分かりにくいものであるが、かれを導いて、政治の分析へ、さらに政治の象徴闘争としての側面から世論の考察へと向かわせたものは何だろう。後に少し触れてみる。

ブルデュー派の社会分析は、正統性をめぐって展開される力と力の抗争が、象徴闘争の形態をとることによってどれだけ文化資本の闘争へと変換され、その分、不可視なものとなるか、そうした隠された真実を社会学的分析を通して露にすることにあるといえよう。この面から政治生活を見るとき、一九六〇年代以降、フランスでは世論(opinion publique)を通しての正統化の企てがにわかに強まり、多くの新しいアクターを登場させつつ、世論調査を一般化させてきている。七年に一度の大統領選が最大の実験・実践の場である。その前後の相当の期間、手を変え品を変え世論調査が行なわれ、結果がセンセーショナルなコメント付きでメディアに発表される。また選挙のない期間でも、政権支持率、政治リーダーの人気度などが絶えず測られ、公表されている。この変化は何を意味するだろうか。

本書がまず提示している問題は、「世論」とは存在するものなのかどうか、存在するものがあたかも重さや長さが測られるように「世論」とは測定されうるのか。そうではなくむしろ実は、調査業者、メディア、政治学者などによってつくられ、配される「社会空間」なのではなかろうか、というものである(四一〜四二ページ)。じっさい、政治的な行動、選択、決定および政治家自身の存在は、力以外のなんらかの別の原理に正統化の基礎をもたなければならない。マックス・ウェーバーならば、その源泉として合法性、伝統、カリスマをあげるだろうが(『支配の社会学』)、今日、力を増している「世論」とはいったい何なのか。政治家Aはきわだって高い世論の支持があって大統領選挙の候補者の資格を勝ちとった、などと言われる。カリスマの要素もあるかもしれない。二世政治家に言われるように「伝統」という要素もあるかもしれない。が、世論の支持をうる独特の人為のテクニックもあるだろう。世論においていちばん中心的な点は、メディア、調査会社、解釈者などが介在し、操作されやすい点にある。かつてシャルル・ドゴールは、ラジオそしてテレビというメディアをよく使い、荘重な「ご託宣」と呼ばれるような演説を行ない、人心をつかんだといわれるが、そこには種々の演出があり、争点提示の一方性（たとえば抽象化）と都合のよい自己防衛の仕掛けがほどこされていた。

本書の著者は、もちろん、世論調査に一定の科学性があり、方法的有効性があることを否定するわけではない。「世論調査方式の調査が、いっそう精度を高めながら、政治的投票行動と結びついたいくつかの客観的特徴、なかでもそれぞれの有権者の社会的特徴をつかむのを可能にしてくれたことについては異論の余地がない」（一〇五ページ）とかれは書いている。事実、選挙前の投票行動予測、選挙後のいわゆる「出口調査」などは、有権者の取りうる（実際に取った）限られた範囲の行動を尋ねるもので、操作の入り込む余地が少なく、精度も高い。

だが、そこから一歩進んで、調査者のほうがさまざまな争点を取り上げ、独特のワーディングを行ない、選択すべき回答を設定しているものがある。そこで得られる回答なるものは、多分に、調査実施者によってつくられた回答にすぎないのではないか。本書の例示する、「環境の保護のための戦いは、特権をもつ人々だけの関心事でしょうか」（一二七〜一二八ページ）、「今日、フランス社会は閉塞的だと思いますか」（一五九ページ）などの設問例はその最たるものだろう。それはワーディングの巧拙といった問題に還元されないのだ。いずれにせよ、「世論をつくる」世論調査というものは不断に行なわれている。

世論調査の政治の背景と新しいアクターたち

では、この世論調査の盛行はどのように説明できるのだろうか。もともとフランスが、それほど世論調査の根付きやすい、そだちやすい風土をなしていたとは思われない（むしろ戦後日本のほうが、アメリカン・デモクラシーの強力な宣伝下におかれ、ＧＨＱの指導もあり、虚心に世論調査の正統性を受け入れたといえよう）。広告やマーケッティングめいた意見調査などに拒否反応を示す傾向は、フランス市民に強かったと本書もいう。ところが、この風土は第五共和制の成立と展開とともに変わったようである。

要因としては、国民の直接選挙で選ばれる強大な権限をもつ大統領が誕生したこと、第二には、議会の権限が弱められ、他方、大統領―行政府の権限が強められたこと、そして時あたかも、経済の高度成長の進行とテレビという新興マスメディアの普及が雁行したことも挙げられよう。強大な権限をもつ任期七年の大統領が国民の直接選挙で選ばれる――このことはもともと政治好きのフランス人のこと、大統領戦への異常なほどの関心をかきたてた。イベントづくりを欲するメディアが、そして世論調査が、ここに目をつけて不思議はない。非選挙時にも、実によく保革を取り混ぜての「有力政治家」の人気のバロメーターの数字が世論調査の結果として示されるが、これも実は「次期大統領選にもっとも有利な候補はだれか」という潜在的な問いにもとづいている。いっぽう、立法府、つまり議会の権限は低下したから、議会内で審議の模様や議員たちの見解を地道に取材するような玄人的な記者たちは次第に姿を消す。それに代わっての政治の報道はどんなスタイルをとるようになるか。その一つは、テレビのような大メディアが、様々な番組に政治家、大臣、高級官僚、そして専門家を自認する学者たちを招いては、発言させるという形式である（この点、実はここ三〇年ほどの日本のメディアの政治の扱いにも共通している）。そして、こうした番組は、人格化された「スター」を必要とし、それゆえの世論調査（人気評点のそれ、また「視聴率」という名のもとに行なわれることもある）がつねに欠かせないものとなる。

世論調査機関については、長い間フランスにおけるその代名詞のような存在だったＩＦＯＰの独占が終わり、Ｓｏｆｒｅｓ、ＢＶＡ、ＣＳＡ、ルイス－ハリスなど新調査会社が続々と旗揚げする。これらの企業の経常的な収入源は小口の市場調査（マーケッティング）であるが、企業名を知らしめ、その契約を増やすためにも、大メディアの委託を受けた世論調査を引き受けて新聞紙面またはブラウン管上でその名を売る必要がある。このように本質的には商業主義に立っている調査機関が、政治的世論調査のアイデアを出し、メディアにこれを売り込むという関係が構造的に成立する。

ところで、本書のユニークな視点の一つは、世論調査の盛行への「政治学者」の関与という、独特の視点からイッシューを提起した点にある。世論調査をビジネスとして行なう企業が、科学的中立性、技術的専門性さらには政治・社会への専門知識を売り物にするとき、なんらかのそれにふさわしい知的権威を必要とする。訳者はかつて、ブルデュー社会学は社会的決定作用を徹底的に問いながらも、「文化や知の領域のもつ相対的な自律性」を否定するものではない点に特徴がある、と書いたことがあるが（拙著『文化的再生産の社会学』藤原書店、一九九四年、七五ページ）、この原則にシャンパーニュ氏も忠実といえる。右の知的権威をになうのが、「政治学者」(politologues)と呼び習わされるようになった専門家たちであるとする。政治学者の多くを輩出しているとされるパリの「シアンス・ポ」については、「付録2」でも少しく触れたが、より詳しくは、D・ダマンムの「シアンス・ポ」成立論（*ARSS*, 七〇号）などを参照してほしい。同校はグランド・ゼコールの内でも、社会科学について比較的、実学的、政策科学的に教授する点に特徴があり、その卒業生のたどる道も、二割程度は官界とされ、世論調査機関の幹部等として直接に働く者、ジャーナリスト等として世論調査の利用を積極的に推進する者（たとえば現『ル・モンド』の主筆ジャン・マリ＝コロンバーニは同校の出身）、そしてアカデミックな世界に身を置きながら、調査の遂行、分析、コメントに協力する者もおり、著者によれば、彼らの連係、「共謀」が政治と世論調査の関係を切っても切れないものにしてきた。

ここでの本書の「政治学者たち」のとらえ方は、どちらかといえば機能的といえる。彼らの多くが社会的出自からいって上層階層の出身であることが一カ所で言及されているが（一〇四ページ）、それゆえにかれらが「右翼」（保守）であるといった還元主義はとられていない（実際、「シアンス・ポ」出身者は、「左翼」に分類される知識人や政治家をも数多く含む）。むしろ本書にとっては、「政治学者」たちのその思考法、知識、態度がどのように機能するのか、機能せしめられるのかが分析の眼目である。世論調査に科学的・技術的に信頼が置けるという印象を与えること、数字解釈の操作についてもこれを権威づけられること、「党派的ではない」と自己呈示することで政治的論争にも断を下せること、等々がその機能面である。

民主主義イデオロギーと社会学的真実

そして、シャンパーニュ氏が政治学者たちの通有のイデオロギーとして繰り返し指摘しているのは、世論調査の擁護＝「普通選挙」の擁護、という論点のスライドを行ないながら、自分たちこそデモクラットなりと自称し、「世論調査への批判イコール民主主義の批判」として、これらの批判を斬って捨てるという点である。特にアラン・ランスロの言説が代表的なものとして紹介されている（二七七ページ）。こうした言説は、一般の民衆にもっともなものと感じられ、民主主義のタテマエが押し出されている以上、政治家たちもあえて異を唱えにくいものである。

ブルデューやシャンパーニュ氏は、この点で政治学者たちと鋭く対立するのであり、その点こそが、本書の中心論点の一つではないかと思う。彼らが強調することは、普通選挙ではどのような個人も等しい価値をもつ一票を行使するのだと言われ、世論調査でもこれに答える市民の回答の一票一票は等価であるという前提が立てられるが、「さまざまな社会集団の意見のもつ社会的な力は、非常に異なること、さらにいえば、それらの集団の手中にする社会的な力のいかんによること」（二七六ページ）を確認することが大事だ、ということである。被調査者たちがどういう条件にあり、どういう尋ねられ方をしているかという「調査状況」を無視すべきではない。一人一人の個人が自分の回答を等しく尊重せよと要求するのは正当であるが、現実には、一介の労働者市民と、政治家、高級官僚、経営者などが、政治の諸決定に同じ影響力をもっていないことは否定しがたい社会学的事実だろう。現実の政治的決定への参加に明らかに社会的な不平等があるときに、世論調査の実施者が、それを覆い隠すように、「世論」の力を説くということの問題性である。

その「世論」の測られ方は、万人向きに抽象的であったり、あまりに高度な知識を要求するものであったりして、一般の回答者を戸惑わせる。それでいて、DK、NA（「分からない」「無回答」）をミニマムにせよ、ということはどの調査も至上命令化している。たとえば、「フランスはイギリスのEEC加盟に賛成すべきでしょうか、反対すべきでしょうか」と質問され、普段ほとんど考えたこともない、質問の意味も十分には分からない住民が、何か答えなければならないというプレッシャーゆえ、ある答えを出す。集計結果は反対五五％と出るかもしれない。これらの回答が「真実か虚偽か」と問うことは単純すぎるが、これらのいわば意味上はなはだ「曖昧」な調査結果がどういう要素を含んでいるのか、いったいどう使われるのか、批判的な目をもつ者ならそれを問題としなければならない。

示威行動の社会学――真の抗議行動から制度化、象徴化、メディア化へ

さらにもう一つの本書の主題は、示威行動と政治、そして示威参加者たちの戦略と政治の問題であろう。示威行動あるいはデモ（フランス語でいう“manifestation”）への論及が本書で頻繁に出てくる理由については、容易に察せられよう。政治における「世論」の登場・援用と同様、これが代議制または間接民主主義の制度の枠外での民衆の意思の表現の回路として位置づけられるからである。議会制デモクラシーの形骸化、行政権の強化という政治的背景がその背後にあるという点でも、共通性があろう。しかし公道を用いての政治的意思の表示というこの集合行動が、より直接に権力との対抗を現し、さらに治安維持力との物理的衝突を伴い、警戒され、長い間禁止または制限のなかにあったことは、世論調査のそれと異なるこの行動の歴史的背景である。そして、今日では、様々な条件はあれ合法化され、たとえばＦＮＳＥＡの組織化の下に、多数の農民たちはパリの街頭にデモを繰り広げるわけである。

ただし、ここでも、デモが組織化されればされるほど、象徴闘争の側面が重要になってきて、そのための演出がなされるようになる。一個の政治的メッセージを政府当局に伝えるにも、正統な代表性を主張できる、大量の参加者による、「整然たる」、かつ「パリジャンに好まれる」行進をしなければならない。そのための工夫としておどろくべき細かな配慮がなされている。そうしたＦＮＳＥＡの幹部、なかでもフランソワ・ギョームが周囲の人びとに語る言葉と、デモに参加した一般組合員の誇りと無念さ交えた複雑な言説（二二六ページ）は、興味ぶかいものがある。ここにはもう、示威行動とメディアの関係というものが、明らかに入りこんでいる。示威行動がいったいプレスやテレビによってどう報道されるか、それが主催者の大きな関心事である。デモ参加者のなかにも携帯ラジオ持参で、ニュースフラッシュがデモをどう報じているかを聴きながら行進をする者がいる。自分たちのデモを多くのテレビが電波に乗せてくれるように、と、二〇時のニュースの時間に合わせ、しかもテレビ・スタジオ近辺の場

所をデモの解散地に選ぶ傾向も見られる。一部メディアがスポンサーとなったデモさえありうることが、シャンゼリゼ大通の「大収穫祭」などの例として引かれているが、儀式化、スペクタクル化という回収は、現代のメディアに顔を向けた示威行動にとっての陥穽であろう。

農民世界の再生産研究から政治社会学へ

最後に触れなければならないのは、シャンパーニュ氏の農村社会学的な仕事である。ちょうど本書の刊行される一八八九〜九〇年頃、訳者が初めて氏と会話した際、氏は、ブルデューの再生産の社会学をまだ未開拓である農民世界の再生産に適用してみようと思い立ち、七〇年代の初め小農民の行動の現地調査に入ったが、やがて八〇年代から農民たちの運動の理解の必要から政治社会学に関心をもつようになり、その後メディア、ジャーナリズムの問題にまで関心が広がった、と語っていた。

いずれにしても、当時の氏については、出発点の農村社会学での研究仮説がダイナミックで独創的であることに訳者は強く印象づけられた（拙著『文化的再生産の社会学』の一六一〜六二ページでもこれを紹介）。たとえばブルゴーニュのブレス地方の農村を舞台としたかれの中小農民の研究（「文化資本と経済資産」*ARSS*, 六九号、一九八七年）では、農業経営が維持されていく際にどんな選別原理が働き、どんな文化資本がそこに機能するのかが分析されている。文化資本といっても、農民においては教育レベルにほとんど差がないため学歴資格をメルクマールとすることはできず、市場のメカニズムへの適応を可能にする近代的ハビトゥスの獲得いかんが重視されている。そのような態度を獲得する条件を家族関係のなかに備えている者（農業外の職業に従事する成員をもつ者）、職業関係のなかに備えている者（協同組合、農業改良所、金融機関などとの人脈のある者）に注目している。そのような条件にない者は、文化資本を欠き、経営の成功に進むことが困難で、跡継ぎにこれを継承させることもできないとした。これは、まさにかれの最新著『拒まれた相続』につながる仕事にほかならない。

そうした目で小農たちの運命を追っていた氏にとって、全国レベルの農民組合の運動、国家、ＥＣの農業政策、メディアの扱いも視野に入っていたであろうが、八〇年代後半から関心が急速にそれらの方面に傾斜していったようである。そのきっかけの一つが、一九八二年三月のＦＮＳＥＡのパリの大動員デモであったということであろう。農民組合の運動の論理を素材にして政治、世論、ジャーナリズム、メディアの動的関係を問うという本書の主題のきわめてユニークな組み合わせの背景を訳者はこのように理解している。

以上のような射程、論点をもつ本書が、幅広い読者を得、わが国の政治やメディアの社会学に、また社会運動の社会学に有益なインパクトを与えてくれることを願うものである。

本書の翻訳にあたって

訳者が本書の翻訳にあたることになったのは、藤原書店社長、藤原良雄氏の再三の懇請による。訳者としてはためらいがあり、「他に適任者がいるはず」と逃げ回ったのであるが、たびたびの説得で、シャンパーニュ氏の昨年（二〇〇二年）六月の来日の折、氏の同席する場でついに承諾させられてしまった。

シャンパーニュ氏とは、故ピエール・ブルデューの紹介で相識って以来、一五年間ほどの交流になるが、「ヨーロッパ社会学センター」のメンバー中、故アブデルマレク・サイヤッドとともに、もっとも訳者が教えられることの多かった社会学者である。そして、訳者は右記の氏の八〇年代の代表的論文「文化資本と経済資産」の翻訳を企てたり（掲載を希望した日本の雑誌の都合で実現せず）、氏の来日の折には小セミナーを開催したり、シンポで討論者役を引き受けたりと、いろいろと相互作用があった。だが、こと『世論をつくる』の翻訳に関しては、政治やメディアの社会学を専門とするわけでもない者が引き受けてよいものか大いに疑問があった。問題提起的な一大労作であるだけに、「友人のよしみで……」などという安易な理屈づけで引き受けてよい仕事ではない。結局は引き受けることとなったが、「われ任適せず」の気持ちは、訳を仕上げた今でも変わらず、解説めいたこの「あとがき」を書くにも、内心忸怩たる思いである。

実際の翻訳は、着手してみて、かれの師のブルデューのテクストに通じる独特のむずかしさがあり、苦しんだ。その長い、挿入句の多いフレーズは、時にごく具体的であると思うと、きわめて抽象された理論的な記述の連続へと転じ、その論理をきちんと追って適切な理解可能な日本語に置き換えるのは容易ではなかった。こういう悩みについては、あまり本人に助けてもらえない。氏にそんなボヤキを語ったら、「日本語になりにくい箇所があれば、どんどん削除しても結構ですよ……」と、氏の人柄をものがたる鷹揚、寛大な言葉が返ってきた。「そんなわけにもいかない」と思いつつも、今みると、原文との字面の対応をほとんどたどれないほどの、大きな意訳をしてかろうじて日本語の文章にした箇所も少なくない。

何箇所かのフランス語の理解に関して立教大学講師のロランス・ニコラ氏に相談に乗ってもらったが、「今ここでは答えられないから」とメモをもち帰り、一週間後に長々とした彼女のメールの返事をもらったこともある。本書のテクストの厄介さを示すものであるが、ニコラ氏の誠意にはとても感謝している。

訳の脱稿は約束の期日から三か月遅れ、三度のゲラを返すのに、教師の本務優先のため、さらに遅延を重ねた。このようななか、本になるまでの煩雑な作業を忍耐づよく引き受けてくれたのは藤原書店編集部の清藤洋氏である。氏には十数年前にブルデュー＝パスロン『再生産』の翻訳の折と同様、大変にお世話になった。一段と成熟した編集者として、色々と貴重なアドヴァイスを下さったことに深く感謝している。

二〇〇三年一二月

宮島　喬

選。ジャック・シャバン＝デルマスを首相に任命。

1970　フランスにおけるテレビ受像機保有台数が1000万を突破。

1974. 5　ポンピドゥー急逝の後を受け、大統領選挙が行なわれ、ヴァレリ・ジスカール＝デスタンがミッテランを破り、当選。ジャック・シラクを首相に任命。

1976. 3　南仏のモン・ルドン・ル・コルビエールで、イタリアワインの輸入に反対するブドウ栽培農民が国道を封鎖。猟銃を使用し機動隊と撃ち合う。死者2名。

. 8　レイモン・バール首相に任命される。

1981. 5　ミッテラン、ジスカール＝デスタンを破り、大統領に当選。左翼政権が発足。首相にピエール・モーロアを任命。農業相エディット・クレソン。

1982. 3　農業経営者組合全国連合（FNSEA）がパリで農民たちの大規模な示威行動を組織。

1983. 5　政府の高等教育改革案に対する反対運動が高まりを示す。

1984. 3-9　政府の私立学校改革案に反対する示威行動が、多数の市民を集める。

1984. 7　ロラン・ファビウス、首相に任命される。

1985. 3　ソ連、ミハエル・ゴルバチョフ、共産党書記長となり、ペレストロイカ（「立て直し」）、グラスノスチ（「公開制」）の政策始まる。

. 10. 27　ファビウス首相とジャック・シラクのテレビ討論が行なわれる。

1986. 3　国民議会議員選挙で保守勢力が勝利し、保革共存政権（大統領ミッテラン、首相シラク）が誕生。

秋　選抜制度導入をめざす大学改革法案（ドゥヴァケ法）に大規模な反対運動が起こる。高校生も大量に参加。法案は撤回される。

1988. 5　ミッテラン、シラクを破って大統領に再選される。首相にミシェル・ロカールを任命。

1989. 2　民主主義と世論調査を主題とするバールとファビウスによる討論がSofres主催で、パリの政治学院で開かれる。

. 11　ベルリンの壁の崩壊。

. 12　ルーマニア、長くチャウシェスクの指導下にあった社会主義政権が崩壊する。

3　本書に関連する政治・社会年表

1938. 9	ミュンヘン会談、ミュンヘン協定。この時フランス国内では同協定に関する世論調査が行なわれたが、結果は伏せられた。
1938	世論調査機関 IFOP 設立。
1944. 8	パリ解放。シャルル・ドゴールの臨時政府が成立。この年に『フランス＝ソワール』、『ル・モンド』、『ル・パリジャン・リベレ』などが創刊。
1946. 1	ドゴール、議会と衝突し、辞任。
. 10	ビドー内閣の下で憲法案が国民投票に付され、承認される。第四共和制発足。
. 12	インドシナ戦争開始。
1949. 4	北大西洋条約機構（NATO, OTAN）が発足。
1954. 5	インドシナ戦争で、ディエン・ビエン・フー陥落、フランス軍の戦線が崩壊。
. 6	ピエール・マンデス＝フランス、首相に選出される。インドシナ問題、アルジェリア問題の解決のためラジオを使い、国民に直接訴える。
1956	アルフレッド・ソーヴィー著『世論』の公刊。
1957. 3	ヨーロッパ経済共同体（EEC）条約（ローマ条約）の調印。
1958. 6	アルジェリアで、フランスの現地軍と植民者が叛乱（5 月）。この危機の下、ドゴールが政界に復帰、内閣を組織する。
.9	憲法草案への賛否を問う国民投票が行なわれ、多数で承認（同 10 月第五共和政発足）。
. 12	ドゴール、大統領に選出される。
1959. 1	ドゴール、大統領に就任。ミシェル・ドゥブレを首相に任命。
1961-62	ブルターニュ地方で、農産物の価格支持やその鉄道輸送の特別料金制度を要求する農民の激しい運動が起こる。
1962. 3	エヴィアン停戦協定調印。アルジェリア共和国の独立（同年 7 月）を承認。
1962	世論調査機関 Sofres 設立。
1965. 12	ドゴールとフランソワ・ミッテランの間で大統領選が戦われ、ドゴールが当選。
1968. 5	パリ大学ナンテール校の学生の要求運動に端を発する「五月革命」（五月危機）が起こる。
1969. 5	ドゴール大統領、地域行政と上院の改革に関する国民投票で敗北し、辞任。
. 6	大統領選で、ジョルジュ・ポンピドゥーが、アラン・ポエールを破り、当

2　政治学院（シアンス・ポ）について

「シアンスポ」（'Sciences-Po'）の名で一般に呼ばれる「政治学院」（Institut d'Etudes Politiques）は、数多くの官僚、政治家、経済界のカードルなどを輩出するとともに、本書が焦点をあてているメディアと関わりの深い「政治学者」(politologue) やジャーナリストを生んでいる点で、特色がある。

一般の大学とは異なり、バカロレア取得後に競争試験をへて入学するもので、法的地位からすると公施設（Etablissment publique）であり、広い意味でのグランド・ゼコールの一つといえる。前身としては、1872 年創立の「政治学自由学校」(Ecole libre des sciences politiques）があり、共和国の政界・官界をめざす者たちの教育機関であった。1945 年に現在の名称となり、戦後幾多の改革を経ているが、官僚養成がつねに重点の一つとされていることには変わりがない。ただし、第二次大戦後、高級官僚へのより直接のコースとなる「国立行政学院」(Ecole Nationale d'Administration, ENA) が 1945 年に設けられてからは、後者への入学を果たすための予備教育機関という性格ももつようになっている。教育においては、政治学、経済学、その他の社会科学が教えられているが、政治学については、本書中で、「対立する利害をめぐる社会集団間の闘争としての政治よりも、『公共財』の管理と追求としての政治という考え方を伝達する」と書かれているように（102 ページ)、中立科学としてこれを講じるという傾向が強い。こうした傾向は、中立的な、また多少ともプラグマティックな社会技術として政治を捉えるという傾向につながり、世論調査を肯定的に捉え、これを政治に結びつけようとする研究者やジャーナリストや世論調査関係者をも多く生む背景になっているといわれる。

また、官界、政界をめざす者は、以前からブルジョワ階層出身者に多かったが、政治学院の学生も一般に出身階層が高く、特にパリ出身者の場合にはそうである。たとえば 1998 年の入学者をとってみると、全体の 81.5 %は親の職業からみて上層および「中の上」層に属していて、親が労働者階級に属する者は 1 %未満であった（一般の大学では、12.5 %)。なお、2001 年の入学者選抜に際しては、補充の「多様化と民主化」のためとして、同校はフランスの高等教育機関では初めて、「アファーマティヴ・アクション」とでも言うべく、恵まれない社会層を高い割合で含む「教育優先地域」(Zone d'Education Prioritaire, ZEP) の出身の生徒に特別の試験を導入し、それにより 18 名を入学させ、話題を呼んだ（D. Sabbagh, Affirmative action at Science Po, 2003)。

「政治学院」というと、同名、同系統の学校がボルドーやストラスブールなど地方にもつくられているが、通常はパリ政治学院を指す（所在地はセーヌ川左岸、カルティエ・ラタン内の、7 区サン＝ギョーム街)。

チャンネルにあたる。フランスの代表的なテレビで、24 時間放送を行なっている。ドキュメンタリー、ドラマの番組の比重が相対的に高い。

ウーロップ１（Europe 1）

1954 年設立。いわゆる周辺局で、民間放送。自由で現代風のニュースやルポルタージュに特徴があり、カードル層などに好まれる。

カナル・プリュス（Canal+）

公共性の強い民間放送。第四チャンネルにあたる。特定のアダプターを有料で取り付け受信するもので、契約者数は約 387 万人（1994 年）。映画が番組に大きな比重を占め、トーク・ショー、スポーツ、子供番組にも特徴がある。

ＴＦ１（Télévision française 1）

国営放送として出発したが、1987 年に民営化された。第一チャンネルにあたる。当初はニュース、バラエティ番組を主にしていたが、番組での「フランス２」との区別は次第につきにくくなっている。

ＲＴＬ（Radio-Télé-Luxembourg）

周辺局（*）の一つである民間放送。1931 年以来の歴史をもつ「ラジオ・リュクサンブール」(Radio-Luxembourg) をその前身とするもので、ウーロップ１よりも庶民的。1970 年よりテレビ放送も開始した。

＊　周辺局（Radios et télévisions périphériques）とは、本社をフランスの周辺の国に置きながら、取材活動の大半をフランス内で行ない、フランス語で放送を行なう民間放送。代表的なものにラジオ・リュクサンブール、ウーロップ１、ラジオ・モンテカルロなどがあり、一部はテレビ放送にも参入している。フランスのラジオ、テレビが全面的に国営であった頃、「統制を受けない放送」として存在理由をもち、聴取された。1968 年の「五月革命」の際、学生たちが、フランス国営放送（ORTF）ではなく、ラジオ・リュクサンブールに耳を傾けたことは有名。その後、ORTF の分割、一部民営化が進み、このため周辺局の性格も変わってきている。

たが、1996年廃刊。発行部数約18万部（1980年代）。

ル・モンド（*Le Monde*）

1944年創刊。知識人・学生・専門職を主な読者とする夕刊。センセーショナリズムを排し、犯罪など社会ネタはほとんど扱わず、写真も少なく文字報道中心。政治、外交、国際問題、文化の報道、解説には定評がある。発行部数379,089部（1995年）。

リュマニテ（*L'Humanité*）

フランス共産党の機関紙。朝刊。1904年、ジャン・ジョレスにより（社会党機関紙として）創刊された。近年では、共産党の退潮とともに部数を減らしており、1995年では65,312部。

リベラシオン（*Libération*）

1973年創刊。その後中断があり、1981年復刊。左翼色が強く、学生、若者、知識人に読まれる。『ル・モンド』に比べ、写真も多く、やや一般的。発行部数182,183部（1990年）。

■週刊誌

レヴェヌマン・デュ・ジュディ（*L'Evenement du jeudi*）

「木曜日の出来事」の意（毎週木曜日に発行）。1984年創刊され、既存週刊誌との競争に割って入る。政治的には中道といえるが、話題を呼ぶ挑発的な特集などで知られる。部数が落ち、2000年に廃刊。発行部数167,352部（1995年）。

レクスプレス（*L'Expresse*）

1953年創刊であるが、編集面、経営面で幾多の変遷を遂げている。政治的には中道といえるが、記事、紙面は知的でバランスがとれ、比較的知識層に読者が多い。発行部数576,497部（1990年）。

ル・ヌーヴェル・オプセルヴァトゥール（*Le Nouvel Observateur*）

前身は『フランス・オプセルヴァトゥール』（1954年～）。1964年以来現在の名称。左翼系で、社会党とも近いが、社会的、文化的主題でのユニークな特集記事でも知られる。発行部数471,470部（1995年）。

■放送メディア

アンテヌ２（Antenne 2）

国営テレビ放送で、1992年以降、「フランス２」（France 2）と改称している。第二

1　本書中で言及される主要マスメディア

以下は、本書の中で言及されるフランスの主なマスメディアへの注記である。本書の刊行時を考慮し、その時期のメディアとして紹介しているが、その後廃刊、名称変更しているものもある。プレスの発行部数は、本書の刊行時に近い1990～95年頃のものを挙げるようつとめた。（定冠詞を除いて五十音順→略号で配列した）。

■日刊紙

ウェスト・フランス（*Ouest-France*）

1947年創刊。西部（ブルターニュ）の都市レンヌを発行地とする有力地方紙。地方紙のなかでは最大規模であり、12の県版をもつ。発行部数795,436部（1990年）。

ル・クォティディアン・ド・パリ（*Le Quotidien de Paris*）

1974年創刊の朝刊。1981年の左翼政権の成立後、野党勢力支持の新聞となった。1994年、買収により消滅。発行部数は少なく、約50,000部（1994年）だった。

ラ・クロワ（*La Croix*）

フランスにおける最有力のカトリック系日刊紙。夕刊。1883年創刊。店頭売りは少なく、90％近くが予約購読となっている。発行部数103,625部（1990年）。

ル・パリジャン・リベレ（*Le Parisien libéré*）

1944年創刊。朝刊ではかつて最大部数を誇ったが、1960年からはパリ首都圏の地域紙へと性格を変える。保守的な大衆紙。発行部数451,159部（1995年）。

ル・フィガロ（*Le Figaro*）

1854年創刊の朝刊紙。パリで刊行される日刊紙としてはフランスでは最古。一貫して保守系の論調を張るが、芸術・文化や社交界の記事にも特色をもつ。発行部数391,000部（1995年）。週末に別冊『フィガロ・マガジン』を刊行。

フランス・ソワール（*France-soir*）

1944年創刊、1945年から現在の名称となった夕刊紙。フランスの代表的な大衆紙で、発行地のパリ以外でも読まれる。1950年代には発行部数が100万部を超えたこともあるが、1990年には228,976部。

ル・マタン（*Le Matin*）

1977年創刊。社会党系の朝刊。1981年に始まる社会党中心の左翼政権を支持してき

付　録

宮島 喬 作成

ラ 行

ラ・クロワ LA CROIX 224, 230, 264
ラ・ロシュフーコー LA ROCHEFOUCAULD, F. 57
ラグラーヴ LAGRAVE, R.-M. 303
ラザースフェルト LAZARSFELD, G. 103
ラボリー LABORIE, P. 294
ラボルド LABORDE, J. 239
ランジェ RANGER, J. 104
ランジュ L'ANGE 292
ランスロ LANCELOT, A. 104, 277, 296, 306
ランドフスキ LANDOWSKI, E. 295

リトレ LITTRÉ, E. 64, 73, 84
リフォー RIFFAUT, H. 103
リベラシオン LIBÉLATION 35, 145, 147, 150-151, 158-159, 186, 188-189, 197, 209, 216, 229, 236-237, 241, 243, 249, 285, 292, 302
リュマニテ L'HUMANITÉ 187, 216, 235, 237, 243, 254
リール LIRE 191-193
理論効果 Effet de théorie 39

ル・クォティディアン・ド・パリ LE QUOTIDIEN DE PARIS 145, 150, 188, 197, 216, 226, 239-241, 243
ル・ゴフ LE GOFF, J. 294
ル・ヌーヴェル・オブセルヴァトゥール LE NOUVEL OBSERVATEUR 153, 158, 216
ル・パリジャン・リベレ LE PARISIEN LIBÉRÉ 151-152, 189, 237, 240, 243, 254
ル・フィガロ LE FIGARO 150, 153, 188, 196-197, 216, 230, 236, 243, 254, 286, 298
ル・ペン LE PEN, J.-M. 286
ル・マタン LE MATIN 197, 216, 225, 237-239, 252
ル・モンド LE MONDE 128, 143, 145-148, 150-151, 158, 163, 168, 170-171, 176, 186-187, 189, 197, 216, 224-225, 230, 232, 236-237, 243, 298-299, 304
ルイス・ハリス〔調査所〕 LOUIS HARRIS 96, 152, 158
ルカニュエ LECANUET, J. 43
ルージン LOUNGUINE, P. 35, 66
ルーセル ROUSSEL 295
ルソー ROUSSEAU, J.J. 60, 63
ルノアール LENOIR, R. 291, 297
ルーマニア ROUMANIE 38, 291

レイニエ REYNIÉ, D. 294
レヴィ LEVY, B.-H. 192
レヴィ＝ストロース LEVI-STRAUSS, C. 167, 192, 300
レヴェヌマン・デュ・ジュディ L'ÉVÉNEMENT DU JEUDI 159, 192, 196, 298
レクスプレス L'EXPRFSS 158, 216
レフェレンダム（国民投票） Référendum 17, 30, 85, 90, 149, 160, 192, 208, 210, 276-277, 279

ロア ROY, B. 104
労働総同盟 CGT 75
ロカール ROCARD, M. 127, 195
ローズベルト ROOSEVELT, F. D. 299
ロックフェラー財団 FONDATION ROCKFELLER 103
ロートマン LAUTMAN, J. 295
ロベスピエール ROBESPIERRE, M. 14, 65
ロラ ROLLAT, A. 300

ポンシャラル　PONCHARAL, J.　152
ポンピドゥー　POMPIDOU, G.　155, 296

マ　行

マルクス　MARX, K.　40, 206, 242, 287, 303
マレスカ　MARESCA, S.　303
マンデス・フランス　MENDÈS-FRANCE, P.　161, 200
マンドラ　MENDRAS, H.　288-289

ミシュラ　MICHELAT, G.　104-105, 295, 297
ミッテラン　MITTERRAND, F.　2, 23, 122, 143, 166-173, 176, 188, 199-200, 218, 240, 264, 286, 296, 300-301
ミュレル　MULLER, P.　289
ミュンヘン（協定）　MUNICH (accord de)　82
民主主義　Démocratie　94
　代議制——　- représentative　63
　直接——　- directe　31, 63, 143, 279

無回答（意見についてもみよ）　Non-réponses (voir aussi opinion)　29, 47
　——と意見　- et opinion　120, 123-125, 127-128
ムーニエ　MOUNIER, J.P.　291

メゾヌーヴ　MAISONNEUVE, J.　295
「メディア向き演技」　« Prestation médiatique »　161-163, 165-167
メルリエ　MERLLIE, D.　291, 297
メンミ　MEMMI, D.　292

モース　MAUSS, M.　290
モラン　MORIN, E.　293
モロー　MOREAU, R.　296, 300
モンタン　MONTAND, Y.　163
モンルドン　MONTREDON　220

ヤ　行

ユールタン　HEURTIN, J. P.　294

世論　Opinion publique　89-90
　——と「一般意志」　- et « volonté générale »　74
　——と「公共精神」　- et « esprit public »　65
　——と公衆の意見　- et opinion du public　90, 124
　——と社会的意見　- et opinion sociale　64
　——の社会的生成　genèse sociale de l'-　55
　——の社会的定義　définition sociale de l'-　84
　——の操作者　agents manipulant l'-　257
　——の測定　mesure de l'-　16, 28, 40-41, 53-55, 69, 72, 95, 97, 103, 111, 115, 129-131, 135-137, 147, 149, 156, 165-166, 168, 171, 215
　——のための闘争　bataille pour l'-　28, 89, 259
　——の表現の世界　mode d'expression de l'-　62-63, 68-74, 83, 89, 142, 298
　観念力としての——　l'- comme idée-force　68, 73
　幻影としての——　l'- comme phantasme　137
　ジャーナリズムの産物としての——　l'- comme produit journalistique　64, 101, 150
　人工物としての——　l'- comme artefact　81
　正統性原理としての——　l'- comme principe de légitimité　59, 94
　制度的——　l'- institutionnelle　63, 69-70, 76, 210
　洗練された、または「啓かれた」——　l'- savante ou « éclairée »　60-62, 64, 67-68, 70
　多価的行為者としての——　l'- comme opérateur polyvalent　96
　多数意見としての——　l'- comme opinion majoritaire　123, 132, 134, 136, 143, 146, 151, 208-210
　偏見としての——　l'- comme préjugé　47
世論調査　Sondage d'opinion
　——の社会学的批判　critique sociologique des -s　16, 119
　——の政治的批判　critique politique des -s　208
　——の編纂物　compilation de -s　110
　——のルーティン化　routination des -s　116
　——への関心　intérêt aux -　146
　政治学者の——　- politologique　193
　正統化の手段としての——　les -s comme instrument de légitimation　61
世論調査委員会　Commission des sondages　53, 113
世論調査機関　Instituts de sondage　68, 108, 209
　——と民主主義イデオロギー　- et idéologie démocratique　130-131

バールとファビウスの―― - BARRE/FABIUS 143, 172, 189
ミッテランとジスカール＝デスタンの―― - MITTERRAND/GISCARD D'ESTAING 172, 176, 240
ミッテランとバールの―― - MITTERRAND/BARRE 122, 171-173
ドゴール DE GAULLE, C. 2, 24, 43-44, 112, 161, 200, 226, 296, 301
「トップ 50」効果 Effet « TOP 50 » 190
トマ THOMAS, L.-V. 295
ドリュオン DRUON, M. 147-148

ナ 行

ニクソン NIXON, R. 172
人気評点 Cote de popularité 16, 143, 165-166, 171, 195, 278

農業経営者組合全国連合 FNSEA 25, 216
農民（のイメージ） Agriculteurs (image des -s) 26-27, 220-221, 223-230, 232, 235-244, 247-248, 252, 260, 262-263
ノラ NORA, P. 193, 294
ノワール NOIR, V. 70-71

ハ 行

パスカル PASCAL 67
パスクァ PASQUA, C. 170
バダンテール BADINTER, R. 176
発表の効果 Effet de publication 101, 106, 149
パネル Panel 117
ハバーマス HABERMAS, J. 58, 76
バラデュール BALLADUR, E. 170
バランディエ BALANDIER, G. 295
バリオン BARILLON, R. 146
バール BARRE, R. 122, 143-144, 147, 171-173, 188-189, 195, 296, 301
パロディ PARODI, J.-L. 104
パンソン PINÇON, M. ET M. 290-291

ピアルー PIALOUX, M. 33, 290
ピヴォ PIVOT, B. 192
東（欧）の諸国 Pays de l'Est 35-37, 213
ピジョ PIGEOT, J. 152
ビネ BINET, A. 295
ビュルドー BURDEAU, G. 93, 292
評決の効果 Effet de verdict 185
ピント PINTO, L. 291, 297

ファーヴル FAVRE, P. 295, 298
ファビウス FABIUS, L. 48, 112, 143-144, 172, 177, 181-183, 186-189, 193, 195-199, 301-302
フォー FAU, M. 217, 219
フォーヴェ FAUVET, J. 146
ブードン BOUDON, R. 295
ブサール BOUSSARD, I. 26
フュレ FURET, F. 193
フラマン FLAMENT 295
ブランキ BLANQUI, A. 67
フランス革命 RÉVOLUTION FRANÇAISE 60, 64, 193, 215, 270
フランス政治生活研究センター CEVIPOF 159
フランス世論調査所 IFOP 44, 54
フランス＝ソワール FRANCE-SOIR 150, 196-198, 216, 232, 236, 254
ブーリエ BOULLIER, D. 293
ブリコー BOURRICAUD, F. 295
ブリュノ BRUNOT, F. 84
ブリュレ BRULÉ, M. 104, 275-276, 296-297, 306
ブールジュ BOURGES, H. 301
ブールダン BOURDIN, J. 294
ブルデュー BOURDIEU, P. 28-30, 46, 134, 275, 289-292, 295, 301, 303
プレス評論 Revue de presse 256
ブレヒト BRECHT, B. 287
ブロック BLOCH, M. 241
文化剥奪 Dépossession culturelle 33, 47, 207

閉鎖の効果 Effet de fermeture 286
ペイルフィット PEYREFITTE, C. 294
ヘーゲル HEGEL, G. W. F. 67, 292
ベッケル BECKER, J.-J. 294
ベベット・ショー « Bêbête show » 291
ペレストロイカ Perestroïka 35

暴動（蜂起） Emeute 67, 69-74, 77, 86
ポエール POHER, A. 296
ホガート HOGGART, R. 45, 174, 301
ボッジオ BOGGIO, P. 300
ホッブズ HOBBES, T. 26, 289
ボルタンスキ BOLTANSKI, L. 30, 289, 295, 298, 304
ホワイト WHITE T.-H. 172, 300
ボン BON, F. 104, 298

スコセッシ　SCORCÈSE, M.　209
ステゼル　STOETZEL, J.　54, 95, 102-105, 125, 141, 294-295
スポークスマン　Porte-parole　25-26, 90, 108, 199, 207, 227, 229-230, 251, 259, 267-268

請願　Pétition　69, 73, 131, 266
政治　Politique
——市場　marché -　78
——的活動　travail -　76, 85, 145
——的信用　crédit -　39
——的無意識　inconscient -　45-47, 56
——的模倣　imitation -　293
——の正統な定義　définition légitime de la -　42-46
——の民衆的ステレオタイプ　stéréotype populaire sur la -　157
——のメディア化　médiatisation de la-　31, 49, 161-162
——への関心　intérêt à la -　33, 158-159
政治学院(シアンス・ポ)　INSIITUT DES ETUDES POLITIQUES (Sciences-Po)　24, 27, 90, 101-102, 121, 143, 145-148, 158, 160, 241, 289, 298-299
政治学者　Politologue　2, 17, 19, 27-30, 39, 42, 45-47, 49, 53-54, 97, 99, 101-102, 104-106, 108-113, 115, 119, 121, 128, 136, 141, 145, 147, 149-150, 152, 156, 159, 164, 166-168, 172, 174-176, 178, 193-194, 196, 199, 207, 277, 279-280, 282-284, 295-296, 302
政治化効果　Effet de politisation　208-209
政治的効果　Effets politiques　54, 186, 197, 294
政治的コミュニケーション　Communication politique　27, 40, 153
——補佐(顧問、助言者)　conseillers en - 40, 49, 143, 148, 165-169, 172-173, 176, 178, 194, 198, 200, 207, 279, 282, 291, 301
政治的能力　Compétence, politique　45, 146
政治的バロメーター　Baromètre politique　3
政治的マーケッティング　Marketing politique 95, 166, 173, 196, 200
政治文化　Culture, politique　128
正統化の効果　Effet de légitimation　55, 61, 258, 266, 281
青年農業者全国センター　CNJA　216, 269
セギュイヨン　SÉGUILLON, P.-L.　181, 187
セグエラ　SÉGUÉLA　173
セルヴォラン　SERVOLIN, C.　288
世論　→　世論(よろん)
選挙制(制限、普通)　Suffrage (censitaire, universel) 62, 71-72, 75, 91, 104, 132, 148-149, 264
選挙予測調査　Sondages préélectoraux　1, 3, 101, 113, 171
戦略　Stratégie　222-223, 242, 244, 247
儀礼と——　rite et -　212-214

ソーヴィ　SAUVY, A.　89-91, 93
騒々しいマイノリティ　Minorités bruyantes 73
ゾラ　ZOLA, É.　292
ソ連　URSS　18, 35, 53, 66, 208

タ　行

大衆効果　Effet de masse　75-76, 79, 84
代表の独占　monopole de Représentation　74, 228, 264
ダヴァル　DAVAL, R.　295
脱出　Exode　36-37
タピ　TAPIE, B.　206
「ターボ効果」　Effet « turbo »　191
ダマンム　DAMAMME, D.　295
ダランベール　ALEMBERT (d')　67
タルタコフスキ　TARTAKOWSKI, D.　294
タルド　TARDE, G.　76-80, 233, 293-294
タルノフスキ　TARNOWSKI, J.-F.　301

ティリー　TILLY, C.　303
デモ　→　示威行動
デュアメル　DUHAMEL, A.　104, 300
デュポアリエ　DUPOIRIER, E.　104, 296
デュルケム　DURKHEIM, E.　34, 133, 259, 290, 304
デュロゼル　DUROSELLE, J.-B.　294, 305

ドイッチュ　DEUTSCH, E.　296
ド・ヴィリュー　DE VIRIEU, F. H.　288
ドゥヴァケ　DEVAQUET, A.　231
ドゥサビー　DESABIE, J.　295
ドゥバティッス　DEBATISSE, M.　217, 288
トゥルニエ　TOURNIER, M.　192
トゥレーヌ　TOURAINE, A.　158
討論　Débat　16-17, 164, 172-186, 189, 193-200
ケネディとニクソンの——　- KENNEDY/NIXON　172
シラクとファビウスの——　- CHIRAC/FABIUS　48, 112, 172, 177, 181, 187-189, 193, 195-197

87, 222, 231
大収穫祭の——　- de la grande moisson　269-270
トラック運転手の——　- des camionneurs　244
農民の——　-s agricoles　215, 221, 223-224
北京の——　- de Pékin　267
メディアに顔を向けた——　- médiatique　215
ルーティン化された——　routinisation de la -　88, 214, 235
シェイエース　SIÈYES, E.J.　61
ジェルヴェ　GERVAIS, M.　288
ジェルストレ　GERSTLÉ, J.　296, 300
シーグフリード　SIEGFRIED, A.　95, 104
自己成就的予言　*Self fulfilling prophecy*　167
自己呈示の戦略　Presentation de soi, stratégie de -　303
ジスカール＝デスタン　GISCARD D'ESTAING, V.　143, 167, 172-173, 176, 217, 240, 296, 300
質問紙　Questionnaire
——の作成　rédaction du -　116, 125
——のテクニック　technique du -　119-120
資本　Capital　269
文化——　- culturel　23, 29-30, 36, 59, 249
共感という——　- de sympathie　249
政治——　- politique　43, 59, 113, 163, 177, 255
メディア向き——　- médiatique　246, 253
シモノ　SIMONNOT, P.　304
社会学　Sociologie
——と政治　- et politique　39-40, 109, 280
政治——　- de la politique　28-29, 276
選挙——　- électorale　2, 95, 97, 103, 105, 107, 283
調査者の——　- des sondeurs　30-31, 41, 146
農村——　- rurale　24
社会史　Histoire sociale　49
社会的世界の表象　Représentation du monde social　41
社会的テクノロジー　Technologie sociale　31, 55, 96, 167
社会党（フランスの）　23, 199, 226-227, 238, 256, 301
社会党（フランスの）　SFIO　75, 85
ジャックリー　Jacqueries　221, 270
ジャーナリスト　Journalistes
——と世論調査　- et sondages d'opinion　148-152
オピニオン・リーダーとしての——　les -s comme leaders d'opinion　79-80
政治——　- politiques　39, 167, 172, 174, 197
ジャフェ　JAFFRÉ, J.　298
シャブロール　CHABROL, J.-P.　270
シャルティエ　CHARTIER, R.　305
シャルル　CHARLE, C.　292
シャルル　CHARLES, F.　290
シャンフォール　CHAMFORT, S. R. N.　67
シュヴァリエ　CHEVALIER, L.　295
集合態としての集団　les groupes comme collectifs　261-262, 266, 268, 294, 305
集団　Groupe
——の集合様式　mode d'agrégation des -s　261-262
——の存在様式　mode d'existence des -s　77-78, 294
圧力——　- de pression　29, 90, 93, 95, 181
政治的に構成された——　-s politiquement constitués　15
表象の——　- de représentation　266
修正係数　Coefficient de redressement　54, 108
シュオー　SUAUD, C.　305
受賞者名簿　Palmarès　17, 164, 301
シュネデルマン　SCHNEIDERMANN, D.　306
首謀者　Meneurs　72
ジュリー　JULY, S.　186, 300
循環的論理　Logique circulaire　165
シュンペーター　SCHUMPETER, J.　38, 290, 294
象徴権力　Pouvoir symbolique　32
象徴的支配　Domination symbolique　36, 44
象徴闘争　Lutte symbolique　38, 182-184, 256
ジョレース　JAURÈS, J.　74
シラク　CHIRAC, J.　48, 112, 122, 144, 167, 169, 172, 177, 179, 181, 183, 187-189, 193, 195-199, 231, 239
ジラール　GIRARD, A.　104-105, 295-296
ジルダ　GILDAS, P.　191
シルツ　SCHILTZ, M.-A.　304
信仰（信念）　Croyance　139, 141-142, 150, 166-168, 171, 191, 197, 271, 298
——の危機　crise de la -　36-37
集合的——　- collective　37, 95, 135, 168
人工物　Artefact　28, 81, 277
真実の時　« L'heure de vérité »　118, 163, 285, 302

カ 行

界(場) Champ 180, 257, 282-283, 286 (科学界 280 芸術界 286, 304 社会界 238, 248, 282 知識人界 191, 286, 297, 304-305 テレビ界 178 文学界 300 闘争の場 96, 149)
——の効果 effet de - 180
ジャーナリズム—— - journalistique 40, 79, 86, 116, 133, 135, 141, 166, 168, 172, 177, 180-181, 183-184, 200, 205, 211, 246, 248-249, 251, 253-254, 256-257, 267, 279
政治—— - politique 2, 18, 32, 39, 41, 45-46, 70, 102, 109, 114, 155-158, 160, 162, 165, 168, 174, 177, 181, 185-186, 200, 205-207, 212, 233, 242, 244, 256-257, 263-264, 266-267, 277, 280, 286, 290, 295, 298
政治——の分化 différenciation du - politique 39
政治——の論理 logique du - politique 160
カイロル CAYROL, R. 104, 152
ガクシー GAXIE, D. 291, 297
カズヌーヴ CAZENEUVE, J. 295
カッシラー CASSIRER, E. 34, 290
「家庭での質問」 « Questions à domicile » 163, 298
ガリグー GARRIGOU, A. 292-293
カルドン CARDON, D. 294
カーン KAHN, J.-F. 299
カント KANT, I. 57

ギャラップ GALLUP 102
ギュルヴィッチ GURVITCH, G. 103
ギョーム GUILLAUME, F. 217-219, 227-228, 241, 243, 247, 251, 263-264

グード GOUDE, J.-P. 270
グラヴィツ GRAWITZ, M. 291, 305
クリスタン CHRISTIN, R. 292
グリュンベルク GRUNBERG, G. 296, 306
グレイユサメール GREILSAMER, L. 306
クレッソン CRESSON, E. 217-218, 226, 240
クレマンソー CLEMENCEAU, G. B. 74
グレミー GRÉMY, J.-P. 297
グロセル GROSSER, A. 148

検閲 Censure 114, 281, 297

公的空間 Espace public 252
公的・私的 Public/privé 56-57, 66, 130-131, 252
国立人口学研究所 INED 90, 104, 109
国立統計経済研究所 INSEE 109, 156
コシャン COCHIN, A. 64, 292
国家 Etat 25, 32, 56, 85, 92-93, 120, 132, 213, 290
コットレ COTTERET, J.-M. 296, 300
ゴフマン GOFFMAN, E. 245, 303
コミュニケーションの現代的手段 Moyens modernes de communication 43, 161-162, 164-165, 210, 212, 267
——の論理 logique des - 155-156
政治と—— la politique et les - 165, 195, 198, 200-201, 207
コリューシュ COLUCHE 209
ゴルバチョフ GORBATCHEV, M. 35, 208
コレ COLLET, S. 303
コロンバーニ COLOMBANI, J.-M. 147, 299

サ 行

再生産の危機 crise de la Reproduction 25
サイレント・マジョリティ Majorité silencieuse 69, 74
サヴァリ SAVARY, A. 232
左翼−右翼 Gauche/droite 46
サルトル SARTRE, J.-P. 72, 293
サニエール SANNIER, H. 169
サンクレール SINCLAIR, A. 298

示威行動(デモ) Manifestation 77, 230-231, 233-234
——と選挙 - et élection 71-72, 74-75
——の一般経済 économie générale de la - 256
——の飼い慣らし domestication de la - 70
——の警備担当 service d'ordre de la - 85, 87-88, 219, 221, 233, 245
医学生の—— - des étudiants en médecine 249-250
学生の—— -s étudiantes 180, 234-235, 256, 267
看護士の—— - des infirmières 238
私立学校擁護の—— - de l'enseignement privé 256
正統的行動としての—— la - comme mode d'action légitime 68
大規模—— importance numérique de la -

人名・事項索引

略　号

BVA　96, 157
CSA　96, 127, 157, 159
FFA　216
IPSOS　128
MODEF　216
RTL　163, 171
SOFRES　54, 96, 111, 117, 121, 126, 128, 143, 151, 153, 158, 195-197, 208, 291, 296, 299-300, 302, 306
TF1　178-179, 187, 196

ア　行

アマール　AMAR, P.　169, 187
アルジャンタル　ARGENTAL (D')　67
アレクサンドル　ALEXANDRE, P.　171
アロン　ARON, R.　295
アンテヌ２　ANTENNE 2　163, 168-169, 187, 215, 270, 285
暗幕付記入台　Isoloir　34

意見　Opinion
　——調査の公準　postulat des enquêtes d'-　28
　——と会話　- et conversation　76, 78-79, 90
　——の質問への回答としての——　l'- comme réponse aux questions d'opinion　116, 119-120
　——の生産様式　mode de production des -s　28-30, 59, 133
　——の法廷　tribunal de l'-　254
　個人的——　- personnelle　28
　世論調査のための——　l'- pour enquête d'opinion　129
委任　Délégation　33, 207, 226, 278
イベント（出来事）　Evénement　234
　——の生産　production de l'-　27, 243, 247-248, 254, 258, 266-267, 284, 306
　集合的所産としての——　l'- comme produit collectif　180-181, 246, 253
　分析役割をもつ——　- analyseur　24

ヴィアッソン＝ポンテ　VIANSSON-PONTÉ, P.　147
ヴェイユ　WEIL, J.　288
ヴェイユ　WEILL, P.　208, 296, 298
ウエスト・フランス　OUEST-FRANCE　151
ウェーバー　WEBER, E.　293
ウェーバー　WEBER, M.　32, 261, 304
ヴェルジェ　VERGER, A.　301
ヴェロン　VERON, E.　306
ヴォルテール　VOLTAIRE　58, 67
ウーロップ１　EUROPE 1　104, 163, 186, 191, 196-197, 199

エスノセントリズム　Ethnocentrisme　125
エメリ　EMERI, C.　296, 300
エリアス　ELIAS, N.　32, 281, 290, 306

オクラン　OCKRENT, C.　173, 301
押し付け　Imposition
　——の効果　Effet d'imposition　123, 251
　分類諸システムの——　- de systèmes de classification　30
　見方（ビジョン）の——のための闘争　lutte pour l'- d'une vision　174
オズフ　OZOUF, J.　81, 294
オズフ　OZOUF, M.　291
オーディマット　Audimat　16, 60, 282, 285
オピニオン　Opinion　55-57, 59, 118, 160
　——・プレス　presse d'-　64, 70
　——の諸理論　théorie des -s　107
オフェルレ　OFFERLÉ, M.　293

著者紹介

Patrick CHAMPAGNE（パトリック・シャンパーニュ）

1945年生まれ。仏・国立農業研究院教授。社会科学高等研究院、パリ第一大学でも教える。専攻、社会学（農村社会学、メディアと政治の社会学）。本書の他の著書に『世界の悲惨』（共著、藤原書店近刊、ブルデュー監修、*La misère du monde*, Seuil, 1993）『拒まれた相続』（*L'héritage refusé : La crise de reproduction de l'agriculture française（1950-2000）*, Seuil, 2002）などがある。

訳者紹介

宮島 喬（みやじま・たかし）

1940年東京都生まれ。1967年東京大学大学院社会学研究科博士課程中退。立教大学社会学部教授。専攻、社会学。主著に、『文化的再生産の社会学』（藤原書店、1994年）、『文化の社会学』（有信堂、1995年）、『文化と不平等』（有斐閣、1999年）など。主な翻訳に、ブルデュー／パスロン『再生産』（藤原書店、1991年）、デュルケム『自殺論』（中公文庫、1985年）など。

世論《よろん》をつくる――象徴闘争と民主主義

2004年2月25日　初版第1刷発行©

訳者　宮島　喬
発行者　藤原良雄
発行所　株式会社 藤原書店
〒162-0041　東京都新宿区早稲田鶴巻町 523
TEL　03（5272）0301
FAX　03（5272）0450
info@fujiwara-shoten.co.jp
振替　00160-4-17013
印刷・製本　図書印刷

落丁本・乱丁本はお取り替えします
定価はカバーに表示してあります
Printed in Japan
ISBN4-89434-376-2

現代言語学・哲学批判

話すということ

〈言語的交換のエコノミー〉

P・ブルデュー

稲賀繁美訳

ソシュールにはじまる現代言語学の盲目性を、ハイデガー哲学の権威主義を、アルチュセール派マルクス主義の正統性の神話を、言語の社会的機能の視点から暴き、理論的言説が魔術的言説に他ならぬことを初めて喝破。

Ａ５上製　三五二頁　**四三〇〇円**

（一九九三年一月刊）

◇4-938661-64-0

CE QUE PARLER VEUT DIRE

Pierre BOURDIEU

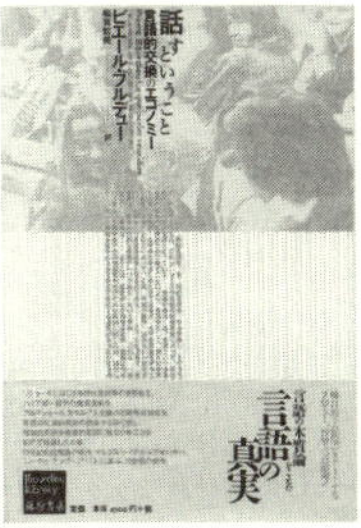

ブルデュー理論の基礎

社会学者のメチエ

〈認識論上の前提条件〉

P・ブルデュー他

田原音和・水島和則訳

ブルデューの隠れた理論体系を一望に収める基本文献。科学の根本問題としての認識論上の議論を、マルクス、ウェーバー、デュルケーム、バシュラールほか、45のテキストから引き出し、縦横に編み、その神髄を賦活する。

Ａ５上製　五二八頁　**五七〇〇円**

（一九九四年一月刊）

◇4-938661-84-5

LE MÉTIER DE SOCIOLOGUE

Pierre BOURDIEU, Jean-Claude CHAMBOREDON et Jean-Claude PASSERON

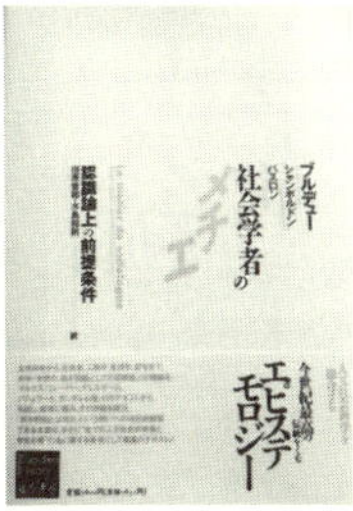

初の本格的文学・芸術論

芸術の規則 Ｉ・Ⅱ

P・ブルデュー

石井洋二郎訳

作家・批評家・出版者・読者が織りなす象徴空間としての〈文学場〉の生成と構造を活写する、文芸批評をのりこえる「作品科学」の誕生宣言。好敵手デリダらとの共闘作業、「国際作家会議」への、著者の学的決意の迸る名品。

Ａ５上製　Ｉ三一二　Ⅱ三二〇頁

Ｉ四一〇〇円　Ⅱ四一〇〇円

（Ｉ一九九五年二月刊　Ⅱ一九九六年一月刊）

Ｉ◇4-89434-009-7　Ⅱ◇4-89434-030-5

LES RÈGLES DE L'ART

Pierre BOURDIEU

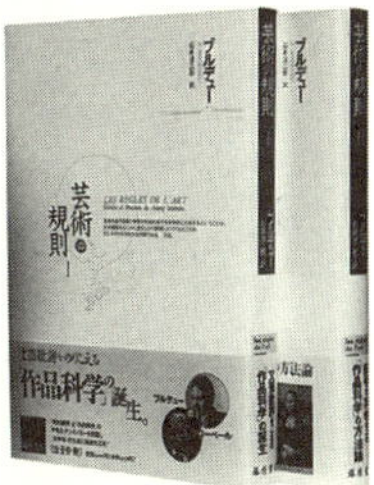

知と芸術は自由たりうるか

自由―交換

〈制度批判としての文化生産〉

P・ブルデュー、H・ハーケ

コリン・コバヤシ訳

ブルデューと、大企業による美術界支配に対して作品をもって批判＝挑発し続けてきた最前衛の美術家ハーケが、現代消費社会の商業主義に抗して「表現」の自律性を勝ち取る戦略を具体的に呈示。ハーケの作品写真も収録。

Ａ５上製　二〇〇頁　**二八〇〇円**

（一九九六年五月刊）

◇4-89434-039-9

LIBRE-ÉCHANGE

Pierre BOURDIEU et Hans HAACKE

百名の聞きとり調査から活写

現代日本人の生のゆくえ

〈つながりと自律〉

宮島喬・島薗進編

「自律」と「つながり」の間でゆれ、新たな生を模索する日本人の心の実像と構造に迫る、日本版『心の習慣』。

越智貢／上林千恵子／島薗進／恒吉僚子／本間康平／三浦直子／宮島喬／村井実／米山光儀／渡辺秀樹

四六上製　四八〇頁　三八〇〇円
（二〇〇三年二月刊）
◇4-89434-325-8

「英語第二公用語化論」徹底批判

言語帝国主義とは何か

三浦信孝・糟谷啓介編

急激な「グローバリゼーション」とその反動の閉ざされた「ナショナリズム」が、ともに大きな問題とされている現在、その二項対立的な問いの設定自体を根底から掘り崩し、「ことば」と「権力」と「人間」の本質的な関係に迫る「言語帝国主義」の視点を鮮烈に呈示。

A5並製　四〇〇頁　三三〇〇円
（二〇〇〇年九月刊）
◇4-89434-191-3

共和主義か、多文化主義か

普遍性か差異か

〈共和主義の臨界、フランス〉

三浦信孝編

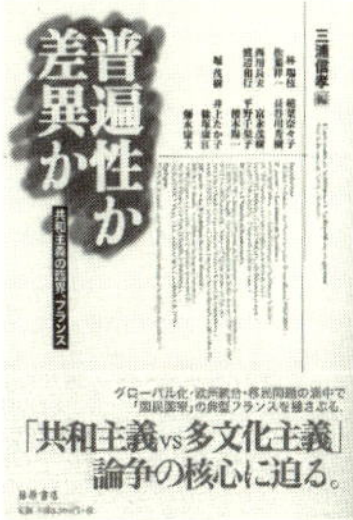

一九九〇年代以降のグローバル化・欧州統合・移民問題の渦中で、「国民国家」の典型フランスを揺さぶる「共和主義vs多文化主義」論争の核心に、移民、家族、宗教、歴史観、地方自治など多様な切り口から肉薄する問題作！

A5判　三二八頁　三三〇〇円
（二〇〇一年一二月刊）
◇4-89434-264-2

「国民＝国家」を超える言語戦略

多言語主義とは何か

三浦信孝編

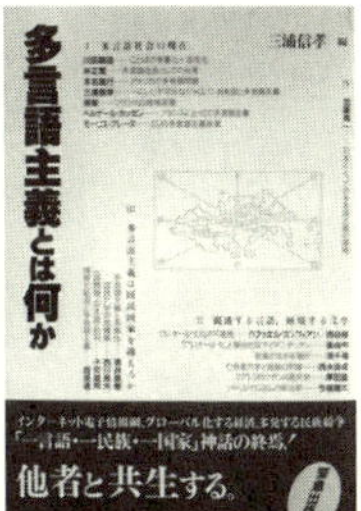

最先端の論者が「多言語・多文化」接触というテーマに挑む問題作。

川田順造／林正寛／本名信行／三浦信孝／原聖／B・カッセン／M・ブレーヌ／R・コンフィアン／西谷修／姜尚中／港千尋／西永良成／澤田直／今福龍太／酒井直樹／西川長夫／子安宣邦／西垣通／加藤周一

A5変並製　三四四頁　二八〇〇円
（一九九七年五月刊）
◇4-89434-068-2